新媒体
文案创作与美工设计

苏　高◎著

中国铁道出版社有限公司
CHINA RAILWAY PUBLISHING HOUSE CO., LTD.

内容简介

十大新媒体文案与美工专题课程，从典型变现案例、1000万+阅读量文案案例剖析、相关定位、标题取法、正文写法、吸粉引流、图书出版、配图排版、广告设计等角度，帮助新手成为年薪超十万、百万的文案与美工高手。

125个纯高手干货技巧，打造新媒体文案写作与广告美工一体化方案，助力文案“小白”、广告新手，成功进阶、转型，成为图文精通的新媒体行家，轻松实现新媒体的盈利与变现。

本书语言简洁、结构清晰、图文并茂，适合对新媒体行业感兴趣的文案人员、美工人员、运营者与管理者等阅读使用，也适合文字爱好者、想成为自媒体人和通过文案写作赚钱的创作人员，同时也可作为电子商务专业相关院校的辅助教材。

图书在版编目（CIP）数据

新媒体文案创作与美工设计 / 苏高著 . —北京：中国铁道出版社有限公司，2019.6（2022.1 重印）
ISBN 978-7-113-25702-6

Ⅰ. ①新… Ⅱ. ①苏… Ⅲ. ①传播媒介 - 文书 - 写作 ②广告设计 Ⅳ. ① G206.2 ② J524.3

中国版本图书馆 CIP 数据核字（2019）第 072166 号

书　　名：新媒体文案创作与美工设计
作　　者：苏　高

责任编辑：张亚慧　　**编辑部电话：**（010）51873035　　**邮箱：**lampard@vip.163.com
封面设计：MXK DESIGN STUDIO
责任印制：赵星辰

出版发行：中国铁道出版社有限公司（100054，北京市西城区右安门西街8号）
印　　刷：佳兴达印刷（天津）有限公司
版　　次：2019年6月第1版　2022年1月第2次印刷
开　　本：700 mm×1 000 mm　1/16　印张：17.75　字数：308千
书　　号：ISBN 978-7-113-25702-6
定　　价：59.00元

写作驱动

随着移动互联网的发展，以网络为平台的市场发生了很大变化，特别是对关于文案和美工等内容创作方面，其广大的市场需求更是备受瞩目，主要表现如下。

一是内容付费的崛起：自2015年起，以“罗辑思维”为代表的知识付费群体崛起。它在2017年利润过亿，并准备申请A股IPO，让知识付费开启上市之路。而“得到”APP中的专栏作家，年薪百万、千万的文字作家很多，如李翔、薛兆丰等。

二是文案创作的兴盛：微信公众号、头条号等新媒体平台的兴盛，让文案写作也随之兴盛起来。以视觉志为例，每天一则头条信息和数条非头条信息，坐拥1000多万的粉丝，盈利上千万；“连岳”微信公众号，以写文章为主，平台每年的商品销售收入也是获利甚高；公众号Spenser开设写作课，每次课程有上百万收入。

三是文字价值的凸显：从新媒体爆文的出现，到利用爆文打造出来的爆款，文字的价值得到了最大价值的凸显，不仅发挥出记录的作用，同时还肩负传播和连接的功能，在读者与企业之间架起了一座推广与营销之桥。

可见，文案写作不仅成为各大新媒体平台的主要呈现方式和变现方法，也成为许多文字爱好者的创业首选。在个体崛起的时代，文字很容易助推每一个人成为自明星。同时在新媒体的实际运营中，有文必有图，图片为文字插上了视觉的翅膀。本书正是抓住文案创作和广告美工两大核心，编写成书，让读者花一本书的钱，收获两本书的价值。

在该书中，笔者主要是从众多新媒体账号及其推广文案的运营经验中提炼出实用的、有价值的技巧和呈现出典型案例，帮助和指导大家如何进行新媒体运营，以便打造爆款文案和吸睛平台，塑造和提升自身形象，赚取丰厚的利润。

内容介绍

本书共分为 10 章，详细地论述了新媒体文案创作与广告美工需要重点把握的内容以及相关技巧。具体来说，本书的内容框架如下：

第 1 章　典型案例，写作年薪 30 万 ~1000 万，有哪些变现方式

第 2 章　案例剖析，阅读量在 1000 万 + 级别文案，有哪些写作技巧

第 3 章　方向不对，努力白费，赢在起点，做好超精准定位

第 4 章　标题决定打开率，怎么打开读者愿意阅读的欲望开关

第 5 章　正文内容是王道，让用户产生黏性且自愿留存追读

第 6 章　这样来配图排版，提升版式视觉审美，增强阅读点赞率

第 7 章　吸粉引流是关键，给十万、百万年薪插上飞翔的翅膀

第 8 章　如何轻松出版专属自己的书？从第一本到第 N 本

第 9 章　处理好图文广告设计，让信息传播更精准和有效

第 10 章　广告美工案例，教你设计吸睛的新媒体平台页面

内容特色

本书的特色主要体现在3个方面，具体如下：

1. 知识实用

本书在内容选择上将重点放在了实用性上，对新媒体文案创作过程中需要用到的一些知识和技巧进行了详细介绍和透彻讲解。整本书可谓干货满满，只要是从事新媒体文案工作的人员，或多或少都能在本书中学到一定的经验和技巧。

2. 内容兼顾

从内容上来看，本书通过10章内容的讲解，不仅对新媒体文案创作过程中的定位、标题、正文、配图排版、吸粉引流和图书出版等方面进行了具体说明，还对新媒体运营和文案创作过程中要运用的广告美工方面的知识进行了介绍，做到了两方面内容的兼顾，有利于提升新媒体人的工作能力，从而更加顺畅地开展工作。

3. 技巧实操

对于大多数读者来说，看一本书就是本着学习的心态来的，并想把学到的知识运用到实际工作中。因此，笔者在介绍技巧的时候辅以案例呈现和深入解读，在介绍平台页面广告创作时进行详细的分步讲解，为的就是让大家一看就懂、一学就会和学以致用，让自己离文案和广告美工高手更近一步。

读者定位

本书专为新媒体文案创作人员和广告美工人员量身定制，提供系统而全面的新媒体运营技巧。本书适合以下读者阅读：

（1）对新媒体行业感兴趣的文案人员、美工人员、运营者与管理者等；

（2）文字爱好者、想成为自媒体人和通过文案写作赚钱的创作人员；

（3）作为电子商务专业相关院校的辅助教材。

作者团队

本书由苏高编写，参与编写的人员还有周玉姣等人，在此一并表示感谢。由于作者知识水平有限，书中难免有错误和疏漏之处，恳请广大读者批评、指正，联系微信：157075539。

编　者

2019 年 3 月

目录 | CONTENTS

第 1 章 典型案例，写作年薪 30 万 ~1000 万，有哪些变现方式

第2章 案例剖析，阅读量在1000万+级别文案，有哪些写作技巧

第 3 章 方向不对，努力白费，赢在起点，做好超精准定位

第 4 章 标题决定打开率，怎么打开读者愿意阅读的欲望开关

第 7 章 吸粉引流是关键，给十万、百万年薪插上飞翔的翅膀

第 8 章 如何轻松出版专属自己的书？从第一本到第 N 本

第 9 章 处理好图文广告设计，让信息传播更精准和有效

第 10 章 广告美工案例，教你设计吸睛的新媒体平台页面

第1章 典型案例，写作年薪30万~1000万，有哪些变现方式

学前提示

关于文案创作，大家或多或少都会涉及。而对于更深一层的文案写作变现，可能就没有那么多切实的感受了。本章从案例出发，告诉读者那些新媒体IP都是怎么变现的，从而帮助企业和读者通过新媒体文案实现更好地营销和更高的收入。

要点展示

- "罗辑思维"平台专栏，轻松盈利千万
- "连岳"微信公众号写文，年薪数百万
- Spenser开设写作微课，年收入达百万
- 主动向各大平台投稿，赢得百千的稿费
- 出版系列图书，赚取几十万的版权费用

001 “罗辑思维”平台专栏，轻松盈利千万

“罗辑思维”微信公众号的创始人叫罗振宇，他具有多重身份，如脱口秀主持人、资深自媒体人、说书人、卖书商家等，在内容创业的风口中，“罗辑思维”如今已经成长为一个互联网知识社群，并通过互联网内容树立个人品牌 IP，吸引一批粉丝最终得以变现。

而“得到”作为由“罗辑思维”微信公众号延伸和发展起来的内容付费平台专栏，从其上线开始，就抢占了内容付费的风口，助力众多作者实现了内容变现。图 1-1 所示为“得到”APP 的相关页面。

◆ 图 1-1　“得到”APP 的相关页面

从图 1-1 中可以看出，“得到”APP 开设了专栏来宣传和推广新媒体文案，帮助大咖实现变现，如“大咖专栏”“李翔知识内参”和“精品课”等。特别是“李翔知识内参”这一专栏，人们不由得会想起《李翔商业内参》，作为“得到”APP 的首个课程，它是一个非常成功的内容付费案例。

在 2016 年 6 月，《李翔商业内参》在“得到”APP 上线。在大多数人还没有看到内容付费的新商机时，这一栏目内容却取得了令人瞩目的成绩——仅仅上线 3 个月，就获得了 7 万订阅用户，从而让单价 199 元的课程轻松盈利 1400 万元。其后，课程在不断更新中，而读者也没有停止对它的关注——截至 2019 年 1

月，已经获得了 10 余万订阅用户，课程盈利也高达 2000 多万。图 1-2 所示为“得到”APP 上的《李翔商业内参》课程相关页面。

其实，在“得到”APP 上除了李翔之外，还有很多各领域、各方面的作者成功实现内容变现。如著名的投资人、区块链专家和《通往财富自由之路》专栏作家李笑来同样是通过“得到”APP 专栏实现盈利的人。截至 2019 年 1 月，《通往财富自由之路》课程获得了 20 多万订阅用户，获利金额更是高达 4300 多万。图 1-3 所示为“得到”APP 上的《通往财富自由之路》课程相关页面。

◆ 图 1-2　“得到”APP 上的《李翔商业内参》课程相关页面

◆ 图 1-3　“得到”APP 上的《通往财富自由之路》课程相关页面

而上面介绍的两个平台专栏作家，读者既可以在“得到”APP 上通过搜索得到，也可以通过其“课程”页面进行查找，如图 1-4 所示。

◆ 图 1-4　“得到”APP 上的“课程”页面

由图 1-4 可以看出，进入“得到”APP 的“课程”页面，发现该 APP 中的课程主要分为 6 大领域，且课程内容基本上都是一些知名大腕的商业观点或科学理论，而相关的内容无一例外都是要付费的——从 19.9 元到 365 元不等，学习人数也从 5000 到 36 万不等，专栏作家从中可获得的利润可想而知。

 002 “连岳”微信公众号写文，年薪数百万

“连岳”微信公众号，自称“把最好的理念传递给最多的人”，它主要生产文化、情感类内容。而要说到变现，主要通过链接小程序销售商品和写文实现变现。在此，笔者介绍写文这一变现方式。关注了“连岳”微信公众号并阅读了其文案的人会发现，其头条内容的阅读量很多都实现了 10 万 +，如图 1-5 所示。这就为内容变现奠定了流量基础。

在有着众多读者阅读文案的基础上，“连岳”微信公众号以其个性化的观点、深入的解读等特点打造出优质内容，让读者纷纷议论和产生认同感。基于此，很多读者出于对优质内容的欣赏和认同的仪式感的表现，在阅读完文案后会自然而然地给予赞赏——多则几千人，少则也有几百人，如图 1-6 所示。就这样，一篇

头条文章即可获得成千上万的收入，从而实现写文年收入数百万也不再是空谈了。

◆ 图1-5 "连岳"微信公众号实现了10万+阅读量的部分头条内容

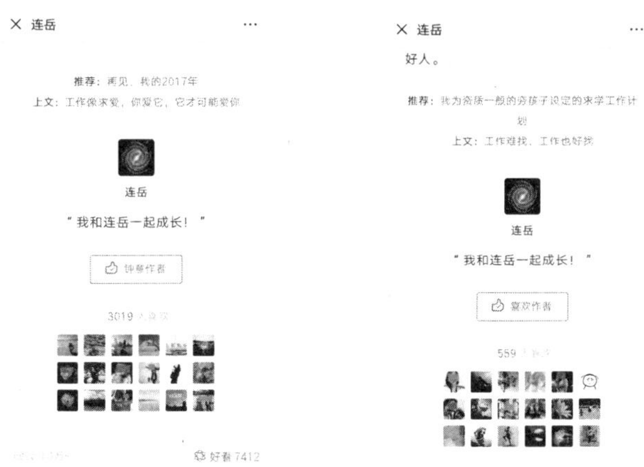

◆ 图1-6 "连岳"微信公众号部分头条内容的点赞展示

专家提醒

新媒体文案作者要想获得赞赏收入，除了要创作优质的内容外，还需要具备一定的条件和进行相关设置。例如，在微信公众平台上，作者可以通过后台"赞赏说明"页面的内容了解相关信息，如图1-7所示。

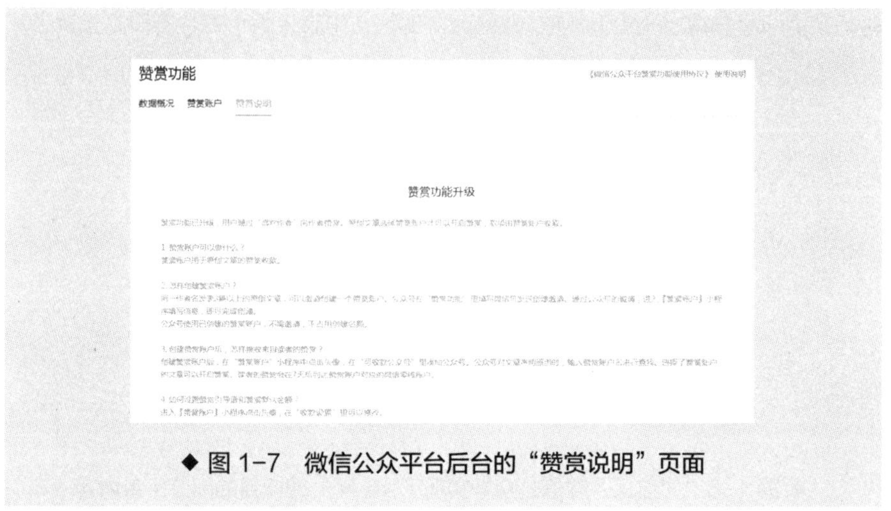

◆ 图 1-7　微信公众平台后台的“赞赏说明”页面

003 Spenser 开设写作微课，年收入达百万

新媒体人 Spenser（S 叔）作为第一自媒体人、畅销书作家，是“Spenser”微信公众号的创始人，对 Spenser 来说，最主要的变现方式可能还是开设微课了。关于 Spenser 开设的微课，笔者也曾去听过，无论是内容还是服务，都让人感受颇深。从 2017 年 2 月开始开设第一次写作微课以来，截至 2018 年 12 月，已经进行到了第 3 期，如图 1-8 所示。

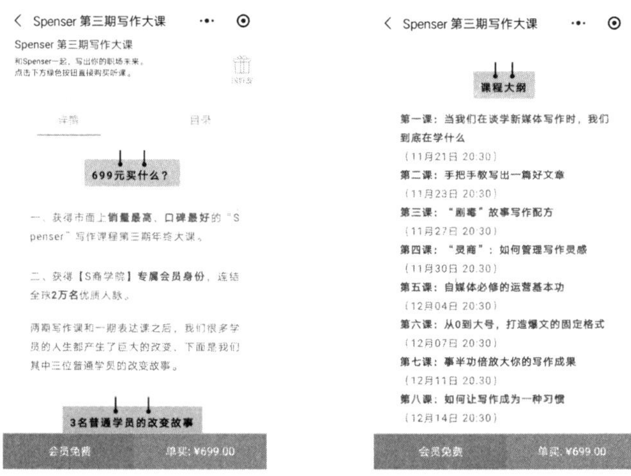

◆ 图 1-8　Spenser 第 3 期写作微课订阅页面

以 2017 年的两期线上写作课来说，招收了近万名学员，其通过微课所获得的收入达 500 万 +，成为 2017 年知识付费领域现象级事件的缔造者。而随着 Spenser 影响力的增强和一些成功的案例，相信有越来越多的人会加入其中，那么其在线订阅人数也就会越来越多，收入自然也会增加。在写作课之外，Spenser 还开设了公共表达课，如图 1–9 所示。从而为其自身的内容变现增添一大助力。

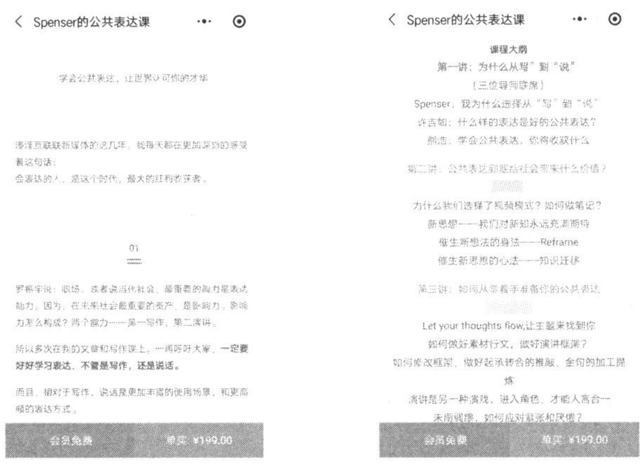

◆ 图 1–9　Spenser 的公共表达课订阅页面

在线上微课业务之外，Spenser 还开设了线下业务，打造了"个人品牌商业变现课"，如图 1–10 所示。其课程费用高达 9999 元，即使推出了"早鸟"福利，仍需 7999 元 / 人，而名额限定为 100。大家想一下，如果名额全部爆满，那么其变现收入就是近 80 万。

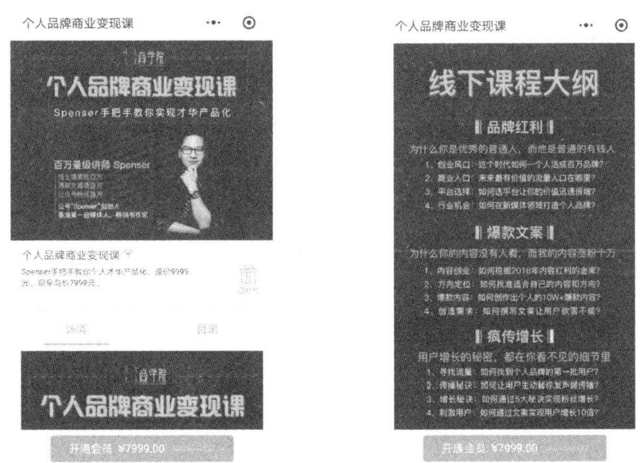

◆ 图 1–10　Spenser 的"个人品牌商业变现课"订阅页面

综上所述，在通过付费课程变现方面，Spenser 是一个非常成功的案例，值得那些有能力和有足够流量的原创新媒体文案大咖效仿。

 004 主动向各大平台投稿，赢得百千的稿费

对新媒体文案作者来说，写作已是家常便饭，且一般都具有不俗的写作能力。在这样的情况下，要想实现内容变现，可选择的道路是多样的。

首先，如果新媒体文案作者有时间、有精力，那么完全可以凭借自身能力创作的原创内容创建一个新媒体平台账号，打造属于自己的新媒体矩阵。

其次，如果没有时间和精力来进行新媒体平台的运营，但又想展现自己和实现变现，那么新媒体文案作者可以另辟蹊径，从文案入手，借助其他新媒体大号变现，也就是向平台投稿，通过原创文案来获取稿费收入。

新媒体文案作者可以多关注一些自己感兴趣且有能力创作相关文案的账号，然后试着与其联系和投稿，从而实现变现。在这一变现方式中，要注意的是平台账号的选择——应该选择那些投稿审核快和成功率高的账号。

图 1-11 所示为“悦读”微信公众号的投稿入口及其相关文案。

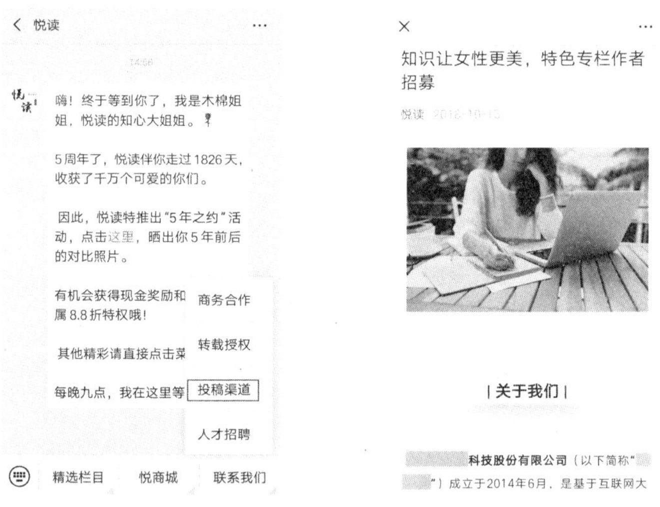

◆ 图 1-11　“悦读”微信公众号的投稿入口及其相关文案

对那些优秀的、经常投稿的新媒体文案作者，平台可能还会考虑发展为专栏作者，从而在文案写作之路上走得更远。这在很多新媒体账号发布的投稿文案中都有提及。图 1-12 所示就是“灼见”微信公众号的“灼见投稿须知”文案内容。

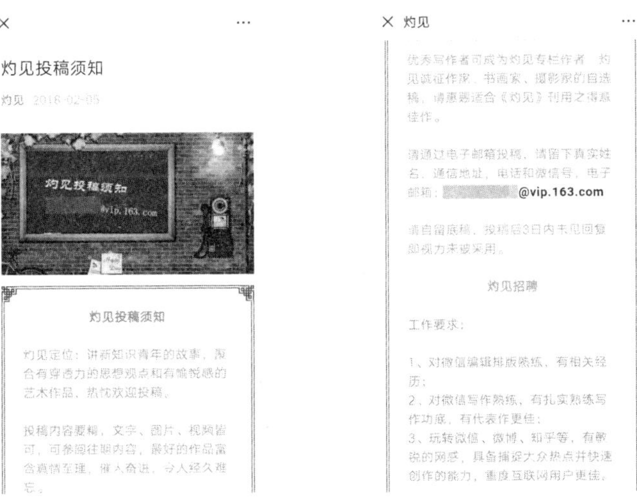

◆ 图 1-12　“灼见”微信公众号的“灼见投稿须知”文案内容

005 出版系列图书，赚取几十万的版权费用

图书出版付费，主要是指新媒体平台文案作者在某一领域或行业经过一段时间的经营，拥有了一定的影响力或者有一定经验之后，将自己的经验进行总结后，然后进行图书出版以此获得收益的盈利模式。

新媒体文案作者采用出版图书这种方式去获得盈利，只要作者本身有基础与实力，那么收益还是很可观的。

例如微信公众平台“手机摄影构图大全”“凯叔讲故事”等都采取了这种方式去获得盈利，效果也比较可观。

图 1-13 所示是微信公众平台“手机摄影构图大全”推送内容中介绍的一个跟手机摄影相关的图书出版消息。

× 手机摄影构图大全 …

细心的摄友发现，我最近又出了一本摄影构图的新书，关于这本书，它能帮助爱好摄影的朋友学到什么？

刚好清华大学出版社的资深编辑　　老师，也对我提出了这个疑问，并和我进行了沟通访谈，站在读者角度，问了我8个问题，怎么快速学好摄影构

× 手机摄影构图大全 …

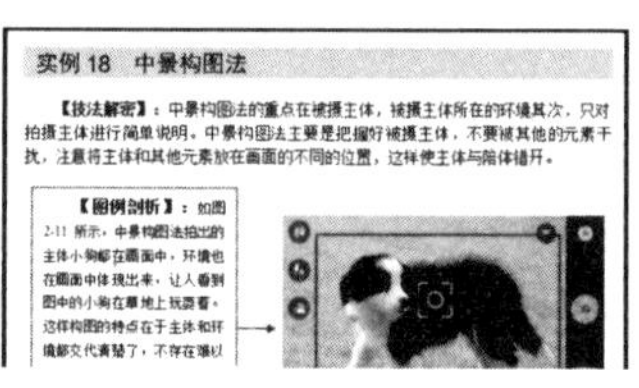

◆ 图 1-13　“手机摄影构图大全”微信公众平台上图书出版的案例

 006 推送内容植入广告，获得百万推广资金

软文广告是指新媒体文案作者在微信公众平台或者其他平台上以在文案中软性植入广告的形式推送文案。

文案中软性植入广告是指文案里不会介绍产品，也不会直白地夸产品有多么好的使用效果，而是选择将产品渗入到文案情节中去，达到在无声无息中将产品的信息传递给读者，从而使读者能够更容易接受该产品。

软文广告形式是广大新媒体文案作者使用得比较多的盈利方式，同时其取得的效果也是非常可观的。

图 1-14 所示是微信公众平台“日食记”推送的一篇介绍制作美食的文案。该篇文案以介绍美食开头，在介绍做法的同时在文中适时渗入产品广告。

◆ 图 1-14　“日食记”微信公众平台推送的软文广告

007　巧妙添入电商链接，让读者变成消费者

新媒体的浪潮已经席卷了各个行业，电商行业当然也不可避免。原始的一手交钱、一手交货的买卖方式可以照搬到互联网上，在众多新媒体平台上也依然适用，而且相对于传统模式，新媒体营销会更具有优势。

新媒体平台的便捷化，让运营者的脚步迈得越来越大，目前，已经有不少电商巨头企业开始投入到新媒体平台营销的大潮中。

图 1-15 所示是“京东 JD.COM”微信公众号的商品销售入口。广大读者可以在京东微信公众号的界面上点击相应内容，即可进入京东的商品销售页面选购商品。

◆ 图 1-15　京东微信公众平台的商品特卖入口

008 代理相关运营，不断为品牌积攒人气

一些企业想要尝试新的营销方式，这又给创业者提供了一个机会。有些新媒体账号已经在营销上小有成就，掌握了一定的经验和资金，这些账号开始另找财路，帮助一些品牌代运营。

现在新媒体平台有很多粉丝过百万的独立账号，这些账号的粉丝基本上是通过代运营这一模式，依靠以前在微博、QQ 等社交平台上积累的用户转化过来的。在此以微信公众号代运营为例，介绍其运营模式，如图 1-16 所示。

◆ 图 1-16　微信代理运营的模式

009 冠名赞助，策划活动为内容增添生机

一般来说，冠名赞助，指的是运营者在平台上策划一些有吸引力的节目或活动，并设置相应的节目或活动赞助环节，以此吸引一些广告主的赞助以实现变现。而对新媒体账号来说，它的冠名赞助，更多的是指新媒体文案作者在平台上推送一些能吸引人的文案，并在合适位置为广告主提供冠名权，以此来获利的方式。

例如，大家熟悉的微信公众号——咪蒙，就通过为众多企业和商家冠名来获利。图 1-17 所示“咪蒙”为“VIVO 手机”冠名的文案内容。

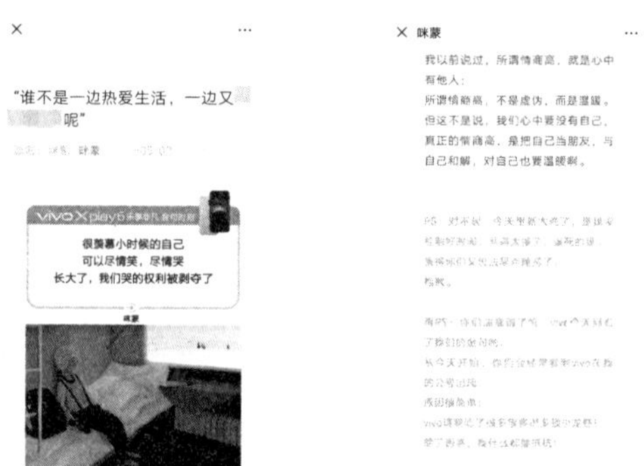

◆ 图 1-17　咪蒙推送的为“VIVO 手机”冠名的文案内容

通过这种冠名赞助的形式，一方面，对运营者来说，它能让其在获得一定收益的同时提高粉丝对活动或节目的关注度；另一方面，对赞赏商来说，可以利用活动的知名度为其带去一定的话题量，进而对自身产品或服务进行推广。因此，这是一种平台和赞助商共赢的变现模式。

010　线下聚会，循序渐进地打造付费内容

对于拥有一定数量的粉丝，同时是本地类的新媒体账号而言，可以通过线下聚会的形式进行盈利，具体做法如图 1-18 所示。

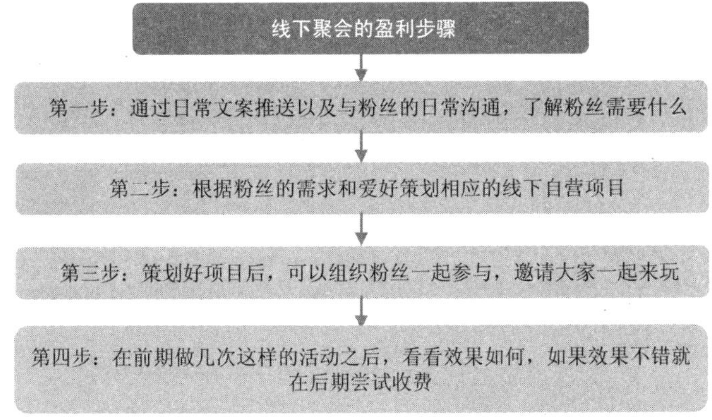

◆ 图 1-18　线下聚会的盈利步骤

其实这就是最基础的社群运营模式，进行线下自营模式的新媒体账号最好能够满足如图 1-19 所示的几点要求。

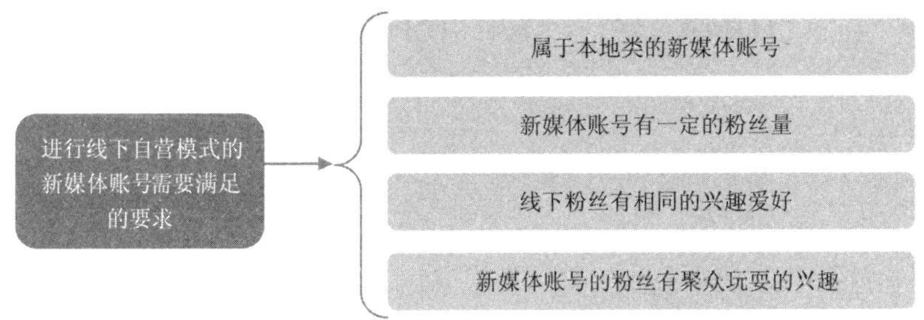

◆ 图 1-19　进行线下自营模式的新媒体账号需要满足的要求

其实，在笔者看来，一些需要通过实践来增长经验的新媒体账号就非常适合开展线下聚会活动，特别是摄影类、读书类新媒体账号——这些账号的读者可以在线下聚会进行实践拍摄、读书交流等。且一个新媒体账号的主体是在位于某一城市的，因此可以选择先在账号主体所在地进行线下聚会，积累经验，然后再推广到其他读者较多的城市。

当然，还有一些专门针对本地生活中吃喝玩乐的新媒体账号，让生活在当地的人可以第一时间了解到哪里有好吃、好玩的地方，也是适合开展线下聚会活动的，“吃喝玩乐在长沙”微信公众号就是其中之一，如图 1-20 所示。

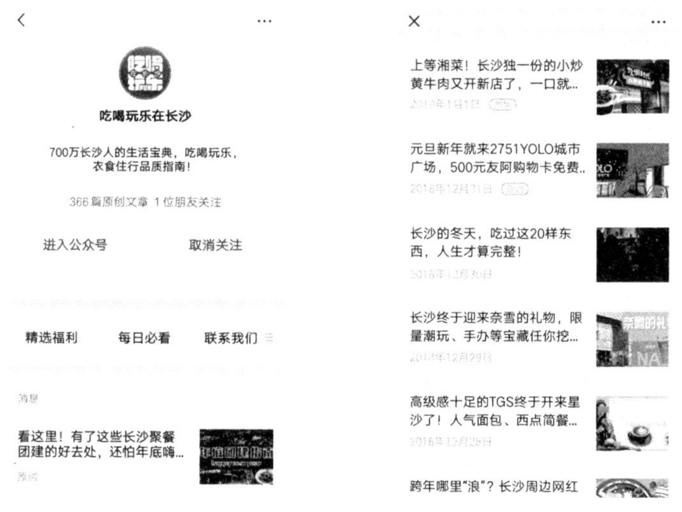

◆ 图 1-20 “吃喝玩乐在长沙”微信公众号的相关页面

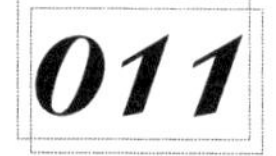

011 引流网站，推广内容相关网站获取流量

引流网店是针对有网店的新媒体文案作者来说的。如果新媒体文案作者有自己的网店，可以将用户从网店引流到新媒体平台上，当然也可以将平台的粉丝引流到网店上。

而在这种双向的引流过程中，可以让网站或平台粉丝增长的同时也有利于相关信息的推广。特别是对那些有着自身产品的新媒体文案作者来说，引流网站能在很大程度上促进产品推广和销售，从而促进变现更快实现。

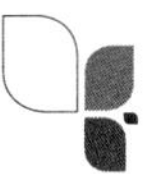

012 会员付费，有门槛且比较频繁的互动

招收付费会员也是新媒体平台文案作者变现的方法之一，最典型的例子就是“罗辑思维”微信公众号，“罗辑思维”推出的付费会员制如下：

- 5000 个普通会员：200 元 / 个。
- 500 个铁杆会员：1200 元 / 个。

普通会员是 200 元 / 个，而铁杆会员是 1200 元 / 个，这个看似不可思议的会员收费制度，其名额却在半天就售罄了。

专家提醒

罗辑思维为什么能够做到这么厉害，主要是罗辑思维运用了社群思维来运营微信公众平台，将一部分属性相同的人聚集在一起，就是一股强大的力量。

罗辑思维在初期的任务主要也是积累粉丝，它通过各种各样的方式来吸引用户，如写作、开演讲、录视频和做播音等。

等粉丝达到了一定的量之后，罗辑思维便推出了收费会员制度，对于罗辑思维来说，招收会员其实是为了设置更高的门槛，留下高忠诚度的粉丝，形成纯度更高、效率更高的有效互动圈。

013 IP 标签，活字招牌的经典变现方式

首先完成 IP 的打造，然后通过 IP 衍生周边变现，也是一种比较实用的内容变现方式，《老九门》就是一个典型的例子——通过将 IP 产品化，通过周边产品来实现内容变现，这样会更成功。

例如，很多动画片火了之后，必定会带动周边衍生品的销量，这些周边衍生产品的形式非常多样，如鼠标垫、马克杯、T 恤衫、手机壳、人物模型等。图 1-21 所示为淘宝上的热门动画片《秦时明月》的部分周边衍生产品。

◆ 图 1-21 《秦时明月》动画片的周边衍生产品

又如超级动画 IP《熊出没》，在一定范围内，可以说是当前国内在衍生品产业方面发展得非常好的品牌之一。

据悉，《熊出没》首先作为一部国漫动画登陆了各大电视和网络平台，其后又从 2014 年到 2018 年，共推出了 5 部大电影，创造了 19.53 亿票房。然而，超级动画 IP《熊出没》的价值还远不止如此——其在衍生品产业方面所创造的价值仅 2014 年一年就达到了 20 亿，相当于 5 部大电影的总票房收入。而随着《熊出没》衍生品产生的年产值不断提高，相信今后还会提升"熊出没"系列的授权产品的销售额。

图 1-22 所示为《熊出没》系列的周边衍生品举例。

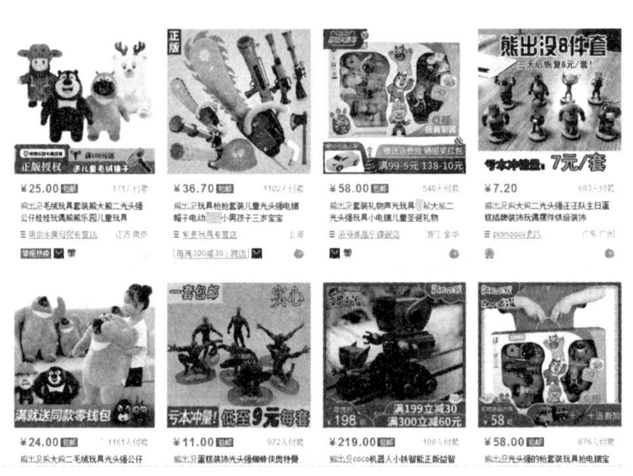

◆ 图 1-22 《熊出没》系列的周边衍生品举例

第2章 案例剖析，阅读量在1000万+级别文案，有哪些写作技巧

学前提示

新媒体文案已经成为人们心中一个神话般的事物，特别是那些轻轻松松写篇文章就能赚取万千稿费的作者，更是让人们觉得不可思议。那么，这些年薪过十万百万、阅读量上千万的新媒体文案究竟是怎么创作出来的呢？它们又有哪些写作技巧？本章举例进行剖析。

要点展示

- 热点+有态度：《没有父亲的父亲节》
- 感人至深：《【夜听】你在我心里住了太久》
- 以爱为名：《朋友圈最真实的偷拍照：这世上除了生死，都是小事》
- H5活动营销，与粉丝互动

014 热点 + 有态度：《没有父亲的父亲节》

在新媒体文案的写作过程中，可能很多人都会面对这样一些困境：文案写作应该从哪个方面着手才能让更多人点击阅读？应该怎么写才能让更多人互动和点赞？等等。关于这些问题，不同的人可能会有不同的回答，而这些回答中所包含的技巧又恰是各种优质文案产生的基础。

然而，有一点是得到了很多人认可和得到实践认证的，那就是在撰写新媒体文案时热点的运用，这是一种永远不会过时和能取得好的运营效果的方法。下面就介绍一篇结合热点来打造的新媒体文案。

节日之所以出现和存在，是因为它值得纪念，且这种纪念活动是涉及众多人的，一般都是指一个范围广大的特定群体，如儿童节，其面向的是《儿童权利公约》中界定的“18 岁以下的任何人”；又如春节，其面向的是中华民族全体人民，以及属于汉字文化圈的一些国家和民族的人民等。

因此，结合节日热点来撰写新媒体文案，必然会引起众多人的关注。基于此，“天天炫拍”微信公众号在 2018 年父亲节来临之际推送了《没有父亲的父亲节》一文。图 2-1 所示为《没有父亲的父亲节》的部分内容展示。

◆ 图 2-1　《没有父亲的父亲节》的部分内容

这篇文案一经推送，在极短的时间内就吸引了众多人阅读和点赞，如图 2-2 所示。“天天炫拍”也通过这一篇文案突破了自己，打造了 10 万 + 点赞量的文案，吸引了众多读者评论和互动，如图 2-3 所示，得到了众多读者的评论。

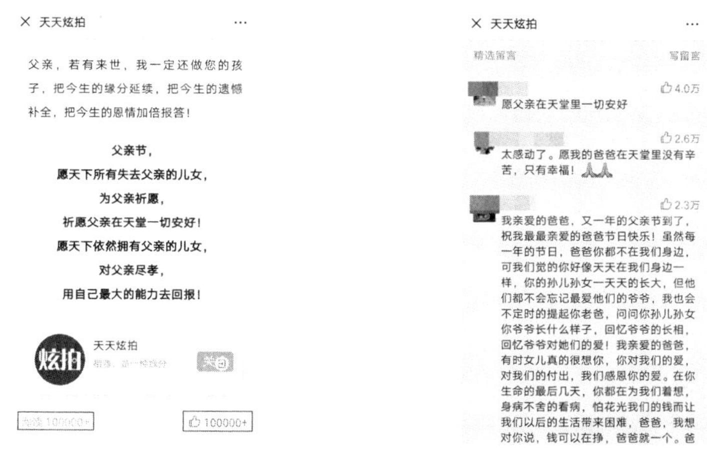

◆ 图 2-2　文案的阅读量和点赞量　　◆ 图 2-3　文案的评论内容

“天天炫拍”推送的《没有父亲的父亲节》一文，之所以取得成功，首先不可否认的是如上文所说，是建立在“父亲节”这一热点的流量基础之上的。然而笔者相信，关于父亲节的新媒体文案一定是非常多的，为什么这一篇就能脱颖而出，创造出阅读量和点赞量都超过 10 万 + 的运营成果呢？在笔者看来，其原因主要表现在以下两个方面，具体分析如下。

1. 有态度

一个热点出现，如果只是为了追热点而胡乱写作，而没有鲜明的观点和独特的角度，是不可能形成 10 万 + 级别的爆文的。而《没有父亲的父亲节》一文却在这个方面把握精准，因而成为爆文也就不足为奇了。

在《没有父亲的父亲节》一文中，作者首先在文前说明了写作此文案的目的——

“谨以此文，献给天下所有远行的父亲

你们在天堂是否安然无恙”

然后，作者在正文中主要围绕两个方面来展开描述，也就是如一位网友在评论中所写的那样——“慈父大爱无疆，却已远赴天堂。来世再为老爸，我还做您儿郎”。一方面，作者感怀父爱的伟大与深沉，然而慈父已逝，所有想对父亲说的话、想与父亲相处所做的事，都只能付诸文字而父亲再也无法看到和感受到了；另一方面，面对父亲的逝去，作者唯愿父亲在天堂一切安好，并真诚地祈愿，如果有来世，还愿延续父子缘分，补全今生遗憾。

就是基于这两个方面，作者把深厚的感情、深深的遗憾和美好的祝愿糅合在文案中，主题鲜明、观点明确，让看到这一篇文案的读者能感受到作者的态度，从而被深深感动，产生强烈的共鸣。

2. 有技巧的切入

在《没有父亲的父亲节》一文中，正文的切入也是非常自然且直接的，通过“又是一年父亲节”一句，在一开篇就联系标题——“父亲节”，然后通过一些生活中的场景引出父亲、对父亲的怀念、父亲的爱和自己的遗憾。这也是此文前一部分的中心和要点。

在后一部分中，作者同样用“又是一年父亲节”来开始。相对前文来说，用这一句作为后一部分的引入语也不会显得突兀——它就如一句发自内心的感叹，在回忆和怀念父亲中发出；而又自然而然地过渡到下文，让作者充分表达自己对身在天堂的父亲的祝福和美好的祈愿。

另外，在吸引读者关注方面，《没有父亲的父亲节》一文的处理也非常得当，利用标题的反常——“没有父亲还怎么过父亲节”来吸引读者，带着想要一探究竟的目的，文案的点击阅读量自然也会极大提升。再加上文案中充分表达了自身情绪的内容，能让读者的沉浸感也随之增强，从而产生情感共鸣。

015 感人至深：《【夜听】你在我心里住了太久》

情感，永远是最动听的声音。无论是亲情、友情还是爱情，它们都是一个人生命中的美好旋律，且久久回荡。新媒体文案作者可以捕捉生活中的这些旋律，生成文案，通过情感来打动读者，提升文案的阅读量和点赞量也就不再话下了。

在新媒体平台上，关于亲情、友情和爱情的文案比比皆是，其中不乏10万+爆文文案，同时也出现了一些专注于情感讲述的新媒体账号，“夜听”微信公众号就是其中之一。

“夜听”微信公众号的宣传语是“爱与生活，不可辜负。”在这样的基调下，“夜听”打造了众多的阅读量为10万+的新媒体文案。特别是在其头条文案中，其点赞量或好看数大多在1万以上，下面是笔者从中选出的一些关于情感的文案：

- 《【夜听】遇见是天意，拥有是幸运》（阅读量：10万+，点赞量32288）
- 《【夜听】相见，不如怀念》（阅读量：10万+，点赞量24987）

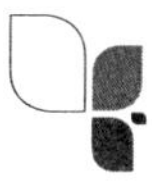

- 《【夜听】一个人的想念》（阅读量：10 万 +，点赞量 38414）
- 《【夜听】谢谢你的爱》（阅读量：10 万 +，点赞量 29463）
- 《【夜听】有缘遇见，别擦肩而过》（阅读量：10 万 +，点赞量 30521）
- 《【夜听】世界那么大，我只在乎你》（阅读量：10 万 +，点赞量 37332）

而在 2018 年的“夜听”微信公众号中，有这样一篇文案，它不仅在阅读量上为 10 万 +，点赞量也突破了 5 万，它就是基于爱情而打造的《【夜听】你在我心里住了太久》。图 2-4 所示为《【夜听】你在我心里住了太久》文案内容页面及其阅读量、点赞量和部分评论展示。

◆ 图 2-4　《【夜听】你在我心里住了太久》文案内容页面及其阅读量、点赞量和部分评论展示

在《【夜听】你在我心里住了太久》一文中，“爱”是整篇文案的核心，也是作者想要传达的主要元素。而它之所以能够脱颖而出——不仅相对于其他新媒体账号来说是更优质的爆文，相对于“夜听”微信公众号本身的文案来说，也实现了点赞量过 5 万的突破——主要原因除了其中包含的强烈的情感外，还是多个方面亮点表达的结果，具体分析如下。

1. 强烈情感的触动

《【夜听】你在我心里住了太久》一文，其中心就是阿鹏与小鱼这一对曾经的情侣分开 8 年之后，阿鹏从朋友圈中看到了小鱼的婚纱照，知道了其将成为别人的新娘并给予祝福的故事。

在阿鹏与小鱼之间，从高中相恋到大学分隔两地，美好的爱情最终败给了距离。而在分开8年之后，又由偶然看到的婚纱照，阿鹏回忆起了曾经的爱情与长久的思念。一般来说，情侣分开之后，情况无非几种，或是相忘于江湖，或是由爱变恨……而阿鹏选择了把思念留在心里并默默祝福对方。

特别是其中的一句："我们已经分开8年了，我以为时间越长，对你的思念就会越少。可是不是这样的。这份想念不会太多，也不会太少，因为你在我心里住了太久太久了。"细细地听来，读者不由得被其中包含的深情触动和打动——那颗从未停止过思念的心，那份"不会太少也不会太多"的执着想念的爱情，其中的酸楚和无奈最终却化为对对方的深深的祝福——"而现在你即将成为别人的新娘，我只希望你过得幸福"。

且上文中提及的一句"因为你在我心里住了太久太久了"，在用作标题时却省去了叠词，同时又去掉了句末的表示轻微语气的词"了"，从而变得简练而庄重，更符合标题的写法。

2. 第一人称更易让人靠近

在标题为《【夜听】你在我心里住了太久》的音频文案中，主要是通过第一人称的方式来完成内容的讲述的。其中既有通过写信的方式来诵读的第一人称讲述，也有男主人公亲临音频现场的第一人称讲述，而不管是哪种第一人称的运用，都能让人倍感亲切，且更容易让人靠近和沉浸到主人公的情感表述中。

3. 表达方式多样

在结构安排和表达方式上，《【夜听】你在我心里住了太久》也是有其亮点的。在笔者看来，主要表现在三个方面，具体如下。

（1）通过写信这一更能直接表达感情的方式来讲述。在《【夜听】你在我心里住了太久》一文中，作者首先是通过主持人的介绍引入一封信，而这一封信注定是无法寄出的——写给曾经的且仍然在思念着的恋人，也写给曾经的自己。改变了平常文案的直接呈现的方式，而是借助信来表白男主人公的心声，从而把其中深厚的情感表达出来。

（2）紧接着写信之后的是男主人公的临场。在一般的音频文案中，大多是播主直接打造，很少有与故事相关的主持人现场即兴表达。而在《【夜听】你在我心里住了太久》中，男主人公阿鹏却在信的内容完了之后就出现了，并进一步表达情感和给出对曾经的恋人的祝福——"我希望她男朋友能对她好一点……我希望我以前做不到的，希望她的男朋友都能做到，而且会做得比我更好。希望更爱她，比我爱她还要多。我希望她过得越来越好。"

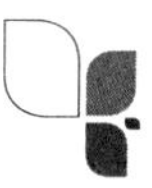

（3）在关键时刻穿插音乐。在该篇文案中，有两个地方是穿插了音乐的，特别是后一段，是以电影《心花路放》的主题曲《轻轻的放下》结束的。音乐的应用，明显是符合文案“放下、释怀”的主题的，且在一定程度上让该篇文案的情感得到了进一步的升华，同时也提升了读者的阅读体验。

016　以爱为名：《朋友圈最真实的偷拍照：这世上除了生死，都是小事》

新媒体文案作者在发文之前，很多都会陷入如何选出读者想要看的内容的困境。其实，在笔者看来，还是脱离不了情感的范围——一般情感类题材的选题都会比较吸引人，而且也容易传播开来。可见，新媒体文案作者可以以爱为名来打造爆文。而在这一方面，“视觉志”微信公众号也做得十分成功，值得大家学习。它推送的很多文案，其阅读量都是 10 万 +。图 2-5 所示为新榜平台上“视觉志”微信公众号 2018 年 12 月 27 日 ~2019 年 1 月 3 日期间的部分推送文案，其阅读量很多都在 10 万以上。

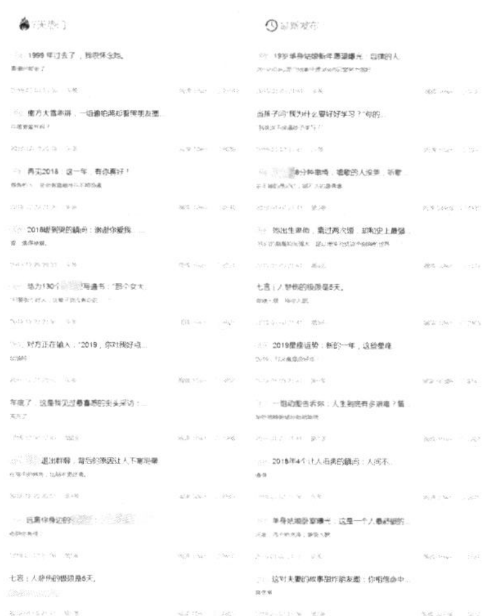

◆ 图 2-5　新榜平台上“视觉志”微信公众号 2018 年 12 月 27 日 ~ 2019 年 1 月 3 日期间的部分推送文案

其中，“视觉志”微信公众号的一篇题为《朋友圈最真实的偷拍照：这世上除了生死，都是小事》的文案不仅在阅读量上实现了 10 万 +，在点赞量方面也同样达到了 10 万 +。图 2-6 所示为《朋友圈最真实的偷拍照：这世上除了生死，都是小事》的开头内容和相关数据展示。

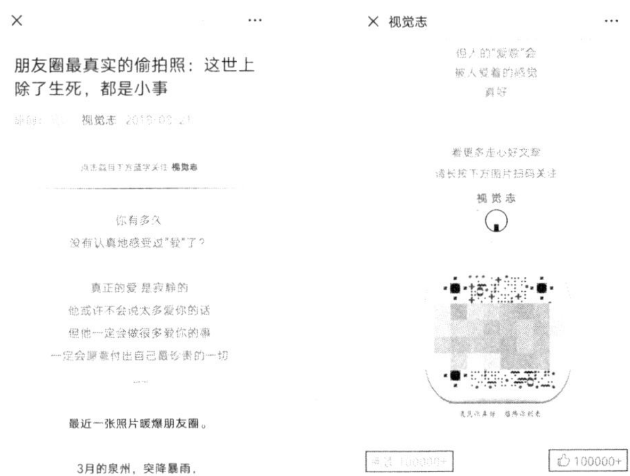

◆ 图 2-6 《朋友圈最真实的偷拍照：这世上除了生死，都是小事》的开头内容和相关数据展示

同时，基于《朋友圈最真实的偷拍照：这世上除了生死，都是小事》丰富的文案内容，其评论内容也非常惊人——不仅评论的读者较多，评论内容长度也很可观，更重要的是，很多评论的点赞量都多达十几万。图 2-7 所示为《朋友圈最真实的偷拍照：这世上除了生死，都是小事》的评论内容展示。

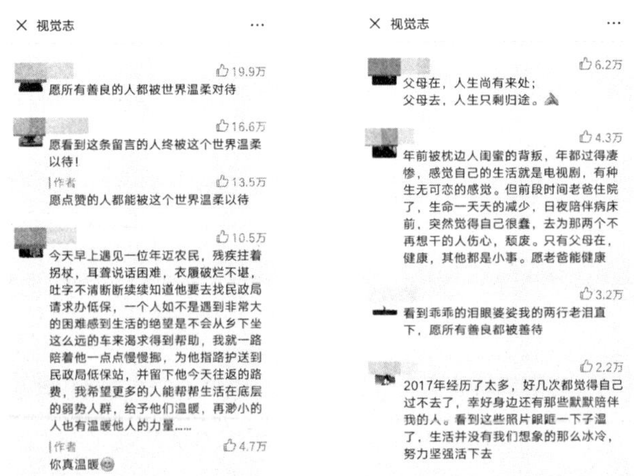

◆ 图 2-7 《朋友圈最真实的偷拍照：这世上除了生死，都是小事》的评论内容展示

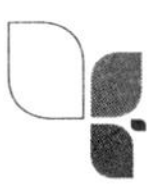

从图 2-7 可以看出，该篇文案的评论内容也充满了温情与感动，有着相似感悟的读者留下的评论和祝愿、作者的真诚回复等，营造了一种非常感人且爱意环绕的氛围。

其实，笔者在看到标题的时候还是有一点疑惑的，为什么说“这世上除了生死，都是小事”呢？看完文章才深切地感悟到：因为人间有爱，有了爱的支撑，所以除了生死之外，其他的都是小事，都是完全可以克服和坚持走下去的。

回到正题上来，就要说说这篇文案成为爆文的原因所在了。在笔者看来，“爱”的故事和主题的把握是其关键所在，下面进行具体阐述。

1. “爱”的故事

《朋友圈最真实的偷拍照：这世上除了生死，都是小事》一文，开篇就通过一个充满温暖和爱的故事来揭示主题，引出话题。然后接着描述了 19 个场景和故事，为大家讲述了不同的人与人、人与物、物与物之间的感人故事，包括“轿车车主”“司机”“保安”“陌生人”“军人”“大翅鲸”“流浪汉”“村民”等。图 2-8 所示为“司机”和“陌生人”的“爱”的故事内容页面。

大千世界，有着不同的关于“爱”的暖心故事，这些故事分散来看是不同的人的故事，但结合起来看实际上就是发生在生活在社会中的人与物的共同故事。每一个人，可能都经历或看到过相同的情景，这就是文案引起读者情感共鸣的点。

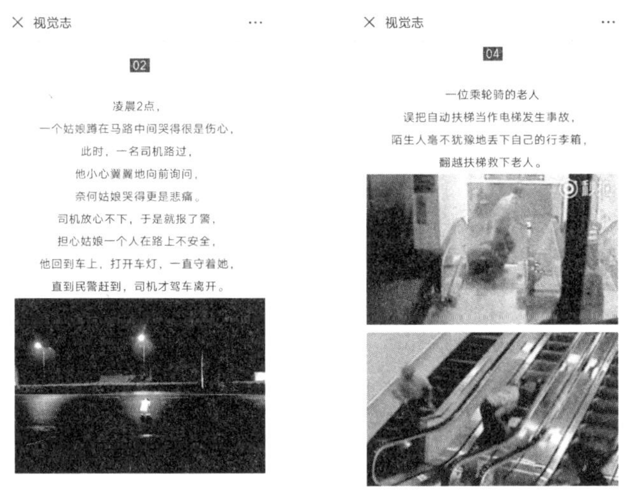

◆ 图 2-8　“司机”和“陌生人”的“爱”的故事内容页面

专家提醒

这样分片段写文案的方式除了能够从不同角度凝聚内容，还能给读者一种条理清晰、内容丰富的感觉，以至于读完整篇文案有一个总体印象，从而受到较为长久且深远的影响。

2. “爱”的金句

“视觉志”在讲述每个故事的时候，都是通过更小的灰色字呈现出关于“爱”的暖心故事的金句，以便与主题呼应，如图 2-9 所示。

◆ 图 2-9　“爱”的故事中与主题呼应的句子

017 群体脑洞和创意：《广东人真是太太太太太好玩了！！！》

是不是阅读量爆棚的文案都要有深厚的文字功底和悠久的文化底蕴呢？这个问题的答案是否定的，至少不能百分之百的肯定，因为不是所有的文案都是依靠单纯的文字吸睛的。

尤其需要注意的是，在新媒体行业领域，文案的打造方法太多了，你可以走

一针见血的故事风格，也可以走温暖治愈的情感风格，这是就风格而言的。从形式上来看，你可以以文字为主，图片为辅；以图片为主，文字为辅也是可行的。只要把你擅长的和读者的需求相结合，双方进行完美对接，那么文案的阅读量自然就会蹭蹭地往上涨了。

以微信公众号“有趣青年”为例，它在 2018 年 11 月 26 日推出了一篇题为《广东人真是太太太太太好玩了！！！》文案，如图 2–10 所示，一时之间在朋友圈掀起了不小的势头。

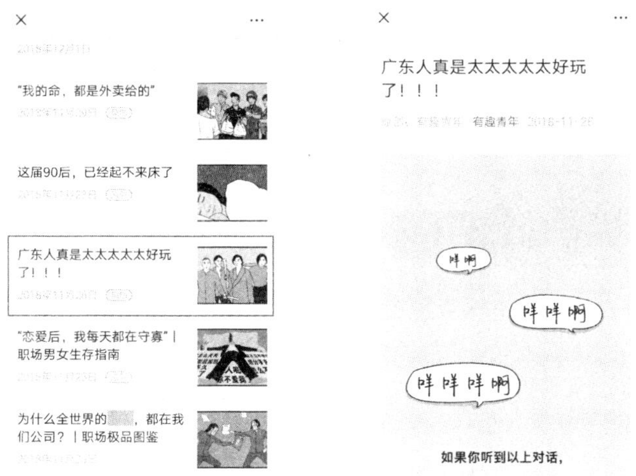

◆ 图 2–10　《广东人真是太太太太太好玩了！！！》文案

贴合了用户好奇心理需求的“结巴式”标题为它吸睛不少——为什么说广东人好玩呢？这其中到底有什么原因？当然，使得阅读量和点赞量一路飙升、实现了 10 万 + 的推广效果的吸睛点，远远不止如此，总的来说有 3 点，具体分析如下。

1. 全程图片展示

“有趣青年”这一微信公众号在文案内容中或多或少都会有漫画。不过值得注意的是，在《广东人真是太太太太太好玩了！！！》一文中，却一改有图有文的内容形式，全部都是通过各种各样的图片来呈现的，即使有文字，也是已经植入到图片中的文字，如图 2–11 所示。

这样的形式不仅让描述对象更加形象生动，而且也带给读者与众不同的新鲜感，读者可以从图片中获得片刻欢愉，图片成功博得读者一笑。“创新、幽默”

是这一内容形式的关键，同时该篇文案也掌握了人们的喜好需求，了解到创意形式的吸引力对读者来说是无法抗拒的。

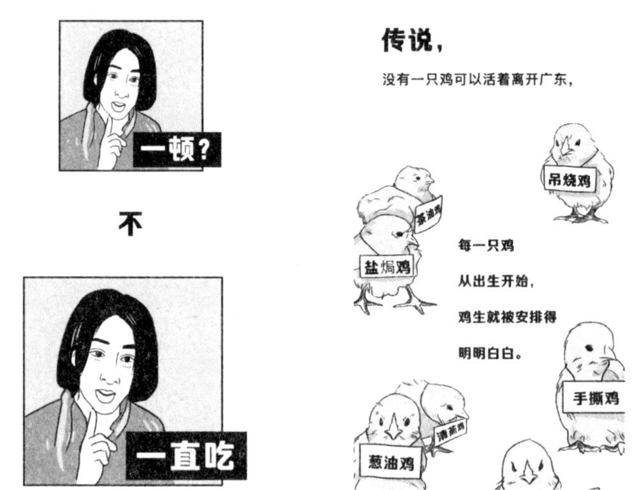

◆ 图 2-11 《广东人真是太太太太太好玩了！！！》一文的内容形式

2. 幽默语言，场景延伸

在《广东人真是太太太太太好玩了！！！》一文中，语言风格也是不走寻常路。文案通过幽默的语言来进行讲述，直观生动。当然，其中的各种修辞手法，如生动的比喻、适当的夸张等也不可忽视，同时在内容呈现中也是简单明了，字字珠玑。图 2-12 所示为《广东人真是太太太太太好玩了！！！》一文中的修辞运用。

另外，虽然《广东人真是太太太太太好玩了！！！》内容简单明了，但是并不代表对某一方面的说明是点到即止的，而是通过各种场景延伸，力图让描绘更形象，从而在读者心里留下深刻的印象。无论是关于饮食、天气，还是关于广东人的温情和友善，都注意摘取生活中常见的场景来进行说明。

例如，在说明广东是"一个站在食物链顶端的省份"时，就运用到了多个场景，如"当你问一个广东人，一天能吃几顿饭"的问与答场景、关于对"汤"的执着的场景、啷碗（即烫碗）的场景等，如图 2-13 所示。

其实，文案中在语言表述和排版方面还有一个大的特色，那就是注意了利用加粗或其他形式来展示关键词和热点词，如图 2-14 所示。

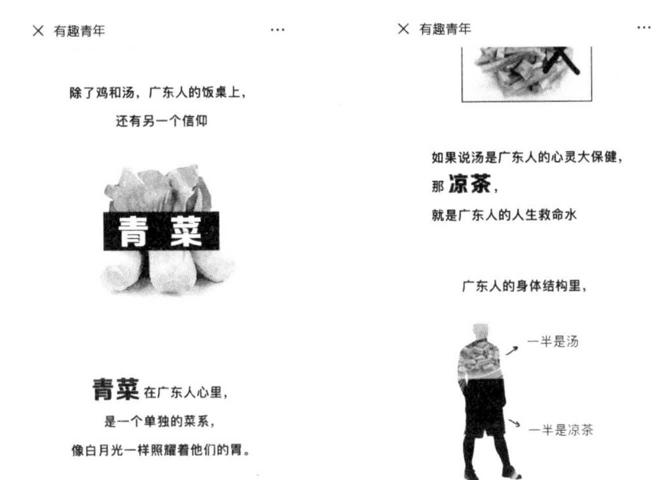

◆ 图 2-12　《广东人真是太太太太太好玩了！！！》一文的内容形式

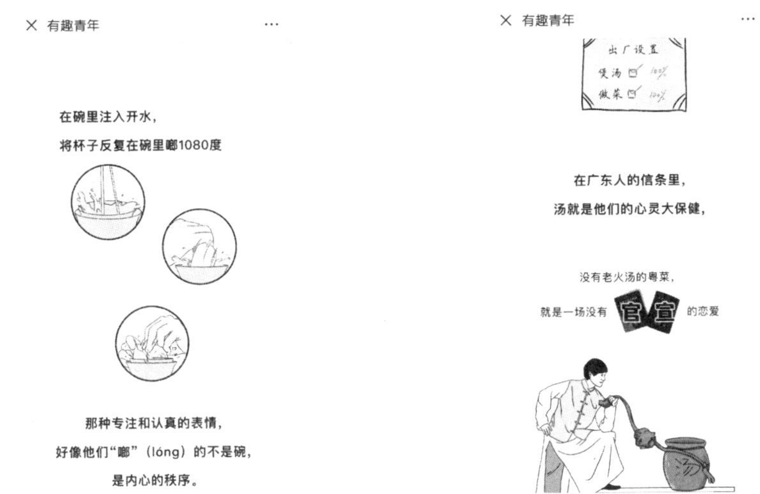

◆ 图 2-13　文案中的场景延伸举例　◆ 图 2-14　文案中突出显示热点词案例

3．特定群体，文末引发互动

在《广东人真是太太太太太好玩了！！！》一文中，从标题就可看出是针对特定群体而展开的，而文案中紧扣"广东"和"广东人"的正文内容也说明了这一点。除此之外，与一般的新媒体文案中在文末进行简单说明不同，《广东人真是太太太太太好玩了！！！》一文则是通过两段比较长的话语对特定群体和感谢话语进行了呈现，如图 2-15 所示。

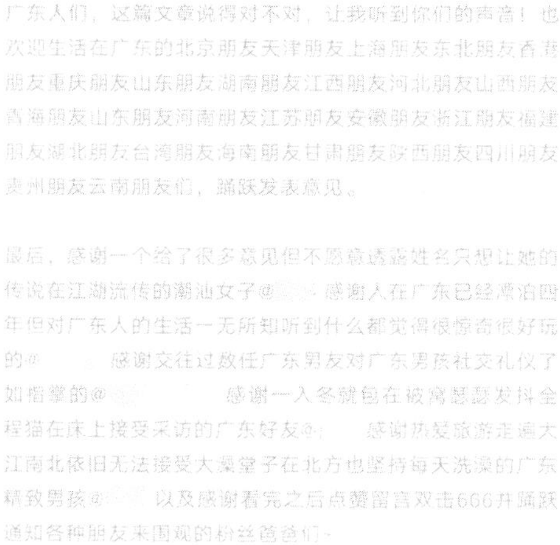

广东人们，这篇文章说得对不对，让我听到你们的声音！也欢迎生活在广东的北京朋友天津朋友上海朋友东北朋友香港朋友重庆朋友山东朋友湖南朋友江西朋友河北朋友山西朋友青海朋友山东朋友河南朋友江苏朋友安徽朋友浙江朋友福建朋友湖北朋友台湾朋友海南朋友甘肃朋友陕西朋友四川朋友贵州朋友云南朋友们，踊跃发表意见。

最后，感谢一个给了很多意见但不愿意透露姓名只想让她的传说在江湖流传的潮汕女子@ 感谢人在广东已经漂泊四年但对广东人的生活一无所知听到什么都觉得很惊奇很好玩的@ 感谢交往过数任广东男友对广东男孩社交礼仪了如指掌的@ 感谢一入冬就包在被窝瑟瑟发抖全程猫在床上接受采访的广东好友@ 感谢热爱旅游走遍大江南北依旧无法接受大澡堂子在北方也坚持每天洗澡的广东精致男孩@ 以及感谢看完之后点赞留言双击666并踊跃通知各种朋友来围观的粉丝爸爸们。

◆ 图 2-15　文末指定的特定群体和感谢话语内容展示

从图 2-15 可以看出，在作者指定的特定群体中，除了广东人们之外，还通过列举的方式一一展现出来，可能有人会觉得啰唆，但从另一方面来看，它又何尝不是增加亲切感和提升好感度的一种绝佳方法。而在感谢话语中，作者也对需要致谢的人都分别用很长的修饰语进行了说明，表现了足够的重视和认真。

018　重磅新闻首发：《震撼！一张长图带你领略港珠澳大桥》

对一些时事类、政务类的新媒体账号而言，想要打造爆文说难也不难，说容易也不容易，其原因就在于它们推出的文案内容一般都是关于国家政策、重大外交、贸易经济、军事情报等内容的，而这些内容关注者必然不少。但是要想让文章出彩，而不是完全当作一个简单的消息而是当作有思想、有情感的新媒体文案来看，就有必要在文案内容的打造上下一番功夫了。

根据 2018 年的数据显示，在所有的 10 万 + 点赞的新媒体文案中，时事政务类的比重明显提升，就“人民日报”微信公众号来说，其推送的文案就有 14 篇实现了点赞数 10 万 +。另外，“新华社”“央视新闻”等微信公众号也有文案

达到了这一推广效果。

其中，“央视新闻”微信公众号推送的《震撼！一张长图带你领略港珠澳大桥》就是其中一篇。图 2-16 所示为《震撼！一张长图带你领略港珠澳大桥》的开头内容、数据信息和评论页面。

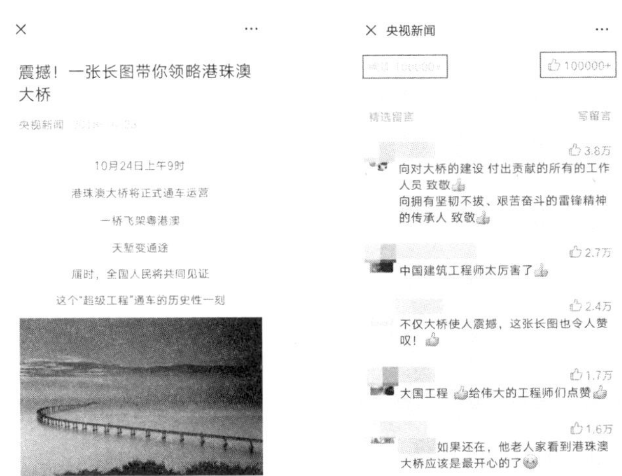

◆ 图 2-16　《震撼！一张长图带你领略港珠澳大桥》的开头内容、数据信息和评论页面

与《广东人真是太太太太太好玩了！！！》一样，都采用了长图文的形式。不同的是，《震撼！一张长图带你领略港珠澳大桥》一文在长图前后都有一定的文字陈述，且其长图完全就是一张图，不可分开浏览，而不是由众多图片组成的长图文。

《震撼！一张长图带你领略港珠澳大桥》一文作为以港珠澳大桥这一大的工程建设为主题的新闻类新媒体文案，其本身就有着巨大的吸引力——能在很大程度上激发出人们的爱国热情，产生强烈的民族和集体认同感。除此之外，该篇文案在写作方式上也是值得称道的，这些都是成就爆文的关键要素。

下面笔者将从文案的写作方式出发，具体分析《震撼！一张长图带你领略港珠澳大桥》　文的亮点。

1．结构清晰，条理分明

从图 2-16 中的开头内容展示可以看出，短短的几句话就交代清楚了时间、地点、人物和事件，让读者瞬间了解该篇文案的主题，与标题相呼应。其后，通过一张精美图片展示港珠澳大桥，吸引读者关注。这样的结构安排是顺理成章的。

那么，接下来应该怎么安排文案的内容呢？作者也没有慌了手脚，而是条理分明、承接自然地安排文案内容。

从图 2-17 中可以看出，在激起读者足够的好奇心的情况下，又通过关系读者利益的连续三问直接指出人们的关注点，让读者的好奇心进一步得以激发。然后就是作者的生动展示时间了——通过“央视新闻实地考察制作了一张长图，妥妥满足你对港珠澳大桥的所有好奇”来指出长图的性质和作用，从而为巧妙植入长图提供了条件。

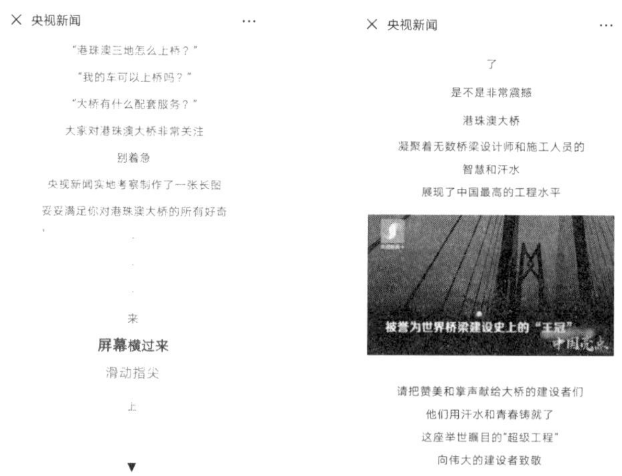

◆ 图 2-17 《震撼！一张长图带你领略港珠澳大桥》长图前后的内容安排

而在长图展示完之后，作者通过“可以竖过来了”结束其展示，并以一句“是不是非常震撼”来说明观看完长图后的意犹未尽的感受，语言亲切自然，非常接地气，一下子就拉近了与读者之间的距离。同时，这一句也提醒了读者，让读者从长图带给人的震撼中走出，重新把读者的目光拉回到平实的文案上来。同时以“震撼”二字为铺垫，引出这一伟大工程建设过程中的努力以及付出智慧和汗水的建设者们，从而顺理成章地对他们致以敬意。

2. 震撼长图，一目了然

如同港珠澳大桥带给人们的震撼一样，《震撼！一张长图带你领略港珠澳大桥》一文中的长图同样令人震撼，这也是该篇文案能获得 10 万 + 点赞的内容基础。特别是对无法亲眼目睹大桥的读者来说，长图是让他们体会大桥那种令人震撼的感觉的不可或缺的媒介——它犹如一幅优美的画卷，让人置身其中，自豪与震撼油然而生。

图 2-18 所示为《震撼！一张长图带你领略港珠澳大桥》中长图的部分内容。

◆ 图 2-18　《震撼！一张长图带你领略港珠澳大桥》中长图的部分内容

该文案中的长图，其实是由两部分组成的，在长图的开端是地图上港珠澳大桥的整体面貌呈现，让人能全面了解港珠澳大桥的大概情况和主体工程构成。然后就是以图 2-17 中的两张图为两端的大桥的详细情况说明。

在关于大桥的详细情况的说明长图中，以珠海及澳门口岸为起点、直至香港大屿山的大桥全段展示——主要包括 3 座通航孔桥（青州航道桥、江海直达船航道桥和九洲航道桥）、西人工岛、沉管隧道纵断面、东人工岛等。看完长图，就有如在港珠澳大桥上从起点到终点走了一程。

在展示的过程中，不仅介绍了大桥的相关情况，如线路全长、使用寿命、抗台风强度、主梁钢管吨数、非通航孔桥等详细数据，还对大桥的地位——“大桥世界之最”——做了说明。同时为了进一步加深读者的理解，让人更形象地感受大桥魅力，还注意使用巧妙的描述，如在介绍到“主梁钢管达 42 万吨”时，在下面用小字做了说明——“可建 60 座埃菲尔铁塔”。

另外，在前面曾提及该文案在开头时提出了 3 个问题，关于这些问题，在大桥的展示过程中也给出了答案，如图 2-19 所示。与前面内容相呼应，是长图的实用价值展现的一个重要表现，做到了既能激起读者的好奇心又能满足读者好奇心。

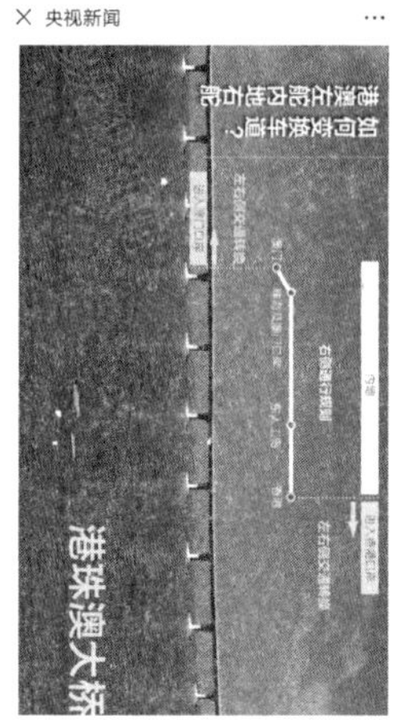

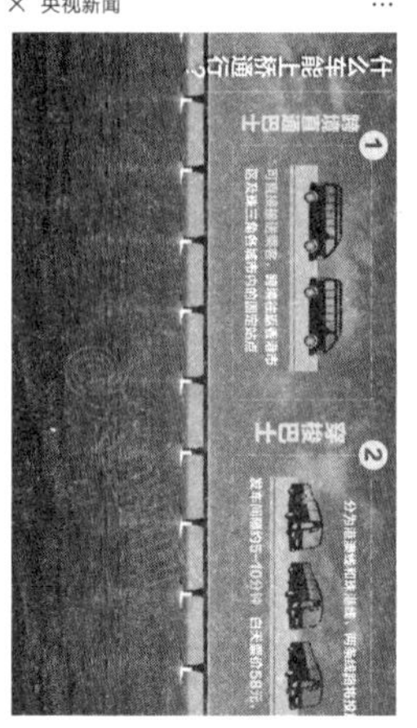

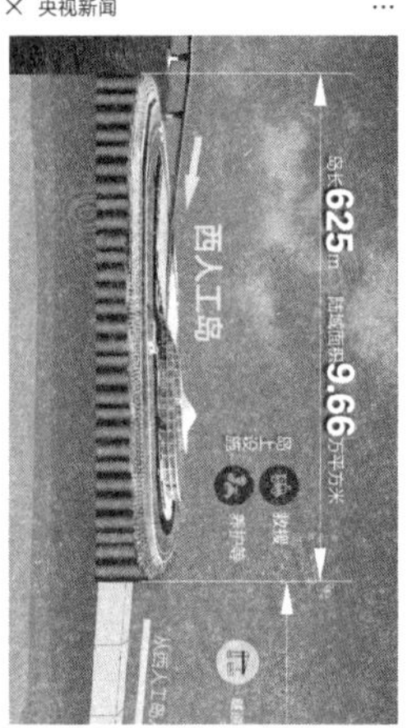

◆ 图 2-19　针对开头问题解答的长图部分内容展示

当然，除了解答问题，长图还从读者的角度出发，讲述了一些要注意的问题，包括不可以和可以进行的一些举动。关于大桥如何收费，也分类进行了说明。

同时，为了帮助读者进一步了解港珠澳大桥的建设情况和提升趣味性、关注度，不仅使用专业的语言介绍了人工岛的建成，如图 2-20 所示。还介绍了建桥过程中关于自然保护和人文关怀的事情——大桥建成，保证白海豚不搬家，如图 2-21 所示。

综上所述，读者通过一张长图，可以从宏观和微观方面全面了解港珠澳大桥从建设到使用的各种情况，对读者来说，是一次收获大、体验佳的阅读体验，也是该篇文案之所以成为爆文的原因所在。

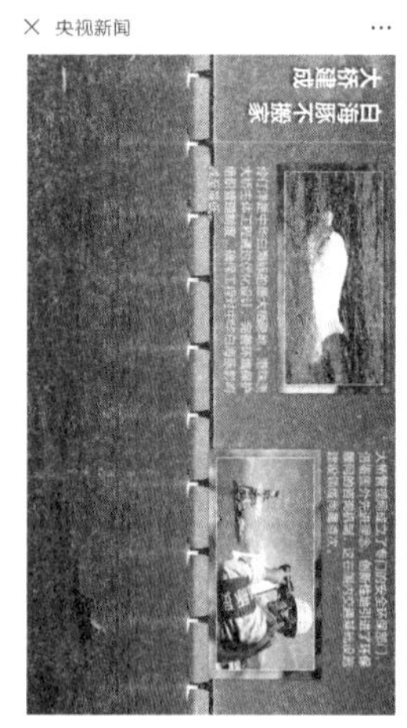

◆ 图 2-20　介绍人工岛的建成

◆ 图 2-21　大桥建成，白海豚不搬家

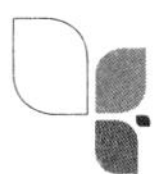

019　社会正能量：《整个朋友圈都在心疼这个“冰花”男孩！看了他，你还有什么好抱怨的》

在生活中，人们总是会经历坎坷与挫折，也会感到悲观、失望，此时就迫切需要一些积极向上的东西来激励和鼓舞自己，这就是社会正能量的作用。在新媒体文案中，作者把包含乐观积极地正面情绪通过图文的形式表现出来，是打造爆文的思想基础之一。

特别是一些遭遇过生活挫折但仍保持着乐观积极的生活态度的平凡人中的强者，更是受人关注，引人瞩目。就如 2018 年网上“传颂”的一些身残志坚的外卖小哥，就是其中的典型。而新媒体账号和作者也纷纷推送相关文章，如图 2–22 所示。

其实，关于社会正能量的话题的新媒体文案比比皆是，如“人民日报”微信公众号推送的一篇题为《整个朋友圈都在心疼这个“冰花”男孩！看了他，你还有什么好抱怨的》就是其中的佼佼者——它也创造了文案 10 万 + 的阅读量和点赞量双丰收的奇迹，成为实实在在地展现社会正能量的爆文。

图 2–23 所示为《整个朋友圈都在心疼这个“冰花”男孩！看了他，你还有什么好抱怨的》的开头内容和评论内容部分展示。

随着时代的发展，外卖可谓是已经走进了我们生活，也是方便了我们的吃饭问题，但是外卖也需要有人来送，也就产生了所谓的外卖小哥，不管刮风下雨甚至下雪都能看到他们的身影，这不，近日一位残疾快递小哥却被人们称颂，称其为最佳"骑手"，虽然残疾，但是至今为止都没有受到过差评！

他就是　　　，也是是一名饿了么骑手，据他说自己是难产儿，因此也留下了残疾，而且在17岁的时候，也因为火灾而烧伤，可是自从开始做骑手，就坚持不洒汤、不超时为自己的送餐原则，从来没有收到过任何差评，甚至有时候送完餐都会收到打赏，不得不说这才是真正的身残志坚啊！

◆ 图 2–22　关于身残志坚的外卖小哥的新媒体文案案例

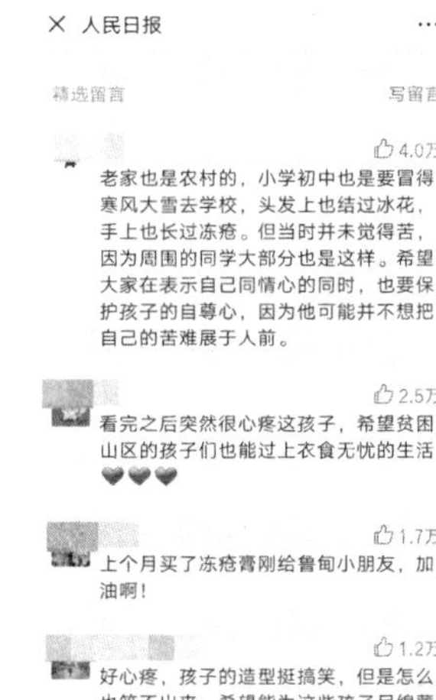

◆ 图 2-23 “人民日报”微信公众号推送文案的开头内容和评论内容部分展示

在《整个朋友圈都在心疼这个“冰花”男孩！看了他，你还有什么好抱怨的》一文中，其中心就是围绕一个被网络曝光的头顶冰霜上学的小男孩而打造的，在小男孩成为网红的流量基础上，打造融合了各方观点和热议的爆文。关于该篇文案的打造，具体分析如下。

1. 好标题

该篇文案的标题虽然比较长——文字加上标点达 30 余字符，但仍称得上是一个好标题。那么，它具体好在哪呢？在笔者看来，主要包括两点，具体分析如下。

（1）用“整个朋友圈都在心疼”为文案营造氛围，定下基调，从而让那些清楚这件事情的读者想着进一步了解其他人的观点和看法，让那些还不清楚这件事情的读者，看到这一描述，就想着自己也应该去了解，最终完成点击阅读的动作。

（2）用“看了他，你还有什么好抱怨的”表明态度，激励人奋进。这一句话是感叹，也是观点。在笔者看来，读者在标题中就表明态度，无论是同意还是反对这一观点的读者都有话可说：同意的，一般会想着去点赞；不同意的，也会想着去阐述自身的观点。同时，一个“你”字，极大拉近了与读者的距离，让读者感觉是在进行一次面对面的谈话。

2. 具体形象塑造——头顶冰霜上学的小男孩

该篇文案在开头就提及，其中的主人公是一个已经成为网红的“头顶冰霜上学的小男孩”，于是，文案本身就有了流量基础。当然，大家也不得不承认，这一文案中的小男孩形象还是比较丰满的——文案中共有 3 处非常形象地介绍了这个小男孩，并且采用了图文结合的方式，让其形象更加立体和生动，如图 2-24 所示。

× 人民日报 ···

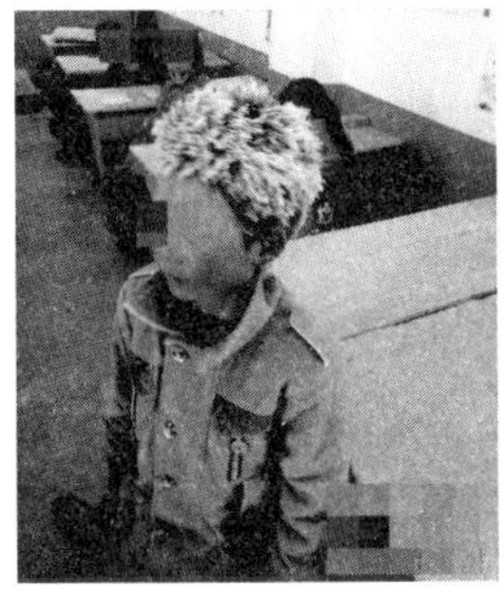

尽管身后的同学们
看到他的造型笑得东倒西歪
但他却笔直地站着
没有哭，也没有笑
一脸呆萌和坚决

× 人民日报 ···

起了众多网友的关注。

小孩冻红的双手。转山包小学校长付恒 供图

× 人民日报 ···

子姓名。只透露，照片中的孩子家离学校4.5公里，平时都需要走一个多小时来上学。

照片拍摄当日，是学校期末考试的第一天，早上气温零下几度。孩子步行一个多小时到教室后，头发就结满了冰霜。

一进教室，小男孩做了个鬼脸，引得班级同学大笑。

◆ 图 2-24　文案中的小男孩形象描述

从图 2-24 中可以看出，该篇文案还通过红色字体突出部分描述信息，特别是最后一张图中，红色字体部分所包含的恶劣的天气信息，与后一段中小男孩的形象形成鲜明的对比——“一进教室，小男孩做了个鬼脸，引得全班同学哄堂大笑”，让小男孩的形象一下子就鲜活起来。

3. 有力的网友评论支撑

既然在标题中已经提及“整个朋友圈都在心疼”，正文内容为了证明这一点，从两个方面提供了有力的证据——朋友圈的诗和网友的评论，如图 2-25 所示。其中，关于朋友圈的诗，文案中共呈现了 4 首，且为了保证其真实性，不仅用文字呈现出来，还截取了相对应的朋友圈截图。

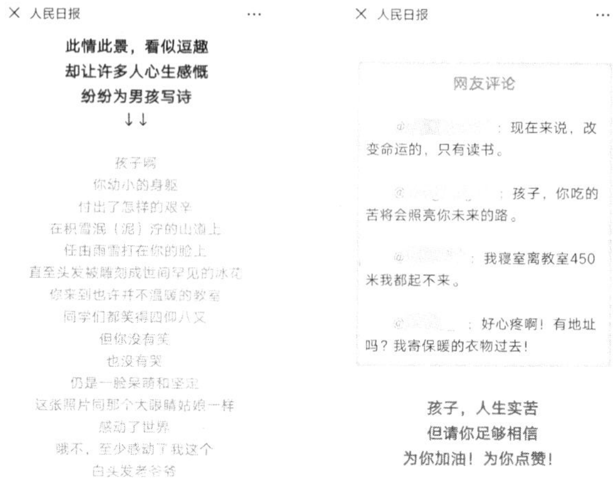

× 人民日报 …

此情此景，看似逗趣
却让许多人心生感慨
纷纷为男孩写诗
↓↓

孩子啊
你幼小的身躯
付出了怎样的艰辛
在积雪泯（泥）泞的山道上
任由雨雪打在你的脸上
直至头发被雕刻成世间罕见的冰花
你来到也许并不温暖的教室
同学们都笑得四仰八叉
但你没有笑
也没有哭
仍是一脸呆萌和坚定
这张照片同那个大眼睛姑娘一样
感动了世界
哦不，至少感动了我这个
白头发老爷爷

× 人民日报 …

网友评论

@ ：现在来说，改变命运的，只有读书。

@ ：孩子，你吃的苦将会照亮你未来的路。

@ ：我寝室离教室450米我都起不来。

@ ：好心疼啊！有地址吗？我寄保暖的衣物过去！

孩子，人生实苦
但请你足够相信
为你加油！为你点赞！

◆ 图 2-25　**文案中的朋友圈的诗和网友的评论展示**

另外，大家注意到了没有，在文案末尾的“网友评论”下方，作者用红色字体为对小男孩提出了鼓励，谆谆教导，倍感亲切。然后细读该段文字，再与标题结合，不难发现，这不仅是对小男孩的鼓励，也是对那些在生活中遇到困难、抱怨生活的人的鼓励和鞭策。

图文并茂：《进可拥都市繁华，退可享田园静谧——来温江，享健康》

在形式内容日益丰富的新媒体时代，文字已经不再是唯一的表现形式了，图片、GIF 动图、语音以及短视频等形式开始“霸屏”，或双双联手，或一齐上阵，表现形式异彩纷呈。

满屏都是文字的文案形式比较容易遭到读者的反感，尤其是你的内容还不是那么精彩的时候。如果能够懂得恰当地利用图片、语音以及短视频等形式来展示内容的话，阅读量就会更容易上涨。

微信公众号“一头条”发布的《进可拥都市繁华，退可享田园静谧——来温江，享健康》在短时间之内就成为爆款文案，吸引了 10 万+的阅读量，点赞量也是居高不下，如图 2-26 所示。一时之间，温江人（包括工作、生活在温江的人、温江在外地的老乡和其他曾经在温江停留过的人）都纷纷留下赞赏的评论，可见

这个文案的打造是成功的。

◆ 图 2-26　《进可拥都市繁华，退可享田园静谧——来温江，享健康》的开头内容与评论展示

作为一篇为温江区进行宣传的新媒体文案，与娱乐类的文案不同，这篇文案明显偏向严肃——无论是主题还是文字都是如此。但是在阅读的过程中却不会让人感觉太枯燥，读者还是愿意细心读下去的。这是为什么呢？

其实，这篇获得了高阅读量和点赞量的文案，除了具有文案一般要遵守的主题明确、逻辑清晰的特点外，还有着 3 个方面的亮点，具体分析如下。

1. 文字精彩

大家都知道，要想把一个城市的发展和未来规划全面介绍清楚，不用长篇累牍的文字是不可能的，而《进可拥都市繁华，退可享田园静谧——来温江，享健康》一文在介绍时，却在篇幅的把握上非常得当，穿插了图片的文字也不会显得太多，且总体篇幅也不是太长，且每一段都有重点，能让读者清晰、比较全面地了解温江。同时注意利用字体加粗、颜色来进行层级区分，让读者更容易把握重点和关键信息，如图 2-27 所示。

同时，在语言描述上也是很有技巧的，特别是“城市品质 | 打响‘三大民生品牌’”这一部分内容，如图 2-28 所示，通过“学到温江”“健康到温江”“舒适到温江”这三个与老百姓生活密切相关的话题，打造引人关注的内容，且这样的小标题设置，在语言上既联系了下文所属内容，又能让人产生亲切感和好感。

2. 图与视频亦精彩

如果说在文字方面要表现的是在文案主题和描写上有可取之处外，那么在文案的图与视频的运用方面则可圈可点之处甚多，它们也构成了该篇文案惊艳读者的主要因素。图 2-29 所示为文案中的图与视频部分展示。

× 一头条 …

在"南城北林"这一大的城市空间格局下，温江区又重构了**城镇发展格局**：提出**构建1个城区、4个特色镇、100个新型社区和林盘聚落的"1+4+100"城镇体系。**

优化城市整体形态方面，温江区确定了**"温润如玉、江园融城"的温江特色定位**，着力**构筑"移步闻香、处处透彩"的整体景观格局，形成"望山见水、充满韵律"的城市空间秩序**，同步加强对城市空间立体性、平面协调性、风貌整体性、文脉延续性等方面的规划和管控，为市民提供丰富宜人、充满活力的城市公共空间和望

◆ 图 2-27　文案中用字体加粗、颜色来标注重点

× 一头条 …

在现有西南财大、四川农大、成都中医药大学等19所大中专院校的基础上，温江提出了要做"宜学温江，卓越教育"，大手笔规划布局一批公立学校和市场化优质教育资源，计划到2022年，建成公立中学、小学、幼儿园分别为21、24、59所，公办及公益性学前教育学位覆盖率达到85%。

◆ 图 2-28　文案的部分内容展示

× 一头条 …

在新一轮成都市城市总规中温江被纳入中心城区，面对新的形势和机遇，温江区将会带来怎样的惊喜？今天，头条君的"新天府会客厅"请到了中共成都市温江　书记　，以及参与温江区　专家、　教授为我们划重点。

× 一头条 …

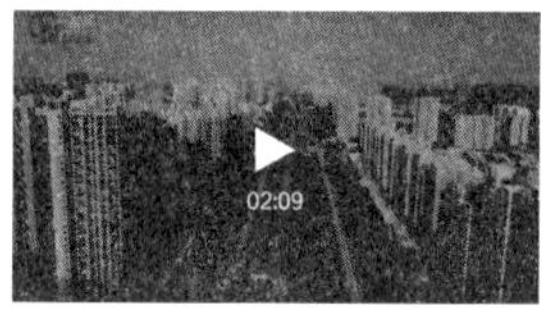

南城，为城市集中发展区，涵盖成都医学城和成都健康服务业集聚区两大产业园区，保持生态宜居的现代田园城市形态，优化城市功能，壮大产业能级，提升城市品质，实现精明发展。

◆ 图 2-29　文案中的图与视频部分展示

读者浏览文案时可发现，该篇文案中的图绝大多数都是动图，这样有利于更立体、全面地展现温江风貌；而在视频方面，则是通过“头条君”的“新天府会客厅”节目邀请权威人士、专家来打造的 3 个短视频，对置于视频后的内容进行画重点式的讲解，进一步帮助读者认识和了解温江，提升读者的阅读体验。

3. 文末巧妙广告植入

新媒体文案的作用，除了其文案本身的推广外，其软性的广告植入推广也是关注的重点。在《进可拥都市繁华，退可享田园静谧——来温江，享健康》一文中，“头条君”微信公众号首先是通过文字和视频提及节目“新天府会客厅”，这些都为文末的广告植入奠定了基础，其后就自然而然地转到“新天府会客厅”节目上来。并推出与该文案有着前后承接关系的“新天府会客厅”其他期的节目。图 2-30 所示为文案末尾的广告植入展示。

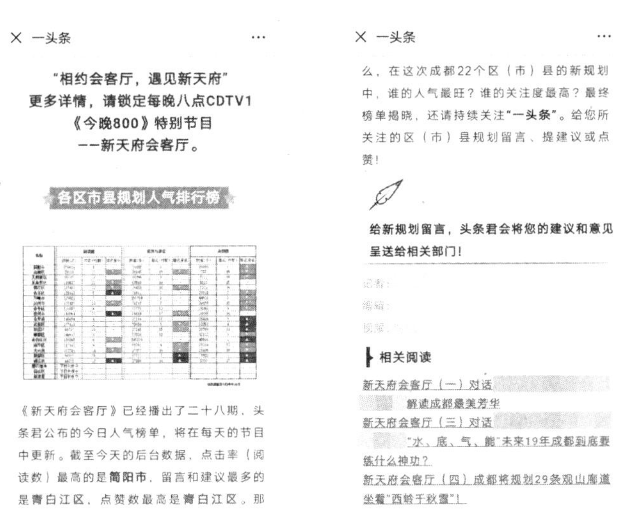

◆ 图 2-30　文案末尾的广告植入展示

021 悬念设置：《雪后的上海，道路竟如此干净、通畅！真相在此……》

大多数的爆款新媒体文案都是以能引起共鸣的话题为主，一般而言，贴近日常生活的话题比较容易引起情感共鸣，但也不乏有一些爆文另辟蹊径，成功引起读者的注意。不同内容的文案，也同样能引起相同效果的共鸣，这是爆文的共同特征。究竟怎样的文案能够博得广大读者的眼球呢？在笔者看来，设置悬念的文案就是爆文领域的常客。

《雪后的上海，道路竟如此干净、通畅！真相在此……》一文显然与情感热点类的文案有所不同，但它同样也得到了读者的青睐和关注——实现了 10 万 + 的阅读量与点赞量。图 2-31 所示为《雪后的上海，道路竟如此干净、通畅！真相在此……》的开头内容和点赞、评论页面。

◆ 图 2-31　《雪后的上海，道路竟如此干净、通畅！真相在此……》的开头内容和点赞、评论页面

而它之所以成为爆文，原因在于标题带有悬念，同时通过富有创意的形式来展现内容。具体来说，在文案标题上，作者基于所看到的情景来设置悬念——“真相在此……”，其中“此”字和省略号的运用能有力地引导读者阅读正文。而关于悬念的解读，作者并不是悬而不决的，而是在开头部分就给予解答，概括地让读者了解了“真相”。

既然读者已从开头内容得知真相，可能就消减了阅读下去的兴趣。在此种情况下，作者在表现形式上进行了创新——通过小标题加上大量图片展示来吸引读者，如图 2-32 所示。

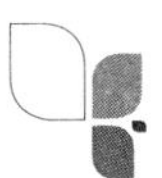

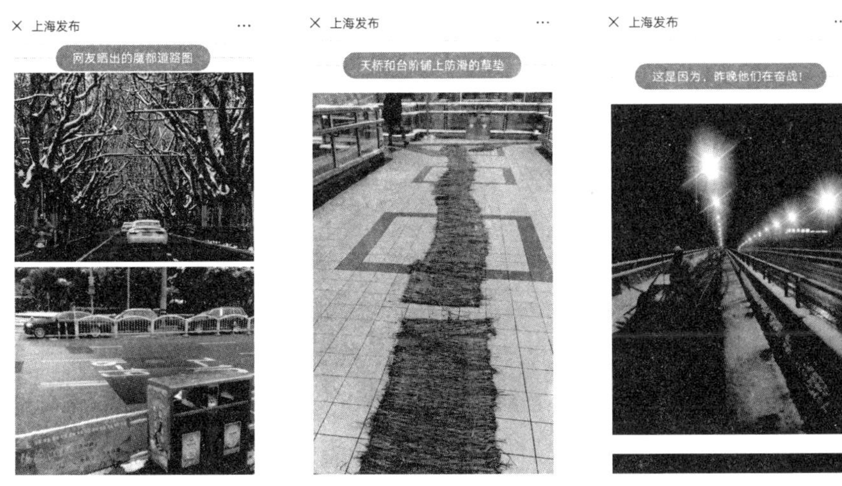

◆ 图 2-32　通过小标题加上大量图片展示来吸引读者

很明显的是，图片相对于文字来说是更能吸引读者的。且在小标题和图片的安排上也是遵循了一定的秩序的，首先照应标题“干净”、“通畅”——无论是网友晒出的照片中干净的道路还是铺上草垫保证出行安全的天桥和台阶，都真实地展现在读者面前。然后就是再现保证道路干净、通畅的原因，有图有真相，还是很有吸引力的。

当然，结尾处的内容称得上是画龙点睛，不仅与前文照应，还进一步深化了文案的主题，让读者产生强烈的情感共鸣——“所谓岁月静好、温馨浪漫，是因为有人替你任重前行！”

022　品牌新品集结：《小米 8 旗舰发布！惊人的透明机身，屏幕指纹、双频 GPS 黑科技，还有手环 3、MIUI 10 等 7 大新品》

企业在发布新品和推广产品时，也会选择通过新媒体文案来实现其宣传目标。此时新媒体文案传播的广度在一定程度上决定了新品、产品与目标消费者的接触范围，进而影响销售。

那么，企业应该如何尽可能扩大产品的推广呢？究竟是采用创意式文案来吸睛，还是采用新闻式文案来详细陈述？抑或是其他方式？其实，在笔者看来，只要能推广产品，新媒体文案作者可以根据自身优势、特色尽情选择。

“小米手机”微信公众号发布的题为《小米 8 旗舰发布！惊人的透明机身，屏幕指纹、双频 GPS 黑科技，还有手环 3、MIUI 10 等 7 大新品》的新媒体文案，如图 2-33 所示，就是一篇成功创造了 10 万 + 阅读量和点赞量的文案。

◆ 图 2-33 “小米手机”微信公众号推出的新媒体文案

说到《小米 8 旗舰发布！惊人的透明机身，屏幕指纹、双频 GPS 黑科技，还有手环 3、MIUI 10 等 7 大新品》这篇文案，读者的第一印象应该是“标题好长”。其实，这么长的标题也只是表达了两层意思，其一是有着很多特色的小米 8 发布，其二是同时还推出了其他 7 大新品。

而这两层意思在标题中都比较具体，尽可能地把读者想要了解的和可能问到的信息加入标题中。小米这一品牌又发布了哪款最新手机？它有哪些功能和特色？还有其他相关新品发布吗？读者看到包含了能满足自身需求的信息，就极有可能点开文案开启阅读模式。

其实，在《小米 8 旗舰发布！惊人的透明机身，屏幕指纹、双频 GPS 黑科技，还有手环 3、MIUI 10 等 7 大新品》一文中，除了标题设置方面所展示的鲜明特色外，其吸引读者阅读和点赞的原因还表现在两个方面，具体分析如下。

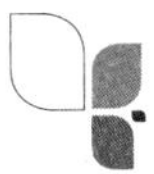

1. 把最吸睛的信息放在前面

上面说到标题中主要包含了两层意思，而读者极有可能就是基于其中的某一信息而选择阅读文案的。基于这一情况，作者也注意从读者的需求出发，在文案进入正题之后首先全面呈现旗舰新品和黑科技，如图 2-34 所示，力图通过这些吸睛信息惊艳读者，让他们继续阅读下去。

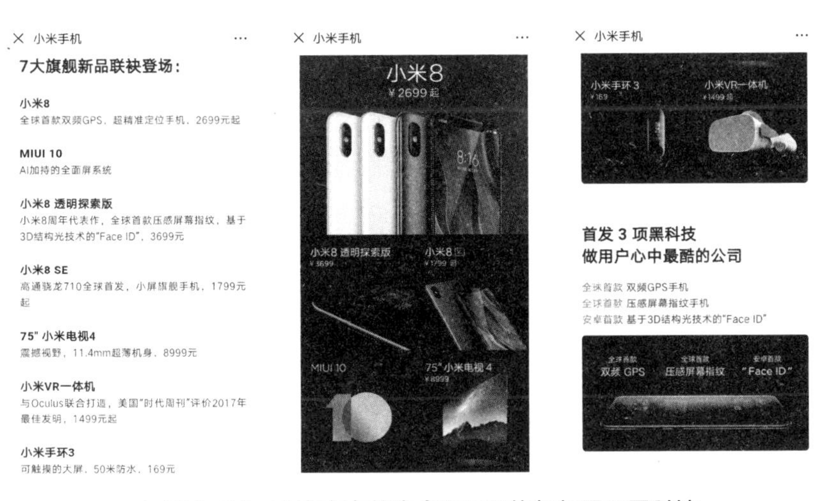

◆ 图 2-34　文案内容首先全面呈现旗舰新品和黑科技

从图 2-34 可知，在介绍旗舰新品时，每一款产品都采用加粗标题和重要信息的方式进行介绍，尤其是读者比较关心的价格问题也罗列了出来。这样的内容安排都是符合读者的阅读需求的。同时大家可能注意到了，在新品图片呈现时，注意了主次关系——让小米 8 独占一排优先呈现，这样更能突出主打产品。

在文案开篇利用吸睛信息留住读者后，如果读者对其中的某一产品或黑科技感兴趣，就会接着阅读其他更详细的内容，而文案后面的内容完全能满足读者的这一要求——根据前面陈列的新品次序，在后文中对每一款新品的特色和其中包含的黑科技进行了详细解说。

2. 文末引导评论和点赞

“小米手机”微信公众号为了进一步提升读者黏性，激发双方互动，让点赞量实现突破，在文案末尾通过送礼物的形式来达成这一目标，如图 2-35 所示。

试问，每天一台小米手机在等着你，读者会不会抱着“我可能就是幸运的那一个”的期待心情进行评论呢？更不要说“点赞过 10 万，加送 5 台小米 8！”这一信息了，在读者看来，只要轻轻一点，离点赞 10 万的目标又近了一步，加送的 5 台手机能让自身获得礼物的概率就更大一些，何不顺手完成呢？理清和运用好读者的这些心理，何愁读者不互动，又何须担心点赞不超过 10 万呢？

◆ 图 2-35　文案末尾的引导评论和点赞设置与评论页面

第3章 方向不对，努力白费，赢在起点，做好超精准定位

学前提示

新媒体运营的最终目的是为了实现商业变现，赚取利益。但是在变现前，平台方需要做的就是引流。而要做好引流工作，就需要了解新媒体平台，对平台有一个清晰的定位，这样才能为后续的吸粉引流和商业变现打下良好的基础。

要点展示

- 写什么让你容易成功？内容要定位好
- 写给哪一类受众看的？读者要定位好
- 你的优势亮点是什么？方向要定位好
- 你的品牌标识是什么？名称要拟定好

023 写什么让你容易成功？内容要定位好

所谓“内容定位”，即企业新媒体平台能够提供给用户什么样的内容和功能。在运营过程中，关于平台内容的定位这一问题主要应该做好 3 个方面的工作，具体分析如下。

1. 洞悉内容的发展方向

洞悉内容的发展方向是平台内容供应链的初始时期的工作，是做好内容定位的前提和准备。也就是说，通过最初的初始化阶段的内容构建，从而形成整体内容框架，以便填充文案的核心内容部分。其中，关于整体内容框架，笔者建议从两个方面着手，即内容的架构和要注意的问题，具体分析如图 3-1 所示。

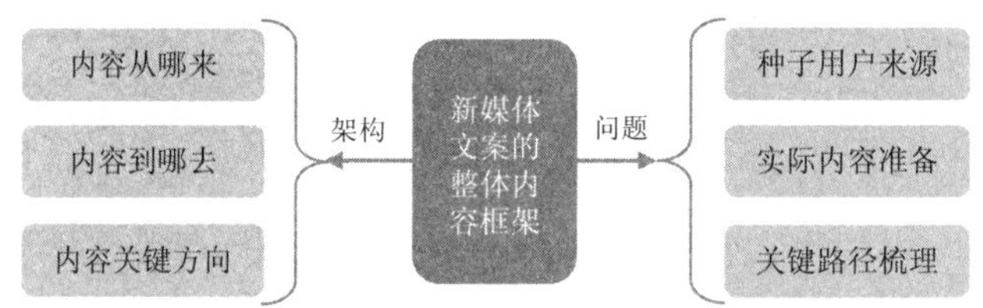

◆ 图 3-1　新媒体文案的整体内容框架分析

2. 了解内容的展示和整合方式

在内容定位中，还应该了解运营阶段的内容展示方式。在打造的优质内容的支撑下，怎样更好地展示平台内容，逐步建立品牌效应，是实现平台影响力扩大的重要条件。关于平台内容的展示方式，一般分为 4 种，如图 3-2 所示。

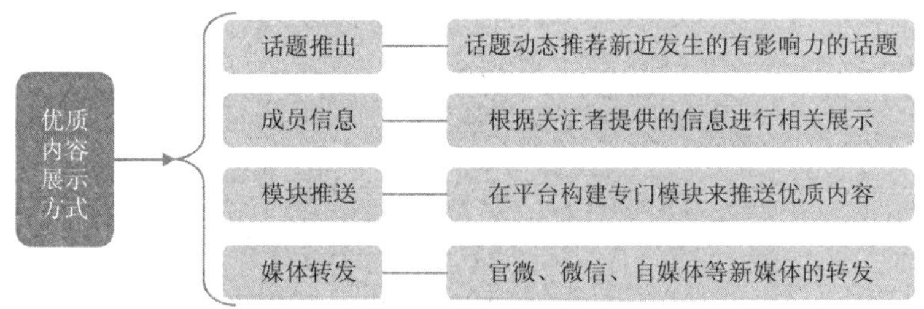

◆ 图 3-2　优质内容的展示方式分析

在内容展示过后，接下来更重要的是要了解内容的整合方式，以便集结同类

优质内容。具体来说，内容整合的方式有 3 种，如图 3-3 所示。

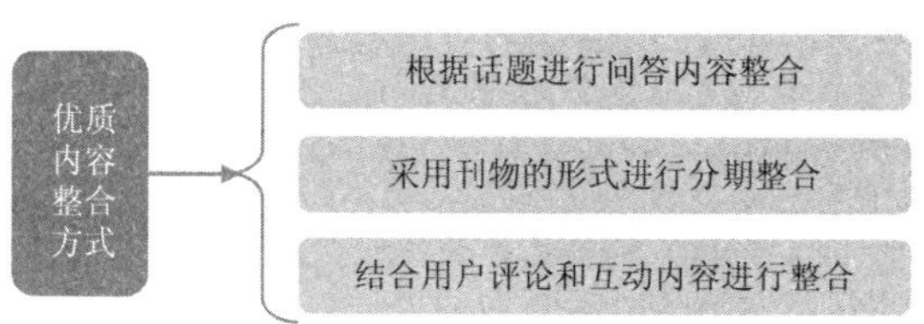

◆ 图 3-3　优质内容的整合方式分析

3．懂得内容的互动方式

除了应做好初始阶段和运营阶段的内容定位，还应该懂得宣传阶段内容定位，即怎样进行平台内容互动的问题。

企业与用户进行交流，更有利于新媒体平台内容的传播，用户的接受能力也更强，从而加深用户对于新媒体平台的信任度和支持度。在明确内容的互动方式的定位过程中，需要把握几个关键点，如图 3-4 所示。

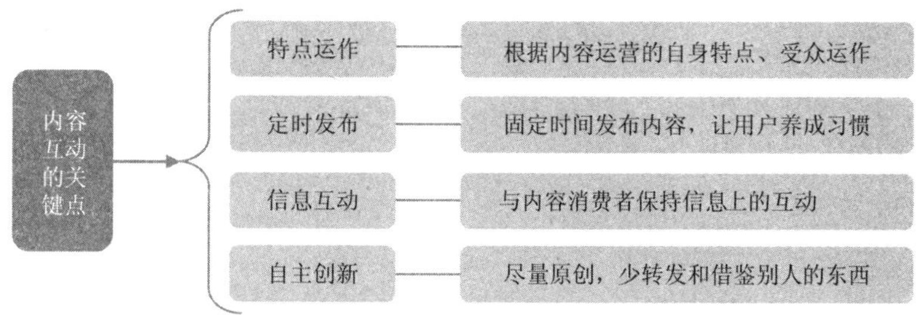

◆ 图 3-4　把握平台内容互动方式的关键点分析

024　写给哪一类受众看的？读者要定位好

在企业的新媒体文案写作中，确定明确的目标用户是其中较为重要的一环。而在进行平台的用户定位之前，首先应该要做的是了解平台和文案内容针对的是哪些人群，它们具有什么特性等问题。

关于用户的特性，一般可细分为属性特性和行为特性两大类，具体分析如图 3-5 所示。

在了解用户特性的基础上，接下来要做的是怎样进行用户定位。在用户定位过程中，一般包括 3 个步骤，具体内容如下。

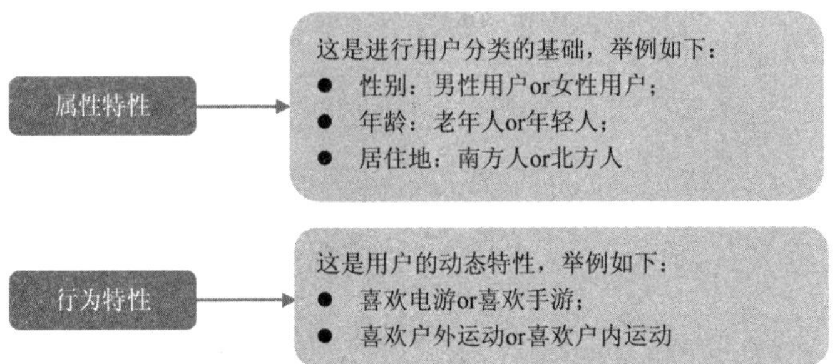

◆ 图 3-5　平台用户特性分类分析

► 数据收集。可以通过市场调研等多种方法来收集和整理平台用户数据，再把这些数据与用户属性关联起来，如性别、年龄段、收入、地域和使用设备等，绘制成相关图谱，就能够大致了解用户的基本属性特征。图 3-6 所示为某产品的用户年龄段分析。

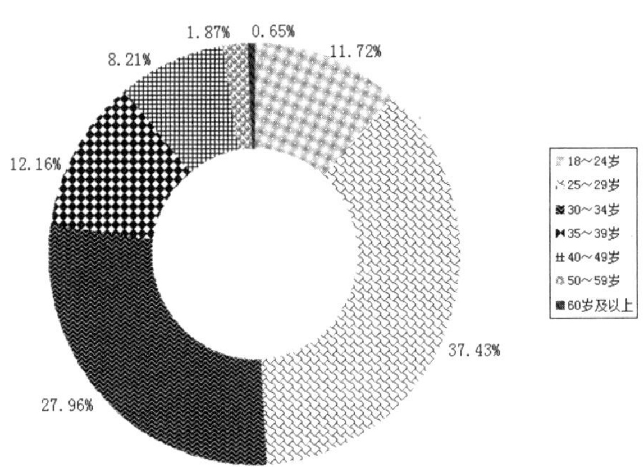

◆ 图 3-6　某产品的用户年龄段分析

► 用户标签。获取了用户的基本数据和基本属性特征后，就可以对其属性和行为进行简单分类，并进一步对用户进行标注，确定用户的可能阅读量和可能活跃度等，以便在接下来的用户画像过程中对号入座。

► 用户画像。利用上述内容中的用户属性标注，从中抽取典型特征，完成用户的虚拟画像，构成平台用户的各类用户角色，以便进行用户细分。

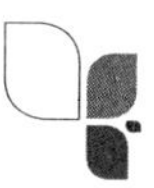

025 你的优势亮点是什么？方向要定位好

在新媒体文案写作之前，首先应该确定的是，自身内容投放的平台是一个什么类型的平台，以此来决定平台的基调。平台的基调主要包括 5 种类型，分别是学术型、媒体型、服务型、创意型以及恶搞型。

在做好平台特色定位的过程中，应该根据自身条件的差异选择具有不同优势和特点的平台类型，具体分析如图 3-7 所示。

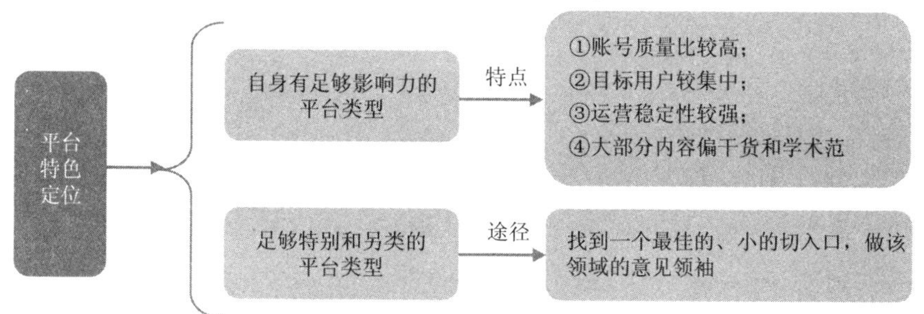

◆ 图 3-7　平台特色定位分析

在新媒体运营中，企业、机构和个人平台运营者主要可通过“网红”、90 后创业“奇”才、行业意见领袖、BAT 背景以及学术范 5 种途径更好地实现。

另外，在定位平台、选择何种平台类型的同时，还应该对平台的自定义菜单进行相应规划，以便能够清楚地告诉用户“平台有什么”。对自定义菜单进行规划，其实质是对平台功能进行规划，它可从 4 个维度进行思考和安排，如图 3-8 所示。

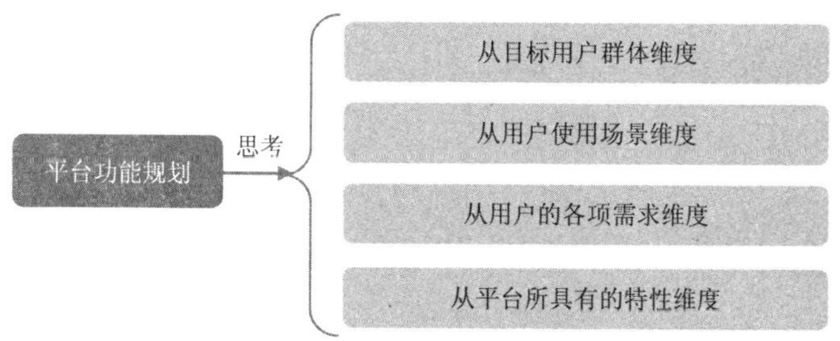

◆ 图 3-8　平台功能规划要思考的 4 大维度介绍

需要注意的是，做好平台定位是非常重要的，要慎重对待，因为只有做好了平台的定位，并对其基调进行了确定，才能做好下一步要进行的用户运营和内容运营策略，最终促成新媒体文案更快、更广泛地扩散。

026 你的品牌标识是什么？名称要拟定好

新媒体文案作者要进行文案的推广运营，那么如何给自己的平台账号取一个合适的名字是一个不可避免的问题。合适的名称将会给文案的推广带来很多好处，主要的好处有 3 点，如图 3-9 所示。

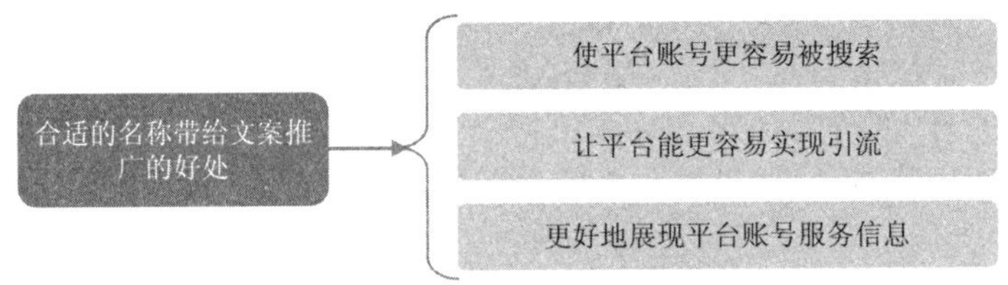

◆ 图 3-9　合适的名称带给文案推广的好处

因此，商家或者个人取名字的时候要做好以下两点，才能给自己的平台账号取一个合适的名称，为运营打下良好基础。

1. 取名技巧

新媒体账号的名字很重要，它决定了用户的第一印象，一个好的名字会给平台带来更多的用户，可以说其名字就如同实体店的名字，要想让用户记住自己的店铺，必须在取名上下功夫。下面笔者为大家介绍几种常见的取名方法，如图 3-10 所示。

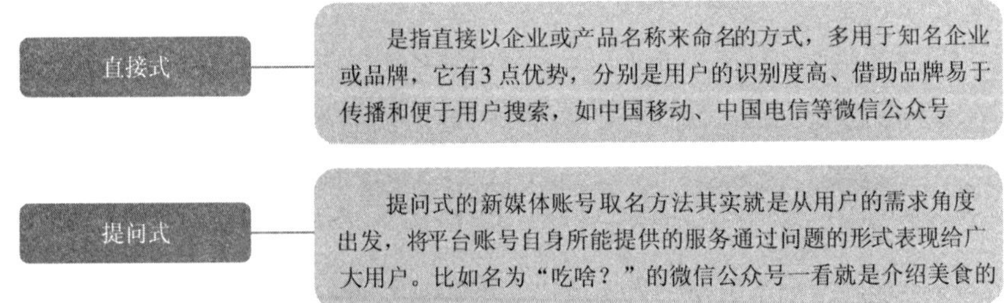

◆ 图 3-10　常见的新媒体账号取名方法

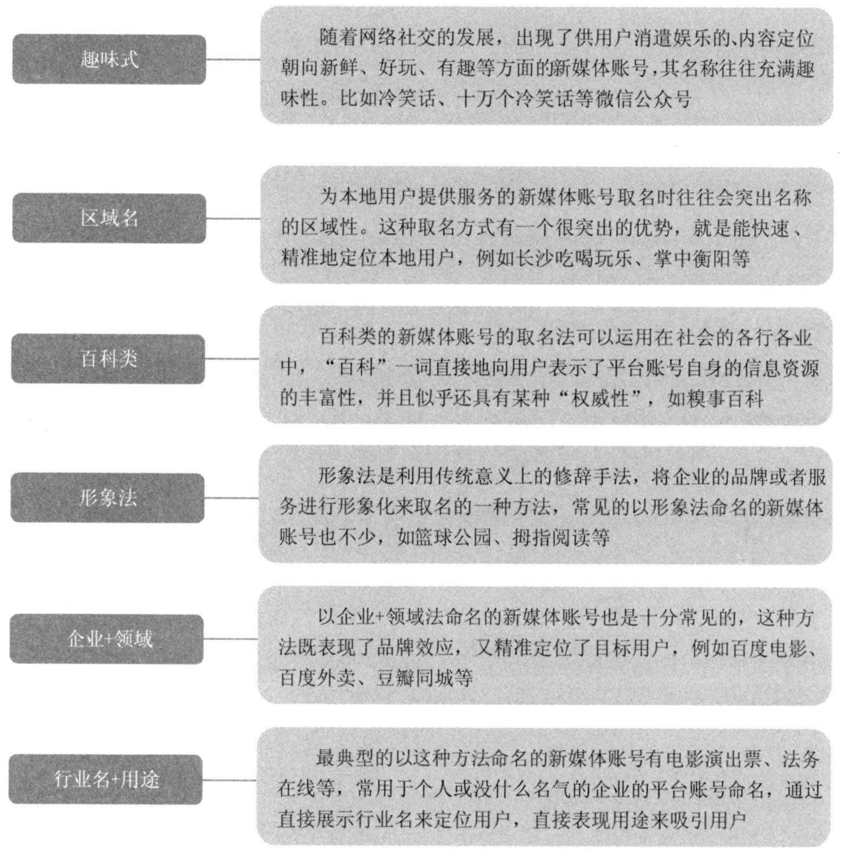

◆ 图 3–10　常见的新媒体账号取名方法（续）

2. 取名雷区

各大企业或者个人在给自己运营的新媒体账号取名的时候，需要注意的是，千万不可为了过分追求特别、引人瞩目而犯下取名时本应该可以避免的错误。经过笔者的综合分析，以下几点是取一个合适的新媒体账号名称不可踩的雷区，具体分析如图 3–11 所示。

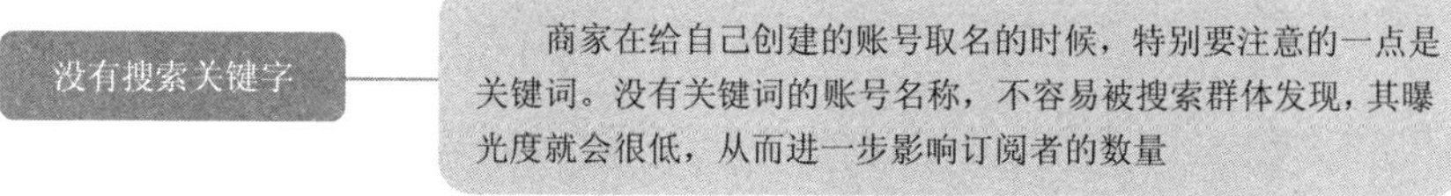

◆ 图 3–11　新媒体账号取名时不可踩的 3 个雷区

名称中有生僻字

名称中有生僻字会影响账号的搜索率。大部分搜索者在搜索时不会去搜索那些有生僻字的新媒体账号，且字太生僻难免会出现别人不认识的情况，而且太生僻了也不容易让人记住

使用火星文、符号

名称中尽量不要出现火星文和符号之类的字眼。一是火星文、符号出现在新媒体账号中难免会给人一种不太靠谱的感觉，二是火星文要打出来也会比较困难，且其比较难记住

◆ 图 3-11　新媒体账号取名时不可踩的 3 个雷区

027 你的个人魅力有哪些？素质要打造好

对个体而言，要想获得别人的关注和赞赏，那么具有区别于其他人的魅力是必要的条件。其实，新媒体运营也是如此。如果想要获得众多用户关注，那么必须通过自身账号的各种信息与内容表现出一定的个性特征和所具有的素质。

例如，“手机摄影构图大全”微信公众号在账号素质打造方面就是深具特色的，就如其在功能介绍中提及的一样——“最全面、最深入、最生动的摄影构图公众号”。确实，在构图研究方面，该公众号的创始人构图君一直致力于“单点极致”，并通过各种文章和出版的书籍表现出来。如图 3-12 所示为体现公众号素质的内容。

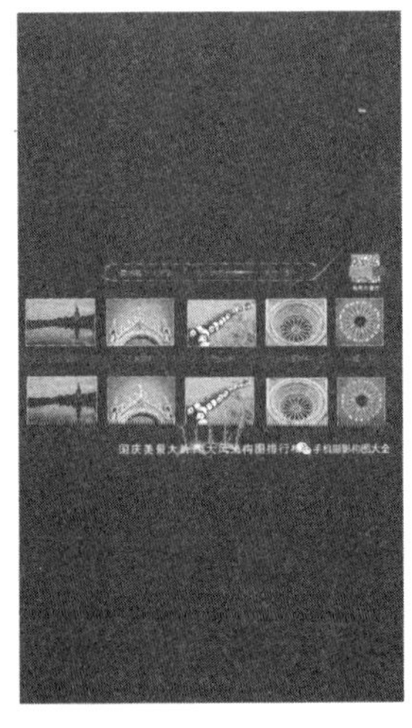

◆ 图 3-12　体现公众号素质的内容

深入解读

图 3-12 所示的新媒体内容，从构图的方面来说，无疑是深入的，因为它对列举出来的构图方式进行了深入剖析和划分。如果扩展到其他构图方式上，在全面性方面也是值得一提的。至于生动方面，它以图片的形式来对构图方式进行形象说明，明显让人们更容易理解。

正是基于在某一方面的深入研究，构图君也敏锐地抓住了自身在这一方面的魅力，从而打造出在摄影特别是手机摄影方面有一定影响力的微信公众号“手机摄影构图大全”。

构图君不仅在专业领域方面让读者感受到其账号的素质和魅力，同时还注意在思想上引导读者，让读者感受到从一个初学者成长为摄影大咖的过程中所付出的努力和用到的正确方法，让读者可以明确地感受到构图君是一个目标明确且积极、努力、向上的人，如图 3-13 所示。

◆ 图 3-13　公众号作者的个人魅力和素质引导

028 你能够带来什么价值？核心要掌握好

既然对新媒体账号的素质打造有了一定的认识，那么接下来账号所具有的价值也就不言而喻了。下面同样以微信公众号“手机摄影构图大全”来进行介绍。

在价值方面，该公众号也是很好地把握了重点和核心——为大家提供单点极致、实用的摄影技巧。而在技巧的呈现方面，该公众号不仅仅是为读者讲解理论，还从实拍图片、构图分析和拍摄过程等方面告诉读者，试图让读者更好地掌握文案中所讲的技巧，如图 3-14 所示。可见，所有的内容都是围绕着摄影构图技巧这一中心展开的。

深入解读

图 3-14 所示的新媒体内容都是关于摄影和手机摄影的，构图君在讲述理论的同时也用图片和构图标注进行说明，同时有些文案还围绕手机摄影如何拍摄进行介绍。

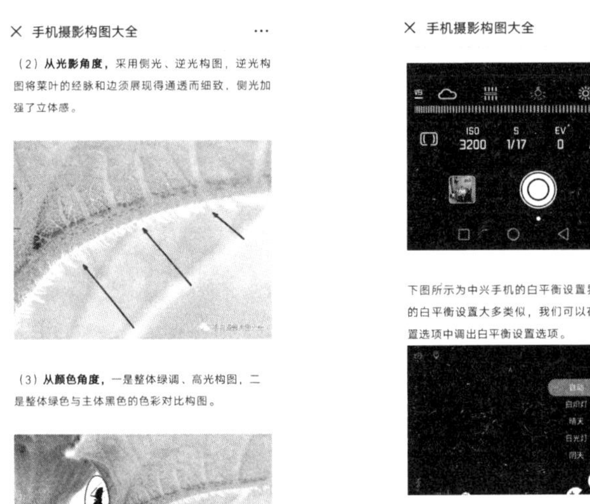

◆ 图 3-14 “手机摄影构图大全”微信公众号围绕账号价值核心创作的文案内容

029 你的最终目标是什么？目的要明确好

没有目标的努力注定是白费力气的。只要确立了目标，并为实现目标付诸实践才能更容易获得成功。新媒体人的文案创作和广告推广等运营项目也无不如此。因此，在进行运营之前，新媒体人应该清楚明白地知道自己的账号的最终目标是

什么，这样才能有努力的方向和坚持下去的信念。

关于账号的目标，“手机摄影构图大全”微信公众号是做得比较好的。它确定了多个方面的目标。

从对外的目标来看，它致力于与读者共享和为读者贡献全面、深入的摄影构图技巧。

从对内的目标来看，它又可分为多个层次，最初是不断推广自己的账号，吸引更多的粉丝关注，其次是打造摄影领域的有大的影响力的新媒体大号，构建 IP 形象，最终是在积累足够粉丝的基础上通过流量和粉丝变现。

030　你还有哪些不足之处？短板要补充好

参与过新媒体账号运营的人都知道，运营过程不可能是一帆风顺的，总是会遇到各种各样的困难，这是不可避免的。而在进行账号定位的时候，新媒体账号创建者却可以找准自身的不足之处，通过做好更好、更全的准备，补充好自身的运营短板，减少运营过程中遇到的困难。

例如，“手机摄影构图大全”微信公众号，在创建的时候就清楚地了解了自身的优势——有懂摄影和摄影构图的人，存在技术优势；有书籍出版团队，对宣传推广、品牌打造和后期变现都是极为有利的；等等。同时，该公众号也认识到自身的缺点和不足，如摄影资源的缺乏就是其中之一。

要想长久原创有关于摄影和摄影构图方面的文章，就必须有大量的照片来支撑，这是一个亟待解决的问题，也是自身需要补充的短板。为了解决这一问题，该公众号在创建之初就准备了一些对策，如通过购买照片版权的方式发动周围的人去拍摄照片、通过网上征稿的方式引导读者投稿等。

在后续的运营过程中，后一种方式就运用得比较好。该公众号借助摄影图书出版的机会，通过帮助摄友在大型出版社出版的摄影图书上署名和赠送样书的方式引导读者投稿，获得了很多读者的照片出版授权，从而实现了双赢。

发展到后来，越来越多的人参与到其中，且随着构图君影响力的加大，又发展了照片点评的方式——读者投稿、构图君点评照片，从而打造出一篇篇受读者欢迎和关注的公众号文章。图 3-15 所示为读者投稿和构图君点评的新媒体文案案例。

× 手机摄影构图大全 ···

1、作品名称：《办公室窗外的风景》

摄影师：

手机：苹果x

× 手机摄影构图大全 ···

【构图君点评】

【优点1】：这张照片采用较高的位置平视拍摄，竖画幅构图将上面的蓝天白云、中间的高楼大厦以及下面的街道景观都纳入镜头中，视野非常开阔。

【优点2】：画面的整体色调为清爽的蓝色调，蓝色往往象征着冷漠与距离，可以产生安静、被动、引人深思的视觉效果。

这里总结一点就是：**唯美蓝色调——给人纯粹的感觉。**

【缺点】：画面的色彩氛围感不够浓厚。

【方案】：拍摄时可以调整白平衡模式，或者使用镜头特效，也可以通过后期调整来增加蓝色的氛围感。调整白平衡模式时，可以选择白炽灯或者荧光模式，也可以选择手动调整色温，都能实现冷蓝色调的效果。

◆ 图 3-15 读者投稿和构图君点评的新媒体文案案例

第4章 标题决定打开率，怎么打开读者愿意阅读的欲望开关

学前提示

在新媒体运营当中，影响文案阅读量的因素有很多，标题就是其中非常关键的因素之一。如果标题足够吸引读者，那么文案的打开率必然会高。本章就围绕标题，从撰写的要求、典型案例和误区出发，帮助读者打造出吸睛标题。

要点展示

- 要求 1：标题与正文内容，做到联系紧密
- 要求 2：针对特定类型用户，已作出筛选
- 案例 1：大力借势，结合最新的热门事件
- 案例 2：数字罗列，视觉效果的完美呈现
- 误区：6 大方面，标题撰写时千万要谨慎

031 要求1：标题与正文内容，做到联系紧密

在以往的作文写作当中，有一种说法叫作“文不对题”，意思就是文章的内容和文章的标题完全不一样。在新媒体文案的标题写作当中，也可能存在类似的问题。如果读者看到一篇文案并点击查看，结果发现标题和内容根本说的不是一回事，读者就会产生不好的阅读体验。

这种不好的阅读体验很可能不仅仅局限于这一篇文章，更甚者，会对这一个品牌都失去好感。这也就说明了新媒体文案标题和内容要有联系的重要性了。

虽说写新媒体文案和写作文有一点点小小的不同，但大致部分和过程是一样的。新媒体文案的写作其实也就是相当于写一篇作文，只是这篇“作文”的目的更广、更大——它希望通过一篇新媒体文案达到宣传某个产品或某个品牌的目的。

因此，在新媒体文案写作当中，作者也要学会做到标题和正文内容要有所联系。也就是说，新媒体文案的标题要突出文案内容的中心或重点，要让读者在看到标题时可以大致知道作者想要说的是什么。

特别是当作者想通过新媒体文案来宣传产品时，首先应该处理好标题与正文内容的联结问题，然后再考虑如何合理地把产品嵌入进去。这样才不会显得生硬和突兀。

否则，无论你的标题和内容的文采多么出众，但文案标题和所写的文案内容联系不大，且还在其中生硬地推广产品，那么必然会让读者产生反感，产品推广效果也会大打折扣。

图4-1所示就是一篇把标题与内容、产品进行了合理联结的新媒体文案案例。

◆ 图4-1　标题与内容、产品进行了合理联结的新媒体文案案例

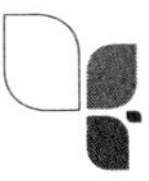

深入解读

图 4-1 所示的新媒体文案，从标题中可以看出它是关于“摄影光线之美”的，然后在正文中进行了很好地衔接——通过一个摄影家“强在主题和光线”自然而然地切入文案主题，且其图片展示同样是表现“摄影光线”的。说到这里，就已经完成了文案标题与正文内容的合理联结了。

而关于推广产品的联结，作者的安排同样很精彩：既然正文内容是关于“摄影光线”的内容和图片，那么提及“光影大片”也就顺理成章了。就这样，通过“光影大片”又延伸到了相关产品——类似主题的软文和图书。

像这样的新媒体文案，读者即使看到了后面的内容是用来推广的，但因为没有偏离文案标题，且紧密相关，自然不会影响文案的推广，有兴趣的读者可能还会进行扩展阅读和购买图书。

032　要求 2：针对特定类型用户，已作出筛选

所谓“金无足赤，人无完人”，没有哪一篇文案的标题是所有人都感兴趣的。这也就要求作者在撰写新媒体文案标题的时候，能够精准定位自己的用户群体。只有用户定位准确了，才能保证自己文章的阅读量。

比如，关于摄影的新媒体文案，所针对的用户群就是摄影爱好者，那么就要在文案的标题当中体现出来，让喜爱摄影的人能在第一时间就知道这篇文案是针对他们来写的。其他类型和领域的新媒体文案标题也是如此——不同的新媒体文案所针对的用户都是不一样的，这就要求作者在撰写标题时要区分不同的人群，需要在标题上有所偏向，从而完成对特定类型用户的筛选。

专家提醒

在新媒体文案的写作当中，只在文案内容中表现出针对特定用户的倾向还不行，还需在文案的标题上就能准确地把握用户，通过标题就能把针对的用户吸引过来。这也要求作者在撰写新媒体文案标题时就要显示出对读者的筛选和定位。

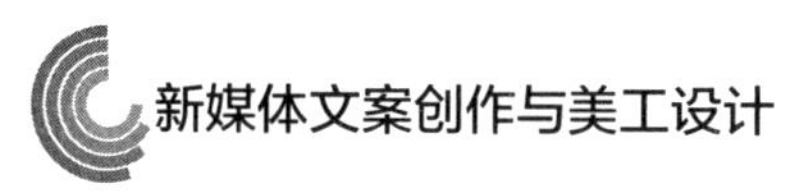

图 4-2 所示为已经筛选了特定类型用户的新媒体文案标题案例。

深入解读

图 4-2 所示的新媒体文案，从标题即可看出，它是指向了特定读者群体的，就是那些喜欢熬夜而不好好爱惜自己身体的儿女，以及那些孝顺父母的儿女。从正文内容中可知，全文是围绕着“养儿防老”和“孝顺”来说的，又指出“防老”和“陪伴”虽是孝顺，但是最高级的孝顺却是“好好爱自己”“不再让父母担惊受怕”。

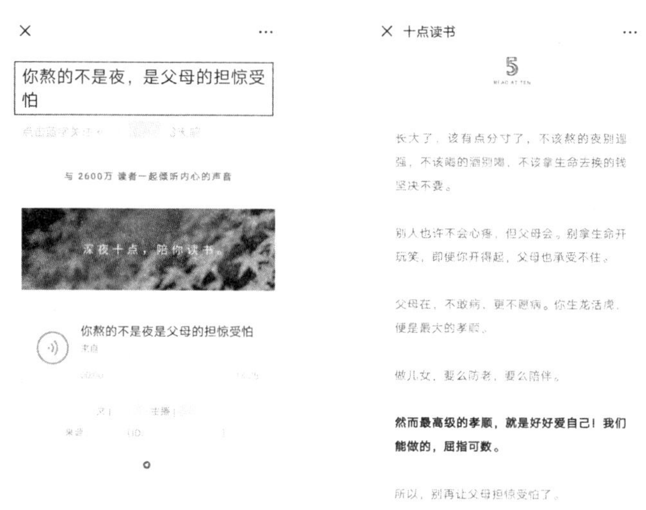

◆ 图 4-2　已经筛选了特定类型用户的新媒体文案标题案例

033 要求 3：益处或者奖赏，已提供给了读者

在互联网迅速发展的影响下，新媒体如同雨后春笋般迅速崛起，并在媒体领域占据一席之地，在这样一个“万物皆媒”的时代里，谁掌握了新媒体的运作规律谁就能在新媒体的海洋之中自由遨游。

这也就要求新媒体作者在文案撰写过程当中也要把握其规律（特别是攸关文案点击量和阅读量的标题），才能让一篇新媒体文案的推广效果猛增。那么在新媒体文案标题的撰写上应该如何做才能吸引读者呢？

在笔者看来，新媒体文案作者要注意从读者的心态上去看问题，以用户的角度去发现和研究规律。一个新媒体文案标题就是这篇文案的“脸”，这张“脸”能不能吸引读者，能吸引多少读者，就要看作者的功夫如何了。

一般来说，一个好的新媒体文案标题就应该抓住读者心理。作者撰写文章和读者阅读文章其实是一个相互的过程，作者想要传达某些思想或要点给读者的同时，读者也希望能在这一篇文案当中获得益处或奖赏。

这也就要求新媒体文案作者在撰写标题时就要准确地抓住读者这一心理，如果你的文案标题都不能留住读者，那么，让读者点击文章阅读其内容又从何谈起呢？因此，解决的办法就是在文案的标题中就展示出你能给读者带来什么样的益处或奖赏，这样才能吸引读者、留住读者，进而使双方获益。

新媒体文案标题里所说的益处或奖励分为两种，一种是物质上的益处或奖励，如图 4-3 所示。

◆ 图 4-3　展示了物质上的益处或奖励的新媒体文案标题案例

深入解读

图 4-3 所示的两篇新媒体文案，其标题就分别用“特惠”“低至 1 折”和“免费”字眼来表示读者从中能得到的益处，这样的设置能大大提高读者的点击率和参与度。有时，新媒体作者也可用实实在在的物质来展现益处或奖赏，送小礼物就是其中之一。

另一种则是技术或心灵上得到了益处，如图 4-4 所示。

照片局部暗黑？这样一键就可以调亮！

构图君先放原图和效果图给大家看看。

感到焦虑？请把星星和大海，装进你的心

现实生活难免令人沮丧，忙忙碌碌地重复每一天，常常感到眼窝干涩、心灵空虚。

心理学家说，焦虑根本上是一种你想实现自己生命意义的迫切感。

这种迫切让人急于成功，陷入迷茫，也越来越患得患失……

◆ 图 4-4　展示了技术或心灵上得到益处的新媒体文案标题案例

深入解读

图 4-4 所示的两篇新媒体文案中所讲的益处或奖励就是技术上或者心灵上的。在这一类新媒体文案标题当中，大多是分享技巧或是心灵感受。

《照片局部暗黑？这样一键就可以调亮！》中告诉读者的就是如何在后期把照片暗黑部分调亮，读者读完全文，相信即可轻松掌握这一技巧。因此，看到这一类标题，遇到相同问题的读者，是会点击阅读的。

《感到焦虑？请把星星和大海，装进你的心》中是教读者如何解决感到生活焦虑这一状态的问题，能给读者以心理上的开导和灵魂上的提升。那些对生活感到焦虑的读者一般会抱着尝试的态度去看一看，想要知道“把星星和大海”“装进你的心”是如何解决焦虑问题的。

034 要求 4：用户浏览的好奇心，已成功勾起

一篇文章的阅读量很高，有其多方面的原因，但一个十分重要的原因就是这

篇文章的标题抓住了读者的眼球，激起了读者阅读这篇文章的兴趣。如果一篇新媒体文案的标题不能引起读者的兴趣，那么读者也就不会去查看它的内容了。一个好的文案标题就能让一篇文案成功一大半。

一个优秀的新媒体文案作者一定是很了解读者心理的人，他（她）知道读者喜欢什么样的标题和内容，也知道用什么样的标题来勾起读者的阅读兴趣和好奇心，从而增加自己文章的阅读量。图 4-5 所示为能勾起读者好奇心的新媒体文案标题案例。

伤人最深的永远是这两个字

伤人最深的永远是这两个字：语言

在一个村子里有一个年轻人，这个年轻人极其优秀，可是他有一个致命的缺点：经常对别人出言不逊。

他的父母和朋友总是劝他，他总是说："这有什么大不了的，不就是几句话么，有什么值得大惊小怪的？"然后依然我行我素。

一次村子里来了一位禅师，年轻人对禅师说了一句很不尊敬的话，别人批评这个年轻人。

◆ 图 4-5　勾起读者好奇心的新媒体文案标题案例

深入解读

图 4-5 所示的两篇新媒体文案，前者在标题中首先指出了餐饮人面临的两大困境——“经济遇冷”和“裁员潮来袭”，然后提出问题“餐饮人该如何度过寒冬”。其中，两大困境是所有餐饮人都或多或少会遇到的。因此，当他们看到这一新媒体文案标题时，必然会有着强烈的好奇心，想要了解具体的策略和解决办法。

而后者在标题中利用代词，把文案要说的主题掩盖了起来，因此，当读者看到这一标题时，必然会产生疑问：“到底是哪两个字？”也许读者心中已经有了各式各样的答案，但是他们还是想要了解别人的或读者的想法，从而产生点击阅读的行为。

035 要求 5：主题的切入，做到直接和简洁

在流行快餐的现在，很少有人能够静下心来认认真真地品读一篇文章，细细咀嚼、慢慢回味，人们忙工作、忙生活，也就铸就了所谓的快节奏。那么，新媒体文案的标题也要如此，要清楚直接，让人一眼就能看见重点，语言尽量简洁。

文案标题一旦复杂密集，字数过于冗长，结构过于复杂，词句拗口，生涩难懂（专业性文章除外），读者在看见你的文案标题时就已经不想再去阅读了，更何谈阅读内容。一个文案标题的好坏直接决定了你文章阅读量的好或坏。

所以，在撰写新媒体文案标题时，一定要重点突出、简洁明了，标题字数不要太长，最好是能够朗朗上口。这样才能让读者在短时间内就能清楚地知道你想要表达的是什么，读者也就自然愿意点击文章去阅读内容了。

新媒体文案标题简单直接也分为主要的两种，一种是娱乐生活类。因其所涉及的话题都较为轻松，所以这一类新媒体文案标题较为轻快活泼，读者阅读时也会很愉悦。图 4-6 所示为简单直接的生活娱乐类新媒体文案标题案例。

另一种是新闻类。这一类新媒体文案标题所讲的事情大都较为严肃认真，在写法上也要求抓住要点让读者了解基本情况即可，而不能带有太多感情色彩，只表达作者想要表达的东西。基于这一点，在撰写新闻类的新媒体文案标题时大多是采用简单、直接的写法。

图 4-7 所示为简单、直接的新闻类新媒体文案标题案例。

深入解读

图 4-6 所示的两篇新媒体文案，其标题都是非常简洁的，在主题切入方面也非常直接。

《于平淡中，活出生命的美好》，明显就是一篇关于生活态度和哲学的文案，明明白白地展示了作者的看法和观点——平淡的生活也能活出美好，给人以生活乐观和向上的激励。

《一双好袜子，舒服到脚尖儿》，光看文案标题的话，很难想到这么富有生活意味和情趣的文案，其内容完全是推广一款羊毛女袜的。也正是因为如此，也不会让读者产生反感，反而会觉得很亲切。但是在主题切入方面还是很直接的——标题直接点出了“袜子”这一文案的主角及其“舒服”的特色。

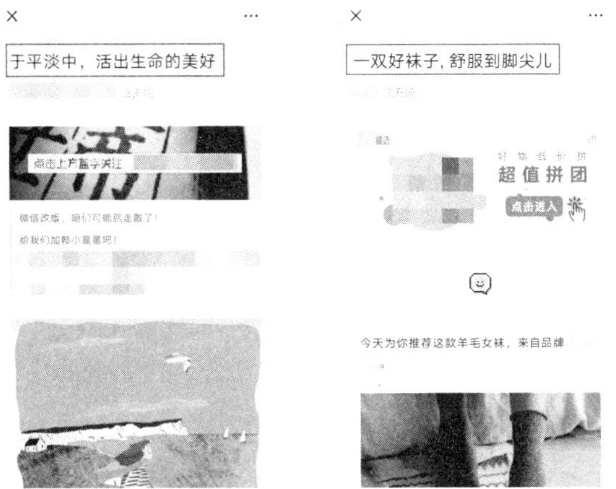

◆ 图 4-6　简单直接的生活娱乐类新媒体文案标题案例

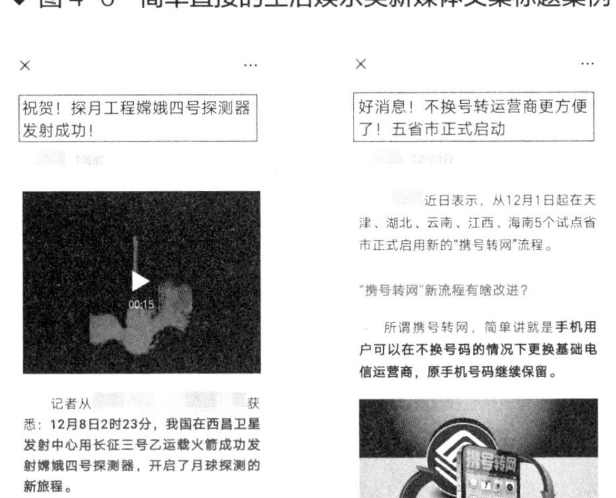

◆ 图 4-7　简单直接的新闻类新媒体文案标题案例

深入解读

图 4-7 所示的两篇新媒体文案，很明显是关于新闻事件的，标题表达也非常直接、简单。

《祝贺！探月工程嫦娥四号探测器发射成功！》，在标题中清楚明白地写明了 3 点，即事件的主体是“探月工程嫦娥四号探测器”，事件是“发射成功”，文案撰写的目的是对所发生的事件表示“祝贺”。短短的十几个字，就让读者了解了文案的中心内容。

《好消息！不换号转运营商更方便了！五省市正式启动》，从标题中可知，该篇文案是与人们关心的问题——“不换号转运营商”相关的，而其试点的地方涉及了“五省市”，虽然没有具体指出是哪五个省市，但是为了同时兼顾直接和简洁，不写明具体省市而用“五省市”统称也是一种比较合理的办法。

图 4-7 中的新媒体文案标题，从总体上来说称得上是新闻类新媒体文案中比较典型的，都是非常直接和简洁的。

036 要求 6：创意打造，做到信息的鲜明表达

在讲究创造的时代，新媒体文案的标题撰写也要抓住这一趋势，表达出独特的创意，要想别人所不能想的，或是想不到的，这样才能在一瞬间抓住读者的眼球。同时，标题只是具有创意还不够，还应该把文案的信息鲜明地表达出来，这样才能打消读者的疑虑，让他们毅然地点击阅读。当然，对新媒体文案作者来说，只要做到这些，你的新媒体文案就已经算是成功了一大半了。

像这种文案既具有创意又信息鲜明突出的标题有两大类，一类是广告性质的，虽然所写的广告文案标题极具创意又信息鲜明，但目的都是为某产品打广告，如图 4-8 所示。

深入解读

图 4-8 所示的这篇新媒体文案，从其标题《我今天吃了一盆盆景，并且，还没吃够……｜好物推荐》可以看出，它明显是关于广告的。既然是“好物推荐”，且标题中又提及了“盆景”，那么在大多数读者的心理就已经有了一个明确的界定。

然而标题中却提出“我今天吃了一盆盆景，并且，还没吃够……”，不禁感到奇怪：盆景可以吃吗？还觉得没吃够，那究竟是什么样的盆景？因为在大多数人看来，提及盆景。第一反应自然就是用于观赏的东西，何谈吃呢？

基于标题中所描述出来的具有创意的情景，读者会忍不住点击阅读，去了解能吃且好吃的盆景究竟是什么。看完后才发现，它就是一种脆皮金桔。

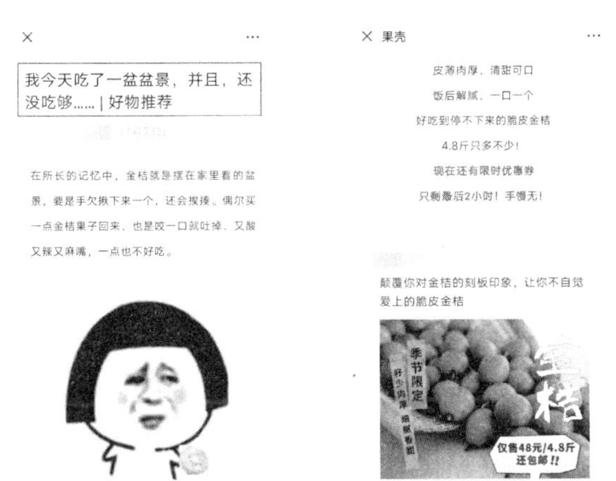

◆ 图 4-8　具有创意又信息鲜明的广告性质的新媒体文案标题案例

还有一类非广告性质的创意标题，这一类标题不是给某产品打广告，就只是一篇新媒体文案的标题，如图 4-9 所示。

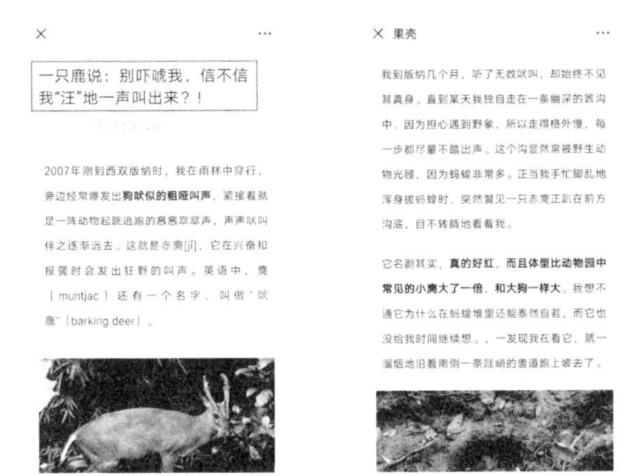

◆ 图 4-9　具有创意又信息鲜明的非广告性质的新媒体文案标题案例

深入解读

图 4-9 所示的新媒体文案《一只鹿说：别吓唬我，信不信我“汪”地一声叫出来？！》，该文案标题通过“鹿”与其不相符的声音“汪”的搭配来打造创意，因为人们熟知发生“汪”这一种声音的是犬类动物，怎么会与鹿有关呢？同时，在表达信息时，也注意联系文案主体和描绘生活场景，拉近了与读者之间的距离，又生动有趣。

037 要求 7：标题各元素，做到尽量具体化

一则新媒体文案标题的元素是否具体化，关系到这篇文章的点击量，它要求尽量将标题里的重要构成部分说具体，精确到名字或直观的数据上来。

从读者的角度来说，读者也不喜欢看上去模棱两可的文字，人们往往更喜欢直观的文字，相对于文字来说，人们又对数字更为敏感，因为数字和人们的日常生活中的很多东西相互联系，所以人们也更关注数字的多少和走向。

图 4-10 所示为各项元素已尽可能具体化的新媒体文案标题案例。

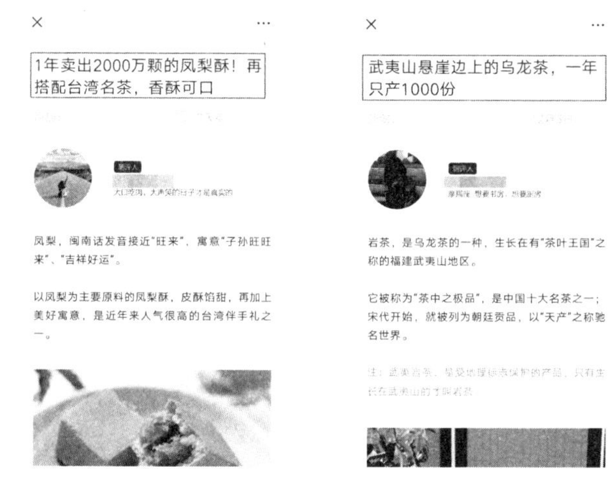

◆ 图 4-10　各项元素已尽可能具体化的新媒体文案标题案例

深入解读

图 4-10 所示的两篇新媒体文案是关于美食和茶饮的，在标题上都已把重要元素具体化了。

前者的新媒体文案标题一是突出产品“凤梨酥”的畅销——1 年卖出 2000 万份；二是突出产品的特点——搭配台湾名茶，香酥可口，当然，这也是产品畅销的原因所在。有读者可能会有疑问：“台湾名茶”就没有具体化。其实这种写法明显能提升和烘托产品价值，且台湾名茶只是凤梨酥的搭配产品，与其没有直接关系，因此，不具体化不仅不会影响标题效果，相反还能提升标题影响力。

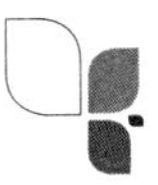

后者的新媒体文案标题则是围绕乌龙茶这一名茶来说的，从产地和产量两个方面介绍了乌龙茶，而在这两个标题元素方面，同样是具体化了的、产地是“武夷山悬崖边上”，产量是“一年只产1000 份”，这两个信息都体现了一个中心，那就是旨在说明乌龙茶的稀有和珍贵。

038 案例 1：大力借势，结合最新的热门事件

借势是一种常用的文案写作手法，借势不仅完全是免费的，而且效果还很可观。借势型标题是指在文案标题上借助社会上一些事实热点、新闻的相关词汇来给文案造势，增加点击量。

借势一般都是借助最新的热门事件吸引读者的眼球。一般来说，事实热点拥有一大批关注者，而且传播的范围会非常广，新媒体文案标题借助这些热点就可以让读者轻易地搜索到该篇文案，从而吸引读者去阅读文案内容。

那么，在创作借势型标题的时候，应该掌握哪些技巧呢？笔者认为可以从如图 4-11 所示的 3 个方面来努力。

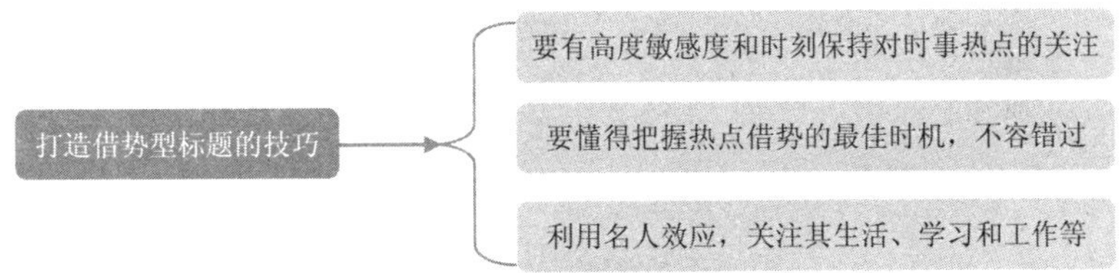

◆ 图 4-11　打造借势型标题的技巧

专家提醒

值得注意的是，在打造借势型标题的时候，要注意两个问题：一是带有负面影响的热点不要蹭，大方向上要积极向上、充满正能量，要能带给读者正确的思想引导；二是最好在借势型标题中加入自己的想法和创意，然后将发布的文章内容与之相结合，做到借势和创意的完美同步。

那么，在撰写新媒体文案标题时，作者一般可以借势哪些热点呢？首先，有着众多人关注和参与的活动热点就是其中之一。图 4-12 所示就是借势热点活动的新媒体文案标题案例。

深入解读

图4-12所示的两篇新媒体文案都是在临近圣诞节之际推出的，在这期间，美食、娱乐、教育等行业都适时推出了“圣诞狂欢趴”活动。新媒体作者就借势这一热点活动，纷纷推出相关文案，并在标题上植入热点吸引读者关注。

而对新媒体文案作者来说，热点活动一般是有很多人参与的，因此，借势活动的新媒体文案标题，必然会引起那些已经参加了该活动或有兴趣参加的人士的注意。

◆ 图 4-12　借势热点活动的新媒体文案标题案例

除了活动热点，热门的音乐、影视剧也可以成为借势型标题的依托。图 4-13 所示就是借势热门影视剧的新媒体文案标题案例。

《娘道》火了，凭什么？

作者 |

花了3天的时间，将最近颇受争议的《娘道》看了个七七八八，简单概述一下此刻的心情。

一部《娘道》投射出当下网友的焦虑与思考

继《延禧攻略》大火之后，最近又有一部剧爆了。你也许没看过，但一定能从网络上看到年轻人对其的吐槽，它就是《娘道》。只不过有趣的是，这样一部不被网生代观众pick的剧，家中的长辈们却每晚必追，看得津津乐道。

为什么两代人之间会出现这样的争议？

以父辈们为代表的中老年观众，虽然不是

◆ 图 4-13　借势热门影视剧的新媒体文案标题案例

深入解读

图 4-13 所示的两篇新媒体文案标题都借势了热播电视剧《娘道》。《娘道》这一部电视剧成功吸引了广大观众的注意力，借势这一热门电视剧的热点，新媒体文案作者为了提升人气，打造出与之相关的文案：无论是对其为什么火的探索，还是对社会问题的思考，那些喜欢它或讨厌它的人，可能都会点击文案了解具体内容。

039　案例 2：数字罗列，视觉效果的完美呈现

数字式标题是指在标题中呈现出具体的数字，通过数字的形式来概括相关的主题内容。数字不同于一般的文字，它会给读者带来比较深刻的印象，与读者的心灵产生奇妙的碰撞，很好地引起读者的好奇心理。

在文案中采用数字式标题有不少好处，同时它虽然很容易打造，但也要注意一定的技巧，才能事半功倍。图 4-14 所示为撰写数字式新媒体文案标题的技巧和好处。

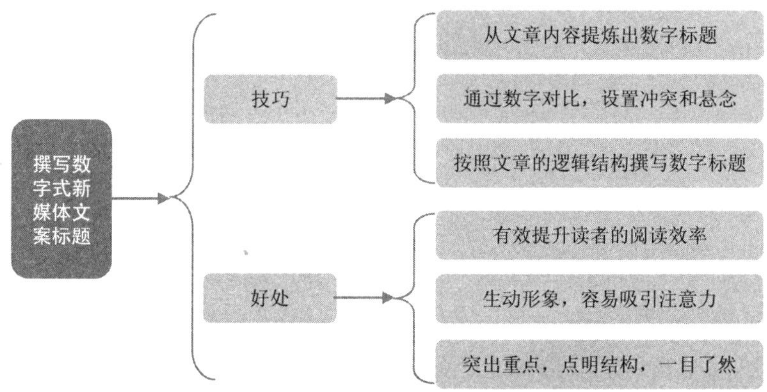

◆ 图 4-14　撰写数字式新媒体文案标题的技巧和好处

此外，数字式标题还包括很多不同的类型，比如时间、年龄、金钱、流量等。事实上，文章中很多内容都可以通过具体的数字进行总结和表达，只要把想重点突出的内容提炼成数字即可。同时还要注意的是，在打造数字式标题的时候，最好使用阿拉伯数字，统一数字格式。图 4-15 所示为采用数字式的新媒体文案标题案例。

深入解读

图 4-15 所示的三篇新媒体文案都采用了数字式的标题写法，在表达上起到了让读者产生视觉上和心理上冲击的作用。

其中，《抠图，只要 3 秒》通过表示时间的数字“3 秒”来表现所使用时间的短，从而突出所要描述事物的实用性；《单月涨粉 50W，爆发式增长秘籍全在这个群里！》则通过表示流量的数字“50W”，突出涨粉快速和秘籍的作用；至于《身边月薪 3W+ 的职场人，都有这项能力（内含 498 元福利）》则通过表示金钱的数字“月薪 3W+”“498 元福利”，一方面用具体数字描述工资，界定所描述的能力的拥有者，另一方面在吸引了读者注意的同时又通过“498 元福利”进一步引导读者点击阅读。

◆ 图 4-15　采用数字式的新媒体文案标题案例

040　案例 3：专业知识，富有价值的正规感觉

专业性标题是指在标题中嵌入某个方面的专业性词语，让文案看起来更加专业，从而更好地传递专业价值。

专业性标题能够吸引那些跟专业名词相关的读者，从而达到精准吸粉的目的。这样得来的读者群能够给新媒体运营带来更大的价值，而且这种粉丝的追随度会比其他粉丝更高。那么，我们具体应该怎么撰写专业性标题呢？笔者将其技巧总结为如图 4-16 所示的 3 点。

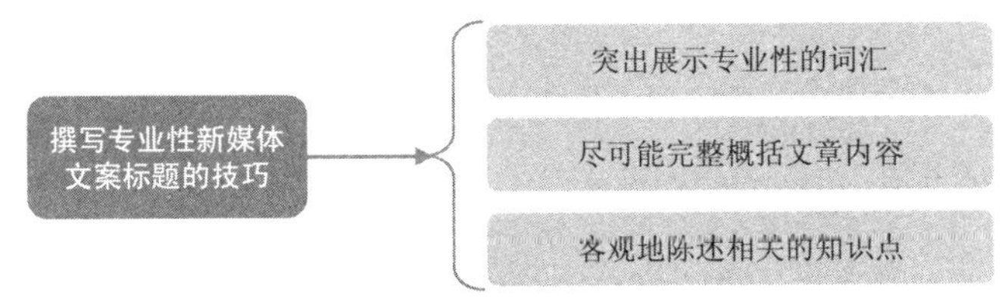

◆ 图 4-16　撰写专业性新媒体文案标题的技巧

专家提醒

专业性标题是针对比较专业的文案内容而设计的，找到目标读者即可，优质的读者比浏览两眼就走人的读者更加有价值。因此也不必太过担心标题晦涩难懂、刻板无趣无法吸引大量的读者，这是由标题本身的性质决定的。

一般来说，专业性标题会不怎么显眼，而且营销的意味也不浓厚，偏向于中规中矩。图 4-17 所示为体现专业性的新媒体文案标题的案例。

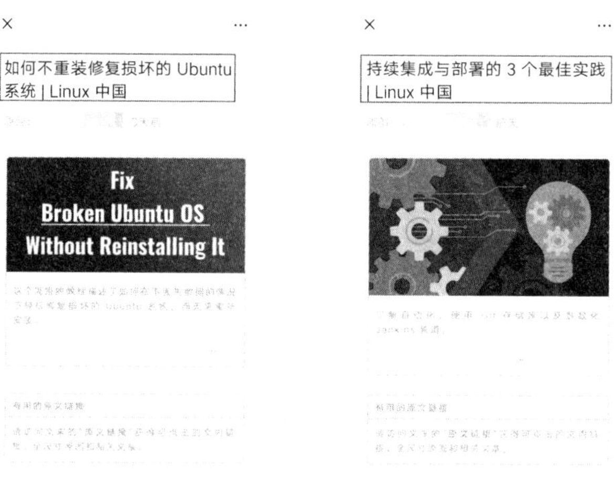

◆ 图 4-17　体现专业性的新媒体文案标题案例

深入解读

图 4-17 所示的两篇新媒体文案都是关于 Linux 这一操作系统的，在标题中充分体现了其专业性，如“Ubuntu 系统”“持续集成和部署”。对 Linux 操作系统感兴趣和想要学习相关知识和技巧的读者，看到这样的在标题上就体现了专业性的新媒体文案，首先就会充分感受其中的专业氛围，从而点击阅读。

且上图中的两个文案标题，还充分考虑了那些初学者和感兴趣人士的理解程度和阅读接受度，在标题上不仅写明领域和相关事物——Linux 中国，还通过各种方式进行简单说明，或是通过写明其作用和目的，或是通过注明该操作系统的应用案例，以便增强理解。

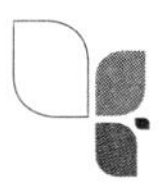

值得注意的是，这种专业性的标题相对于其他类型的标题来说，其关注度会偏低一点。因为其专业性使得其受众范围变小了，但是对新媒体运营者来说也并不是一件坏事，宁缺毋滥，就是对这种现象最好的解释。

041 案例 4：技能速成，短时间学会专属能力

速成型标题是指向读者传递一种只要阅读了文章之后就可以掌握某些技巧或者知识的信心。“速成”，顾名思义，就是能够马上学会、得到。

这种类型的标题之所以能够引起读者的注意，是因为抓住了人们想要从文章中获取实际利益的心理。大多数读者都是带着一定的目的阅读文章的，要么是希望文章中含有福利，比如优惠、折扣；要么是希望能够从文章中学到一些有用的知识。因此，速成型标题的魅力是不可阻挡的。

在打造速成型标题的过程中，往往会碰到这样一些问题，比如“什么样的技巧才算速成？”“速成型的标题应该具备哪些要素？”等等。那么，速成型的标题到底应该如何撰写呢？笔者将其经验技巧总结为如图 4-18 所示的 3 点。

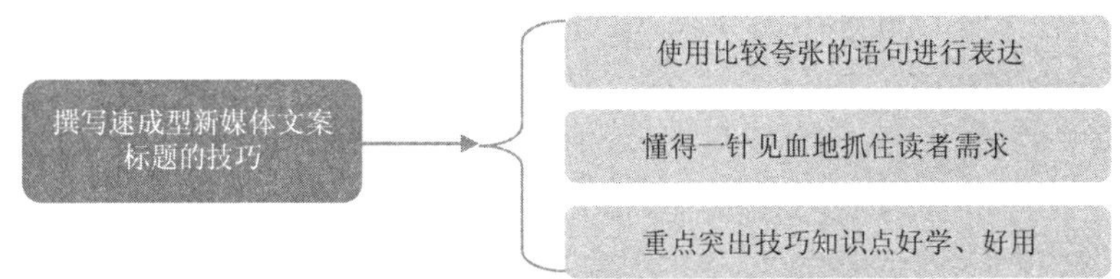

◆ 图 4-18　撰写速成型新媒体文案标题的技巧

专家提醒

值得注意的是，在撰写速成型标题时，最好不要提供虚假的信息，比如“一分钟一定能够学会这样 XX”、“3 大秘诀包你 XX”等。速成型标题虽然需要添加夸张的成分在其中，但要把握好度，要有底线和原则。

速成型标题通常会出现在技术类的软文之中，主要是为读者提供实际好用的知识和技巧。图 4-19 为速成型新媒体文案标题案例。

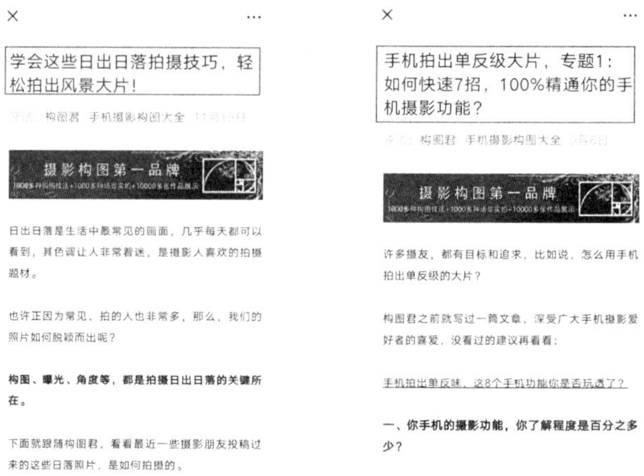

◆ 图 4-19　速成型新媒体文案标题案例

深入解读

图 4-19 所示的两篇新媒体文案都是关于手机摄影的，通过特定的字眼设置体现了手机摄影技术的速成，如“轻松……”“100%精通”等。在表示速成的字眼外，新媒体文案作者还点明了速成的技巧，前者为“拍出风景大片”，后者为“精通手机摄影功能”，这也是塑成型新媒体文案标题中必备的元素。

读者在看见这种速成型标题的时候，就会更加有动力去阅读文案中的内容，因为这种类型的标题会给人留下一种学习这个技能很简单，不用花费过多的时间和精力的印象。因此，大多数读者会选择相信这个标题，进而阅读文案内容。

042 案例 5：趣味添加，营造愉悦的阅读氛围

趣味性的标题是指通过一些充满趣味的词语来点缀标题，从而使得标题带给人一种轻松愉快的感觉。这种趣味性的标题能够营造出一个愉悦的阅读氛围，所以即使文章传递的内容是产品宣传的广告，也不会让读者很反感。

一篇带有趣味性标题的文案往往是受人瞩目的，但如何在标题中加入趣味性的元素也是一个不小的难题。趣味的标准是什么？如何寻找趣味？笔者将其技巧总结为如图 4-20 所示的 3 点。

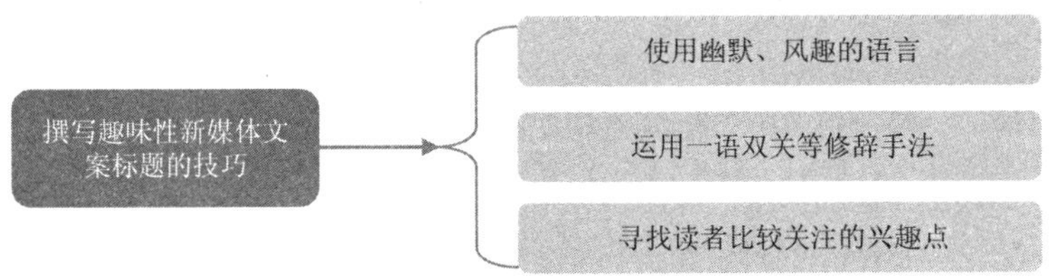

◆ 图 4-20　撰写趣味性新媒体文案标题的技巧

趣味性标题往往能够在短时间内锁定读者的目光，特别是标题中的幽默字眼容易引起注意。图 4-21 所示为趣味性新媒体文案标题案例。

深入解读

图 4-21 所示的两篇新媒体文案的标题都体现了一定的趣味性：前者在标题上只说出了一个日期，然后就用一长串的"哈"来表示，满满的趣味足够用来吸引读者阅读。后者在标题上则通过"一通来自未来的电话"来制造趣味——读者不禁会感到奇怪：怎会有来自未来的电话呢？这样一来就会点击阅读了，以此来推广充满未来感的"活力'星'动制服"消费体验和相关产品。

◆ 图 4-21　趣味性新媒体文案标题案例

专家提醒

趣味性标题一方面可以有效吸引读者的眼球，另一方面还可以让读者产生愉悦的阅读感受，从而进一步扩大文案的传播范围。

043 案例6：经验教训，事无巨细都记得总结

在生活中，说明经验教训的标题特别受到读者喜爱——读者通常会带着目的去阅读文案，抱着在文中吸取某一方面经验的想法，以提高自身的能力。而采用此类标题的文案通常会为读者提供有价值的经验和技巧，以有效吸引固定的粉丝，提升粉丝总数。

这种类型的文章标题对文案写作者的要求很高，主要是通过大量文案的阅读对比给读者眼前一亮的效果，简单而明了，使其读过之后少走一些弯路。那么，说明经验教训的标题究竟应该如何打造呢？很多人会想，此类标题不就是显示出自己的文章的含金量高吗？实际上，仅仅只是这一点还不足以打造一个完美的经验式标题，只有达到如图 4-22 所示的 3 点要求才能如愿以偿。

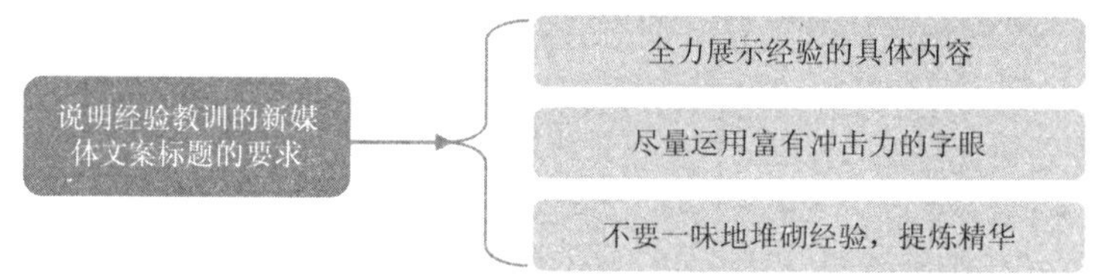

◆ 图 4-22　说明经验教训的新媒体文案标题的要求

经验式标题吸引人的地方就在于干货多、归纳性强以及比较实用，这是很多读者都喜欢的。图 4-23 所示为说明经验教训的新媒体文案标题案例。

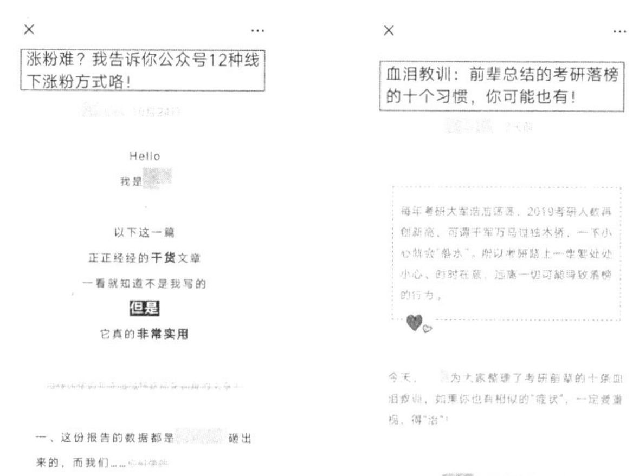

◆ 图 4-23　说明经验教训的新媒体文案标题案例

深入解读

图 4-23 所示的两篇新媒体文案的标题都带有经验式标题的特征，而且可以看到的是，它们都运用了数字。对于经验式标题而言，数字是总结的象征，因此比较常用。此外，《血泪教训：前辈总结的考研落榜的十个习惯，你可能也有！》这一文案标题经验意味又更加强烈，突出展示了"教训"，以引起读者的注意力，效果可能会更佳。

044 案例 7：悬念设置，强烈吸引读者好奇心

好奇是人的天性，悬念设置的标题就是利用人的好奇心来打造的，首先抓住读者的眼球，然后提升读者的阅读兴趣。

标题中的悬念是一个诱饵，引导读者阅读文案内容，因为通常读者看到标题里有没被解答的疑问和悬念，就会忍不住进一步弄清楚到底怎么回事。这就是设置悬念的标题的套路。

设置悬念的标题的新媒体文案在人们的日常生活中运用得非常广泛，也非常受欢迎。人们在看电视、综艺节目的时候也会经常看到一些节目预告之类的广告，这些广告就会采取这种设置悬念的标题引起观众的兴趣。利用设置悬念来撰写新媒体文案标题的方法通常有 4 种，如图 4-24 所示。

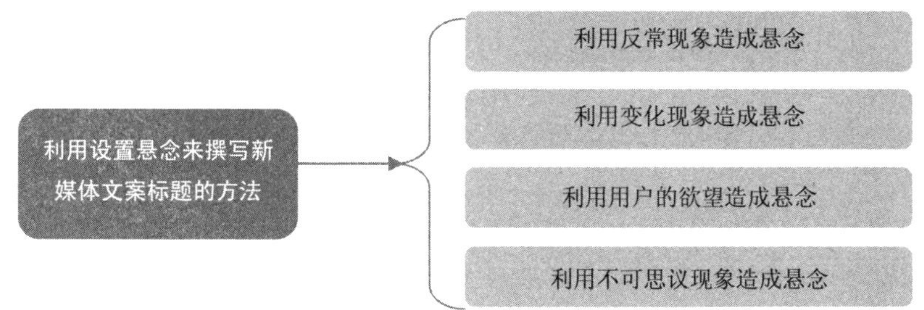

◆ 图 4-24　利用设置悬念来撰写新媒体文案标题的方法

在标题中设置悬念主要是为了增加内容的可读性，因此新媒体文案作者在使用这种类型的标题时，一定要确保文案内容确实能够让读者感到惊奇和充满悬念。不然就会引起读者不满，继而让读者产生质疑，影响新媒体平台在读者心中的美誉度。

专家提醒

文案设置悬念的标题仅仅只是为了悬疑，这样一般只能够博取大众 1 ~ 3 次的眼球，很难保留长时间的效果。如果内容太无趣、无法达到文案引流的目的，那就是一篇失败的文案，会导致营销活动也随之“泡汤”。

因此，企业在设置悬疑标题的时候需要非常慎重，最好是有较强的逻辑性，切忌为了标题走钢索，而忽略了营销的目的和文案本身的质量。

设置悬念的标题是运用得比较频繁的一种标题形式，很多文案都会采用这一标题形式来引起读者的注意力，从而达到较为理想的营销效果和传播效果。图 4-25 所示为设置悬念的新媒体文案标题案例。

管多少人骂，在我这就是好片

b站最近堪称爆款宝库。

前有《故事王》《巡逻纪实》，都从这里走红。

今天 又挖到一部。

大师出品，却画风突变……

小龙虾馆一年流水3000万，一算只挣100万，问题出在哪儿？

扫描二维码，即刻参会

课程

1892期

在餐饮行业整体进入高房租、高人工、高原材料的“三高”，随着各项成本的大幅提升，餐饮也正在成为一个高消耗的

◆ 图 4-25　设置悬念的新媒体文案标题案例

深入解读

图 4-25 所示的两篇新媒体文案的标题都通过反常的现象成功设置了悬念。

《管多少人骂，在我这就是好片》这一标题，其带给人的悬念在于“为什么有很多人骂，作者依然认为是好片呢？”读者看到这一标题不禁会产生疑问和好奇，而要解开这一悬念就需要点击阅读文案了。

《小龙虾馆一年流水3000万，一算只挣100万，问题出在哪儿？》这一标题，针对高流水却低利润的反常现象设置了悬念，那些碰到同样问题的餐饮人和其他感兴趣的人士一般是会基于这一悬念去阅读文案内容的，想着去一探究竟。

045 案例8：独家推送，珍贵资源的价值体现

体现独家推送的标题，即从标题上体现出新媒体平台所提供的信息是独有的珍贵资源，有一种值得读者点击和转发的感觉。

从大众的心理方面而言，体现独家推送的标题所代表的内容一般会给人一种自己率先获知、别人所没有的感觉，因而在心理上更容易满足。在这种情况下，好为人师和想要炫耀的心理会驱使读者自然而然地去转发。

体现独家推送的标题会带给读者独一无二的荣誉感，同时还会使得文章内容更具吸引力。那么，在撰写这样的标题时，我们应该怎么做呢？是直接点明“独家资源，走过路过不要错过”，还是运用其他的方法暗示读者文案的内容是与众不同的呢？在这里，笔者想提供如图4-26所示的3点技巧，帮助大家成功打造出夺人眼球的体现独家性的标题。

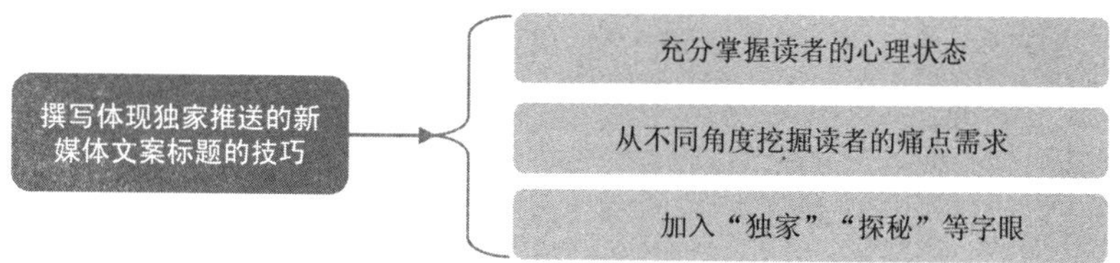

◆ 图4-26　撰写体现独家推送的新媒体文案标题的技巧

专家提醒

体现独家推送的标题往往也暗示着文章内容的珍贵性，因此撰写者需要注意，如果标题使用的是带有独家性质的形式，就必须保证文案内容也是独一无二的——其标题要与内容相结合，否则会给读者留下不好的印象，从而影响后续文章的阅读量。

使用体现独家推送的标题的好处在于可以吸引到更多的读者，让读者觉得文章内容比较珍贵，从而主动宣传和推广，达到广泛传播的目的。图 4-27 所示为体现独家推送的新媒体文案标题案例。

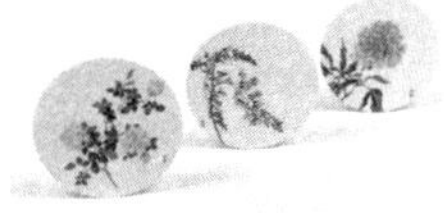

◆ 图 4-27　体现独家推送的新媒体文案标题案例

深入解读

图 4-27 所示的两篇新媒体文案的标题都展现了一种独家信息的意味在其中。

《职场 35 岁现象，HR 不会告诉你的真相》这一标题中，“不会告诉你”几个字充分说明该文案要说明的内容是少见的、私密的，当然，这也是文案作者撰写这一标题的亮点所在，可能很多读者都会忍不住点击查看文案内容，去了解 HR 想要掩藏的“真相”究竟是什么。

《原来，全球顶尖设计师全都用着同一个秘密武器！》是通过“秘密武器”这一词汇来展现文案所要揭露的信息是独家的。而它又关联着“全球顶尖设计师都用着”这一修饰语和前提，更是为它增添了神秘意味和价值，因此能做到有效吸粉。

046 案例 9：警示告诫，力量与严肃并肩作战

表示警示告诫的标题常常通过发人深省的内容和严肃深沉的语调给读者以强烈的心理暗示，从而给读者留下深刻印象。尤其是警告式的新闻标题，常常被很多新媒体文案作者追捧和模仿。

表示警示告诫的标题是一种有力量且严肃的标题，也就是通过标题给人以警醒作用，从而引起读者的高度注意。它通常会将警告事物的主要特征、重要功能和核心作用等内容移植到平台文案标题中。

那么，表示警示告诫的标题应该如何构思打造呢？很多人只知道它能够起到比较显著的影响，容易夺人眼球，但说到具体要如何撰写却是一头雾水。笔者在这里想分享 3 点技巧，如图 4-28 所示。

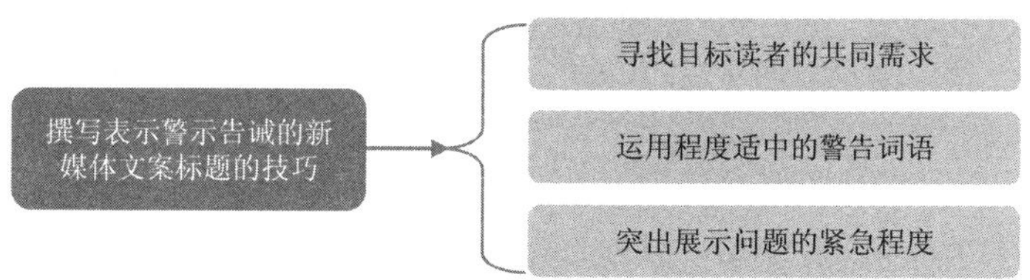

◆ 图 4-28　撰写表示警示告诫的新媒体文案标题的技巧

专家提醒

新媒体文案作者在运用表示警示告诫的标题时，需要注意运用的文章是否恰当，因为并不是每一篇文章都可以使用这种类型的标题的。

这种标题形式运用得恰当，则能加分，起到其他标题无法替代的作用。运用不当的话，很容易让读者产生反感情绪或引起一些不必要的麻烦。因此，文案作者在使用表示警示告诫的标题时要谨慎小心，注意用词恰当与否，绝对不能草率行文。

表示警示告诫的标题可以应用的场景很多，无论是技巧类的平台文案，还是供大众娱乐消遣的娱乐八卦新闻，都可以用到这一类型的标题形式。图 4-29 所示为表示警示告诫的新媒体文案标题案例。

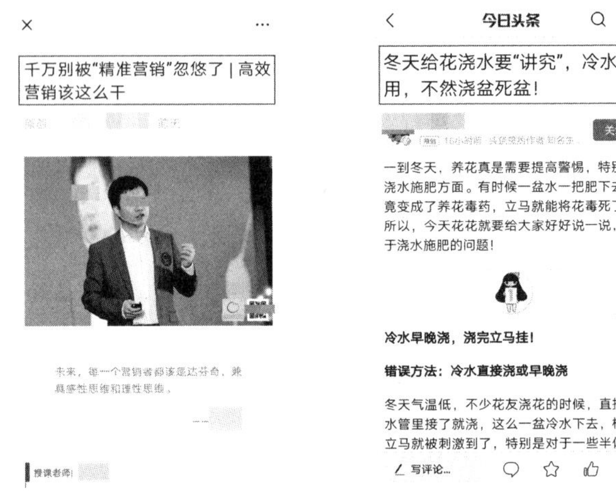

◆ 图 4-29　表示警示告诫的新媒体文案标题案例

深入解读

图 4-29 所示的两篇新媒体文案都采用了表示警示告诫的标题，从而告诉读者不应该怎么做和应该怎么做。

《千万别被“精准营销”忽悠了！高效营销该这么干》这一标题，是围绕营销来说的，一方面用警示告诫的口吻提醒读者不要被所谓的“精准营销”忽悠，另一方面又指出了实现高效营销的正确做法，引导读者去了解。

《冬天给花浇水要“讲究”，冷水别用，不然浇盆死盆！》这一标题，与前面的表示警示告诫的标题不同，它不是围绕两个对立的观点来说的，而是专门围绕冬天给花“浇冷水”这一问题，向读者提出了警示。

选用表示警示告诫的标题这一形式，主要是为了提升读者的关注度，大范围地传播文章。因为警告的方式往往更加醒目，触及读者的利益，如果这样做可能会让你的利益受损，那么可能本来不想阅读，也会点击进去阅读。

047 误区：标题撰写时千万要谨慎

在学习新媒体文案标题撰写时，作者还要注意不要走入误区，一旦标题失误，

便对文案的阅读量造成不可小觑的影响。本节将从文案标题容易出现的 6 大误区出发，介绍如何更好地打造新媒体文案标题。

1．表述含糊

作者在撰写新媒体文案标题时，要注意避免为了追求文案标题的新奇性而表述含糊的现象出现。很多作者会为了使自己的文案标题更加吸引读者的目光，一味地追求文案标题上的新奇，可能导致在文案标题的语言上含糊其辞。

何为表述含糊？所谓“含糊”，是指语言不确定，或者表达方式或表达的含义模棱两可。在新媒体文案标题上表述“含糊”，只看标题，读者完全不知道作者想要说的是什么，会让读者觉得整个标题都很乱，完全没有重点，无从看起，从而在不经意之间增加了读者的阅读负担。

因此，在撰写新媒体文案标题时，作者尤其要注意文案标题的表达要清晰，重点要明确，要让读者在看到标题的时候，就能知道文章内容大致讲的是什么，只有这样，读者才会觉得脉络清晰，进而阅读文章内容。一般来说，要想表述清晰，就要做到找准文案重点，明确文案中的名词，如人名、地名、事件名等。

2．使用无关词汇

一些文案作者为了让自己的文案标题变得更加有趣，而使用一些与标题没有多大联系，甚至是根本没有关联的词汇来杂在标题之中，想以此达到吸引读者注意力的效果。这样的文案标题可能在刚开始能引起读者的注意，读者可能也会被标题吸引而点击进去查看文章内容。但时间一久，读者们便会拒绝这样随意添加无关词汇的文章。这样的结果所造成的影响对于一个品牌或者产品来说是长久的。所以，新媒体文案作者在撰写标题时，切忌将无关词汇使用到文案标题当中去。

在新媒体文案当中容易出现与文案标题无关的词汇，也有很多种类型，如图 4-30 所示。

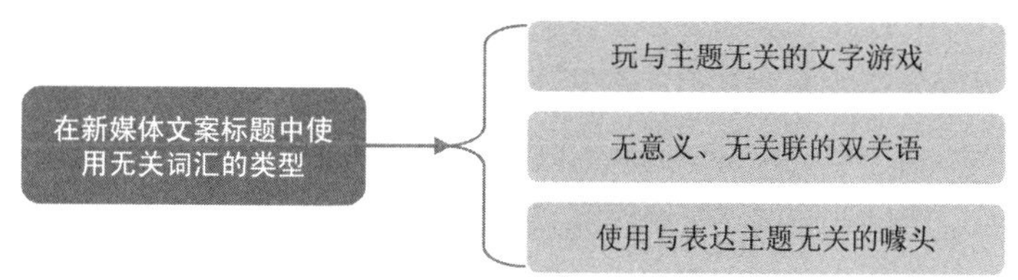

◆ 图 4-30　在新媒体文案标题中使用无关词汇的类型

在新媒体文案标题的撰写当中，词汇的使用一定要与文案标题和内容有所关联，作者不能为了追求标题的趣味性就随意乱用无关词汇。而是应该学会巧妙地将词汇与文案标题的内容紧密结合，使词汇和标题内容融会贯通，相互照应，只有做到如此，才算得上是一个成功的文案标题。否则，不仅会对用户造成一定程度的欺骗，也会变成所谓的“标题党”。

3．负面表达泛滥

撰写一则新媒体文案标题，其目的就在于吸引读者的目光，只有文案的标题吸引到了读者的注意，读者才会想要去阅读文章内容。基于这一情况，也让文案标题出现了一味追求吸睛而大面积使用负面表达的情况。

人天生都愿意接受好的东西，而不愿意接受坏的东西，趋利避害，是人的天性，无法改变。这一情况也提醒着新媒体文案作者，在撰写标题时要尽量避免太过负面的表达方式，而是要用正面的、健康的、积极的方式表达出来，给读者一个好的引导。例如，在表示食用盐时，作者最好采用“健康盐”的说法，如《教你如何选购健康盐》，要避免使用“对人体有害”这一负面情况的表达，才能让文案和产品更容易被读者接受。

4．虚假自夸

新媒体文案作者在撰写标题时，虽说要用到文学中的一些手法，比如夸张、比喻等，但这并不代表作者就能毫无上限地夸张，把没有的说成有的，把虚假说成真实，在没有准确数据和调查结果的情况下冒充“第一”。这在新媒体文案的标题撰写当中是不可取的。

作者在撰写新媒体文案标题时，要结合自身品牌的实际情况来进行适当的艺术上的描写，而不能随意夸张，胡编乱造。如果想要在文案当中使用“第一”或者意思与之差不多的词汇，不仅要得到有关部门的允许，还要有真实的数据调查。如果随意使用“第一”，不仅对自身品牌形象有不好的影响，还会对读者造成欺骗和误导，当然，也是法律所不允许的。

5．比喻不当

在新媒体文案的撰写当中，经常会用到比喻式的文案标题——它能将某事物变得更为具体和生动，具有化抽象为具体的强大功能。所以，采用比喻的形式撰写标题，可以让读者更加清楚地理解文案标题当中出现的内容，或者是作者想要表达的思想和情绪。这对于提高文案阅读量也能起到十分积极的作用。

但是，在新媒体文案标题中运用的比喻，也要十分注意比喻是否得当的问题。一些作者在追求用比喻式的文案标题来吸引读者目光的时候，常常会出现比喻不当的错误，也就是指本体和喻体没有太大联系，毫无相关性的情况。

在新媒体文案标题之中，一旦比喻不当，作者就很难在文案标题之中达到自己想要的效果，那么文案标题也就失去了它存在的意义。不仅不能被读者接受和喜爱，还可能会因为比喻不当，让读者产生质疑和困惑，从而影响新媒体的运营效果。

6. 强加于人

强加于人，就是将一个人的想法或态度强行加到另一个人身上，不管对方喜不喜欢，愿不愿意。在新媒体文案撰写标题当中，“强加于人”就是指作者将作者本身或者某一品牌的想法和概念植入标题之中，强行灌输给读者，给读者一种盛气凌人的感觉。

当一则文案标题太过盛气凌人的时候，读者不仅不会接受该文案标题所要表达的想法，还会产生抵触心理，越是让读者看，读者就越是不看；越是想让读者接受，读者就越是不接受。如此循环往复，最后受损失的还是文案作者自己，或者是某品牌自身。例如，《如果秋冬你只能买一双鞋，那必须是它》《今年过节不收礼，收礼只收洁面仪！》就是“强加于人”的典型标题案例。

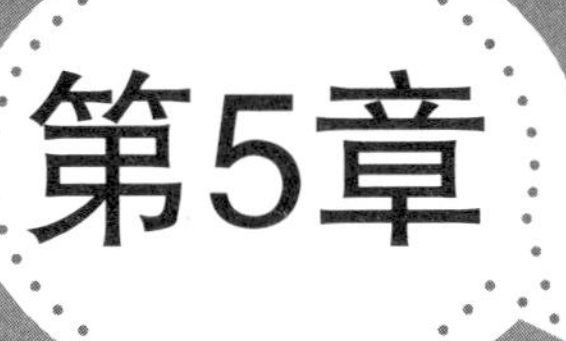

第5章 正文内容是王道，让用户产生黏性且自愿留存追读

学前提示

与作为文案门面的标题相比，新媒体文案的正文内容同样重要。如果说标题是吸引点击的关键，那么正文内容则是引导读者持续阅读和打造品牌形象的关键。本章内容以正文内容为核心，帮助读者从基本要求、案例和误区等方面了解新媒体文案的写作技巧。

要点展示

- 要求 1：有情感支撑才能抓住读者
- 要求 2："人格"与"魅力"不可缺
- 案例 1：讲述故事，贴近读者的内心
- 案例 2：新闻写法，媒体口吻不能少
- 误区：4 个方面要进行重点关注

048 要求1：有情感支撑才能抓住读者

俗话说："人非草木，孰能无情？"处在社会生活的人总是基于各种情感因素的影响而作出各种抉择。这一情形映射在新媒体文案中就表现为：读者在其中蕴含的诸多情感的影响下进而关注、分享转发和评论等，最终为运营者带来粉丝和流量。

因此，在新媒体文案中，作者应该从情感的角度出发，对内用情感打动读者，对外抓住读者的情感弱点，构建起新媒体文案的情感支撑。

1．对内：用情感打动读者

"情"之一字，自古以来，文人骚客对它进行了各种各样的描述，并利用"人同此情"的认识心理感动了千千万万的读者。可见，在新媒体运营过程中，撰写饱含情感的文案是实现运营推广目标的主要途径，而利用这一途径的关键点就在于用情感打动读者。

关于用情感打动读者这一关键点，新媒体文案作者必须从3个方面进行准确把握，即真、善、美，如图5-1所示。

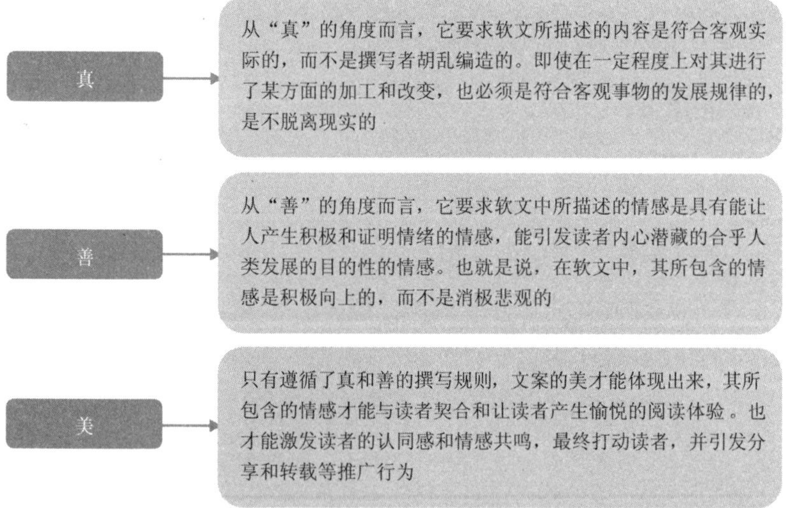

◆ 图5-1 新媒体文案"用情感打动读者"的3个撰写角度

图 5-2 所示为一篇通过情感打动读者的新媒体文案。

每一头巨鲸的沉没，都让海底多了一片温柔的绿洲

自然是美妙而和谐的。当海洋倾尽全力哺育了鲸这种巨大的生物的同时，鲸也在用自己的方式回馈着故乡。

鲸落——一个生命郑重的谢幕。每一头巨鲸逝去时，它宏伟的身躯将缓缓降落，最后安息在一片没有光的海底。

在缺少能量来源的深海海底，死去的鲸成为了无数海底生物赖以生存的绿洲。用软组织喂养大号腐食动物，残渣养活了甲类等小动物，鲸骨则成为了无脊椎动物新的家园。

果壳

鲸落就是这样伟大而温柔的奇迹。

当鲸消失时，这些海底动物们该怎么办？延续千万年的生存模式被突然打破，对于海洋生态系统来说是致命的打击。也许它们会找到新的生存之道，也许会将时间停留在某一刻。无论如何变化，我们终将回不到昨日。

◆ 图 5-2　一篇通过情感打动读者的新媒体文案

深入解读

图 5-2 所示的新媒体文案是关于“鲸落”的——鲸逝去后，其身躯会缓缓降落，最后安息在海底。而作者在描述这一生命现象时是倾注了真、善、美的强烈情感的，从而使这一篇科普方案具有了打动读者的力量。

2. 对外：抓住读者情感弱点

无论是什么样的情感，它总会感动有着共同思绪的人，无论是什么人，他们总是会被某一特定时期和环境中的情感触发。而这些引起人们情感共鸣的就是其情感弱点，是“The Heel of Achilles”（阿喀琉斯之踵）的再现。从本质上来说，它是几乎每一个人身上都具有的弱点所在。

因此，新媒体文案可以从这一角度出发，抓住读者的情感弱点，这一情感可以是亲情、友情和爱情，也可以是思乡情或怀旧情，只要能打动大部分读者，就可以称得上是一篇在抓住情感弱点方面取得成功的文案，就可以称得上是一篇成功的文案。

关于抓住情感弱点的新媒体文案的撰写，“海尔家电”微信公众号是一个做得非常成功的典范，如图 5-3 所示。

深入解读

图 5-3 所示的软文《我只想告诉你，其实夏日远比你想象的美好》，共陈述了与“夏日”相关的 3 个场景和 3 种感情：“你是年少的喜欢，喜欢的少年是你”的初恋、“愿我十年后提着酒，愿你十年后还是老友”的闺密情、“蒲扇凉席西瓜，我就往那一趴”的母爱，它们共同构成了“夏日的美好”和寻找情感依托的情感弱点，并由此引出海尔的“真诚到永远”理念，可谓是抓住情感弱点撰写软文的上乘之作。

X 海尔家电 ···

卧室的风扇吹不走耳边的聒噪，树上知了仿佛时刻处于生命尽头般无休止地鸣叫，平日喜爱的歌也无法在闷热窒息的午后平静一颗烦躁的心……这些琐碎却不容忽视的细节，让夏天成为了许多人不喜欢的季节。

可泰戈尔称赞夏花灿烂，村上春树惋惜夏日太短，文人笔中的夏季总是代表着浪漫、活力。其实夏日何其美妙，清晨鸟儿的呼唤是大自然的乐曲，午后冰凉爽口的冷饮是对自我的奖励，晚间四处飞舞的萤火虫更是对仲夏夜之梦的寻觅。夏日的美好，藏在生活的每一个角落，只是你未曾发现。

那作为芸芸众生的我们如何才能发现那些令人心动的夏日美好，感受到那些令人欣喜跳跃的事物呢？或许从他们分享的故事中，你

X 海尔家电 ···

记忆中的夏日有来自初恋的美好，有闺蜜酒后的畅聊，也有来自母亲的照顾，我们总以为夏日炙热不堪令人心生畏惧，但爱情、友情、亲情，似乎总能在这样闷热的夏季找到依托。这或许是我们的“以为”出了错，毕竟事物总有两面性，缺少的从来不是美好，而是发现。而这样的美好不单只“暑于夏天”，它可能是早班时恰好搭上的一班公交，也可能是来自街边陌生人的一个微笑，也许你暂时还未发现，但许多人为让你拥有一段美好的生活记忆，一直默默努力着，例如海尔。

◆ 图 5-3　抓住读者情感弱点的新媒体文案案例

049　要求 2：“人格”与“魅力”不可缺

处于社会生活中的人，他（她）之所以能获得大家的喜爱，其原因就在于其有着健全的人格，正是因为人的这一人格特征，赋予了他（她）无穷的魅力，进而产生令人爱戴和尊敬的凝聚力。

新媒体文案也是如此，它之所以能吸引读者关注，也是因为其平台内容有着自身的“人格魅力”，形成了一种“魅力人格体”，其中心要点就在于“人格”和“魅

力”。接下来，本节将针对这一问题的两个要素，以“Sir 电影”微信公众号为例，进行详细论述。

1. “人格”要素

“人格”二字，是存在每一个人的意识和字典里的，且在每一个人身上的具体体现又不相同。对于“Sir 电影”这一微信公众号而言，其平台内容的人格主要表现在两个方面，具体内容如下。

（1）平台人格

所谓“平台人格”，即“Sir 电影”这一微信公众号平台所具有的鲜明的个性特征。在众多平台基于技巧和宣传痛点侃侃而谈平台的共通性和同质化，以便追求宣传的大众化和扩散，“Sir 电影”却另辟蹊径，致力于打造全新的凸显自己性格的平台内容。

这一做法对传统媒体而言是一种不理性和不中立的颠覆行为。然而，在“Sir 电影”看来，这恰好符合其充分展现个性和特点的“自媒体”身份的最真实和最典型的写照。

图 5–4 所示为“Sir 电影”针对电影《红海行动》及其导演而撰写的一篇观点鲜明的新媒体文案。

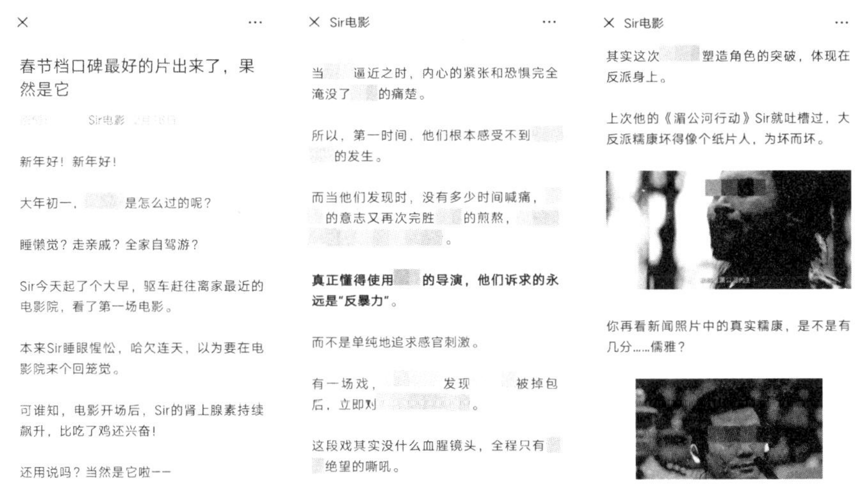

◆ 图 5–4　《春节档口碑最好的片出来了，果然是它》文案

深入解读

在图 5-4 所示的文案中，其撰写者从一个热爱电影的人士的角度对电影《红海行动》进行了剖析，特别是在“反暴力”和“角色塑造突破”方面，对该电影的导演进行了十分中肯的评价。

（2）“家族”成员人格

除了在平台内容方面全力打造一个异于其他平台的运营方向，在其核心价值构建上更是有着其自身的发展思路和方向——发展其“魅力人格矩阵”，也即 IP 家族。如今，其“家族”成员已经发展了多个个体，如 Sir、表妹和云舅等，如图 5-5 所示。

“Sir 电影”微信公众号利用其成员个人不断发展的影响力，不断做着“家族”成员在“人格”方面质变提升的关键工作——即通过平台内容的数量积累和质量的优质加工。

正是因为“Sir 电影”无论是平台还是其塑造的 IP 家族成员都有着鲜明的人格特征。所以公众号可以通过关注平台的读者和读者关注的内容进行用户画像，这对于企业产品的品牌推广和营销有着非常重要的作用，具体如下。

对企业产品而言，可以锁定品牌偏好。

对广大用户而言，可以界定性格偏好。

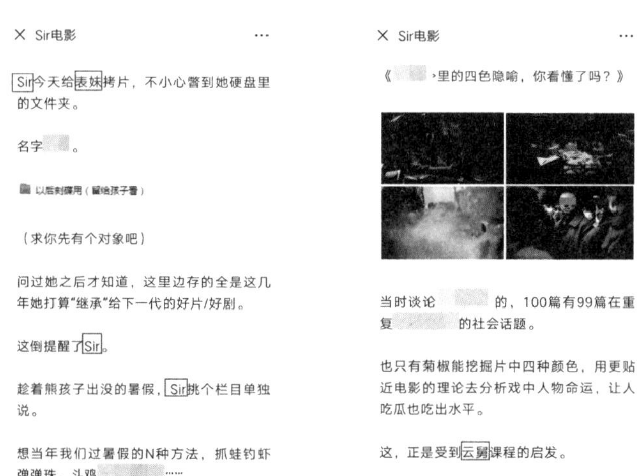

◆ 图 5-5　“Sir 电影”的 IP 家族成员举例

2. “魅力”要素

在新媒体运营过程中，“Sir 电影”在确立了其平台及成员的鲜明“人格”的基础上，接下来思考的就是怎样让这些鲜明的“人格”特征产生的魅力被用户关注，并自发进行推广和宣传。

在“Sir 电影”的新媒体运营理念中，其平台媒体本身所吸引到的粉丝是可以与品牌进行合作的，并通过这种合作促成其人格魅力影响的进一步延伸和宣传品牌的价值辐射。

正是通过这种相互之间的合作，使得“Sir 电影”公众号魅力的对外影响反过来又能促进平台用户的增加和粉丝的凝聚。

而这一运营理念的形成是建立在其魅力人格矩阵成员的基础上，虽然在人格方面存在较大的差异——有着鲜明的个性特征，但这种人格产生的魅力却是相通的，特别是在对外的引流和企业品牌价值辐射方面。

050 要求 3：两大方面提升用户的黏性

在媒体平台快速发展的时代背景下，人们可选择的关注点越来越多。对企业、商家而言，怎样赢得更多用户的关注以及怎样赢得用户更多的关注是急需解决的两个问题。在新媒体文案的宣传形式范围内，一般提及的都是利用各种方式打造具有吸引力的内容，如内容和布局有创意、描写具有场景感、插图清晰又精美、内容有内涵和灵魂等。

然而这些能吸引人的内容并不是真正意义上能引起读者关注的理由，而只是读者在关注后，提升其阅读兴趣和用户黏度的因素。真正能起到引起用户关注的原因在于两个方面，即用户关注的目标和“与我有关”的信息。基于此，新媒体文案作者撰可从两个角度入手去引导用户关注，具体内容如下。

1. 长期兴趣点

在长期的用户生活中，总会形成一定的兴趣、爱好，或是在一定的时间范围内，因为某些方面的原因而对某一领域和方面感兴趣。如果在文案撰写过程中作者从其长期感兴趣的一个方面着手，将文案标题、内容与之捆绑，这样的结果必然是极易引起读者关注的。

“减肥”是人们长期感兴趣的话题，一个名为“美食工坊”的微信公众号就从这一兴趣点出发，发布了一篇新媒体文案，如图 5-6 所示。

◆ 图 5-6 “美食工坊”微信公众号中关于减肥的文案案例

深入解读

在图 5-6 所示的文案中，新媒体文案作者从减肥的角度出发来介绍美食，而对于读者来说，无论是瘦还是美食，都是读者长期感兴趣的领域所在，它们也能成为读者关注文案的目的。因此，这对于那些想要瘦又想要享受美食的读者来说，绝对是一个巨大的诱惑，足以成为支撑他们去关注和阅读的理由。假如撰写者只是一味地去强调美食的美味等，那么从起点上就稍逊一筹了。

2. 切身利益点

在社会生活中，总是存在着与人们的切身利益息息相关的话题和关注点，如出行的人会关注目的地的天气信息，进行股票投资的人会关注股市行情和相关行业政策的变化，以及人们会普遍关注的养老政策的变化等，这些都是基于切身利益而予以关注的方面。

在新媒体文案的撰写过程中，作者可基于众多读者的利益点进行切入，找准读者关注的理由，在此情况下撰写的文案一定会引起读者去点击阅读的。

图 5-7 所示为“四六级考虫” 微信公众号发布的题为《【考前预测】四六

级阅读 200+ 解题思路汇总，赶紧收好！》文案部分展示。

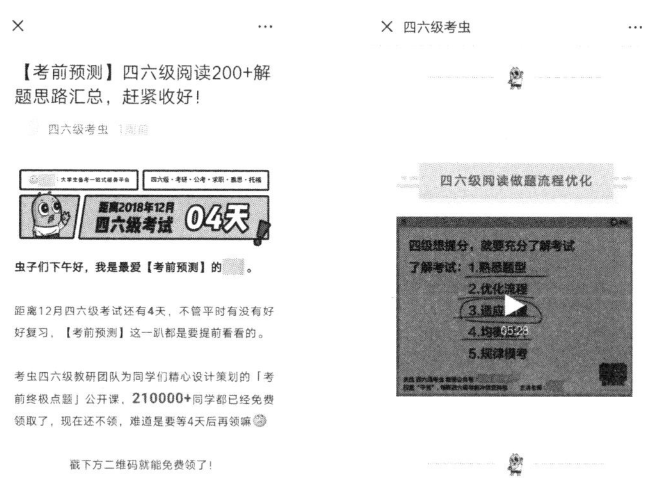

◆ 图 5-7　《【考前预测】四六级阅读 200+ 解题思路汇总，赶紧收好！》文案部分展示

深入解读

在图 5-7 所示的文案中，绑定了即将到来的“四六级口语考试”这一与人切身利益相关的信息，由此而绑定了相关领域和多个方面的关注者——那些正在忙着准备四六级口语考试的考生、家长和老师是很容易被吸引进入内容关注圈中的。由此可见，只要能找准用户的利益关注点，吸引用户关注微信公众号平台软文也就不是一件难事了。

051　要求 4：3 大角度打造吸睛的焦点话题

任何一篇文章，都是围绕某一话题中心进行描写或论述的，用于推广和营销的新媒体文案也是如此。在新媒体文案中打造和切入一个更吸引人的话题，是一篇文案获得众多关注的前提，也是撰写文案必须要把握的重点。关于新媒体文案中心话题的打造，可从 3 个方面着手，具体内容如下。

1. “人性化”内容

从读者关注的焦点来看，人性化内容一直都是容易占据主导地位的，这主要是基于人的自然属性和社会属性而言的。当然，基于这两个属性而展开、撰写的文案也是比较容易受到关注的，在内容推广和营销中也容易形成爆款，如图 5-8 所示。

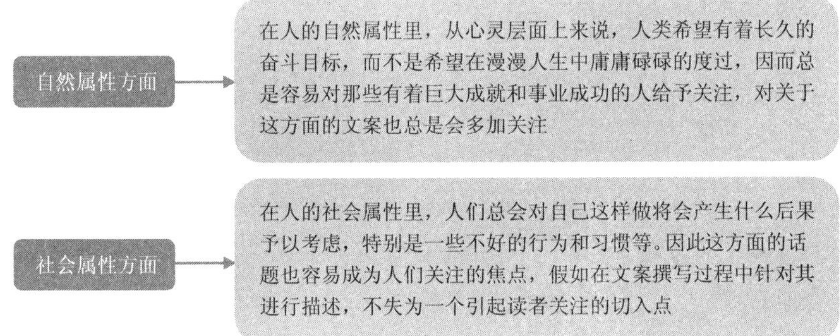

◆ 图 5-8　新媒体文案中心话题的人性化解读

2. “热点化”内容

对新媒体文案而言，其所涉及的热点话题应该具有 3 个方面的属性，才能打造受大众欢迎的文案，如图 5-9 所示。

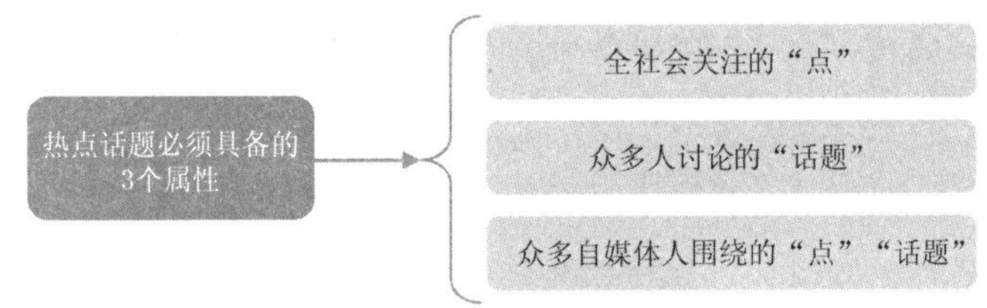

◆ 图 5-9　软文中热点话题必须具备的 3 个属性介绍

在图 5-9 所示的 3 个属性中，全社会关注是热点话题的基本属性和前提条件，只有这个话题受到全社会关注才能从根本上解决读者感兴趣的问题，进而才能成为众多人讨论的“话题”，并成为以关注社会舆论和时事来进行推广的新媒体人去重点发声和争论的话题。

另外，在新媒体文案撰写中，热点并不是能完全事先规划的——除了一些重大的节日和庆典外——其他的事件和社会热点都具有一些相同的属性，即随机性和临时性。因此，在进行新媒体文案撰写时，应该时刻关注社会时事，并精准地

抓住关键的社会话题和词汇，从中发现大众关注热点，以便为文案的撰写提供切入点，打造能够聚焦的热点话题文案，为平台推广和营销提供内容引导。

当然，对于那些能够进行策划的热点，如“五一”、中秋和“十一”等，应当在其来临之前进行相关方面的准备工作，既时刻关注社会动态，准确把握热点，还应该积极进行造势，营造一种热烈的氛围，从而为文案的扩大和延伸关注创造条件。

总之，在新媒体文案的撰写中，无论是不能提前策划的热点还是需要策划的热点，都具有即时性，需要文案作者善于把握和抓住时机，不要让热点从身边悄悄飘过，从而错失推广和营销的良机。

3. “揭秘式”内容

基于上文中对热点话题的重要性和运用条件、方法等的阐述，也许有人会问，既然热点具有随时性和随机性且稍纵即逝，是难以把握的，那么在没有获得热点话题的情况下，新媒体文案撰写者应该怎样打造一个容易吸引人关注的焦点话题呢？

关于这一问题，除了可以对人性化问题着力加以引导外，还可以营造一种揭秘式的文案话题，引起读者的好奇心和吸引读者的注意力。

特别是对一些别人不知道而只有你知道，抑或是别人不能做到而你可以做到的话题，新媒体文案作者可以积极进行准备——它无疑是能打造读者关注焦点的中心话题的。

052　案例 1：讲述故事，贴近读者的内心

故事对于人们来说是一个什么样的存在呢？我们小时候就喜欢听故事，长大了喜欢看故事。因为小时候听着千奇百怪的故事，所以会对故事中的情节、人物有所向往，而长大后则开始在故事中领悟到人生哲理。不同的阶段，故事对于我们来说有着不同的意义，但有一点是不容置疑的，即人人都爱听故事。

总之，故事永远都是人们所热衷的，写出一篇好的讲述故事的新媒体文案，更容易抓住读者的心，赢得他们的认可，从而促进产品的销售。

在打造这一类的新媒体文案时，最重要的是学会如何讲故事。故事好听、好看，但不一定好讲，很多人对于故事津津乐道，但如果让他们写出一个人人都爱听的故事，可能比较困难。

一篇好的讲述故事的文案，不仅要有情节、有创意，还要能打动人心、引起共鸣，最好是有效提升产品的销售量，推广品牌形象。那么，一篇成功的讲述故事的新媒体文案究竟应该如何打造呢？笔者将其写作技巧总结为如图 5-10 所示的 4 点。

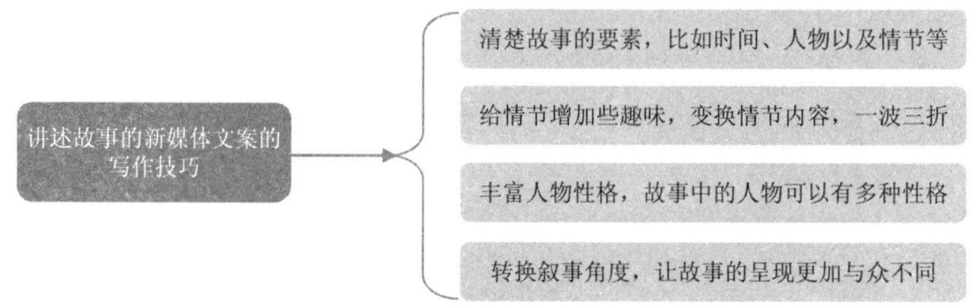

◆ 图 5-10　讲述故事的新媒体文案的写作技巧

专家提醒

此外，如何在故事之中嵌入品牌和产品信息也是一个关键点，要学会找准时机，将产品的相关信息不露痕迹地融入文案里，从而在潜移默化中推广产品和品牌。如果是一篇 1000 字左右的文案，产品及品牌信息出现的次数应保持在 3 次以内。

图 5-11 所示为讲述故事的新媒体文案案例。

◆ 图 5-11　讲述故事的新媒体文案案例

深入解读

图 5-11 所示的就是一篇讲述故事的文案。开头以本人生活为切入点，将日常生活中一件无心促成的事情娓娓道来——随手收藏的凋零的花瓣和落叶等却成为一件非常漂亮的摆件，看起来与广告完全没有关联，但随着作者的叙述和图片展示，笔触开始自然而然地向广告方面延伸，最后向读者推荐了图书的书店现场签售。而在文案的前半部分完全看不出推销产品的痕迹，这就是讲述故事的新媒体文案的高明之处。

这篇文案是典型的讲述故事的新媒体文案，关键是文案中的故事还是用第一人称叙述的，因此带给读者的感受也更加平易近人，不易让人反感，总结起来有如图 5-12 所示的 3 个特点。

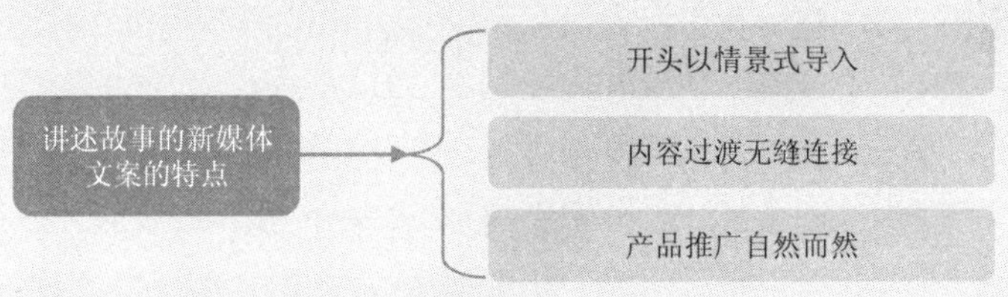

◆ 图 5-12　讲述故事的新媒体文案的特点

053　案例 2：新闻写法，媒体口吻不能少

新闻式的新媒体文案，指的是以新闻的大致思路，从不同的角度传递经营理念、品牌理念以及产品特点。撰写此类文案可以巧妙通过重点新闻事件为文案增色，不仅可以顺利吸引读者的注意力，而且对引导市场消费也有所帮助——能够在较短时间内迅速提升企业产品的曝光率，从而树立良好的品牌形象。

新闻式的新媒体文案是通过新闻媒体的口吻进行文章的撰写，需要注意两个问题，即撰写的内容要保证真实和将时事热点与产品结合。这样一来，文案的效果会更靠谱，用户的关注度也会更高。

那么，我们应该如何制造新闻或寻找新闻呢？其实很简单，只要有一颗善于发现的心，那么新闻式的新媒体文案自然而然就能“出炉”了。图 5-13 所示为制造新闻或寻找新闻的 4 种方法。

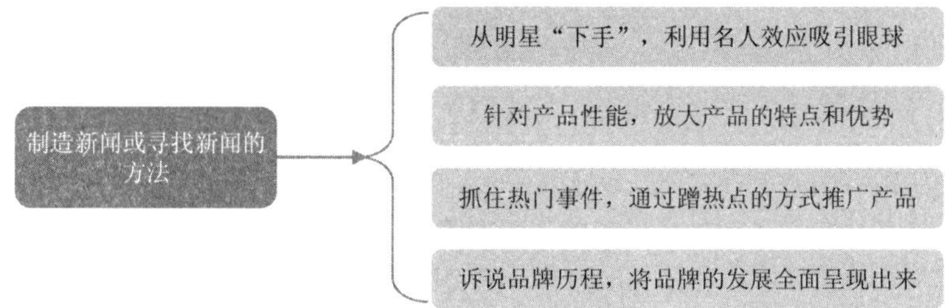

◆ 图 5-13　制造新闻或寻找新闻的 4 种方法

专家提醒

如果想通过新闻式的新媒体文案推广产品，最好是自己一马当先，主动出击，进行报道。这样不仅节省了时间和精力，引起广大读者的注意，而且还可以让各大媒体心甘情愿、争先恐后地帮企业做宣传。

此外，在撰写新闻式的新媒体文案时，还要注意不要走进一些常见的误区，以免影响文案的效果和质量。这些误区包括如图 5-14 所示的 3 点。

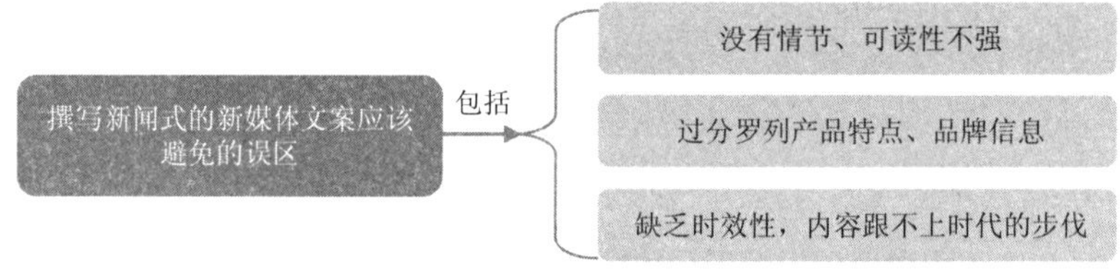

◆ 图 5-14　撰写新闻式新媒体文案应该避免的误区

图 5-15 所示为新闻式的新媒体文案案例。

深入解读

图 5-15 所示的这一篇新闻时的新媒体文案，以明星夫妻为出发点，成功掌握了名人吸睛的诀窍，广泛吸引读者的注意。而标题中采用烘托和比较的形式也很好地勾起了读者的好奇心，增加文案的点击量。而且文中并不是一味地强调“这款产品有多么好、性价比高”，而是客观地从其生产环境、原生态产品及其特点来讲述产品本身，并通过拉近距离的方式来推销产品。

◆ 图 5-15　新闻式的新媒体文案案例

054 案例 3：专注促销，直截了当地推广

专注促销的新媒体文案，从字面意思来看，就可以知道是一种直白的推广方法。对这种形式的文案而言，越直白越好，它是如今企业用得比较多的一种软文营销的方法，也是比较经典的一种营销手段。

直接简单的专注促销的新媒体文案拥有变现的神奇力量。那么，在打造这样的文案时，应该怎么做呢？是不是简单地陈述事实就好了呢？实际上，撰写专注促销的新媒体文案时作者需要掌握如图 5-16 所示的 5 点技巧。

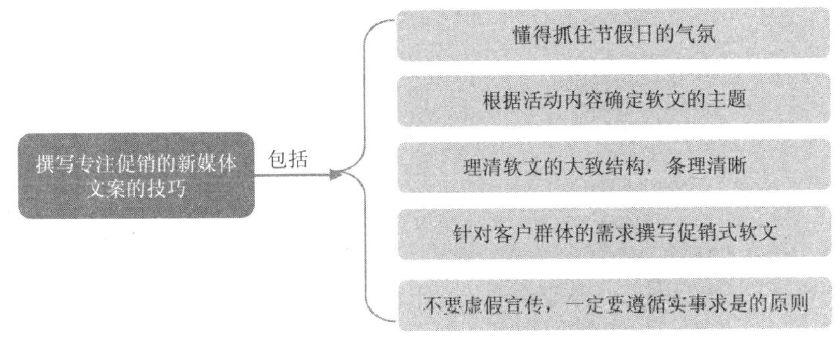

◆ 图 5-16　撰写专注促销的新媒体文案的技巧

专家提醒

除此之外，在撰写专注促销的新媒体文案时，还要注意两点：一是可以适当加入一些创意，二是要让读者感到自己赚到了、物超所值，并且通过适当加点时间限制的方式，促使有购物需求的读者产生紧迫感。

图 5-17 所示为专注促销的新媒体文案案例。

深入解读

图 5-17 所示为两篇专注促销的新媒体文案部分内容。

前者是通过图文内容介绍来推销精美手账，这种促销方式比较常见，它主要凭借文字向读者推荐品牌的特色、发展历程以及卖点等信息。该篇文案完全围绕产品全面展开，为读者提供了比较准确的购物指导，从而进一步引发其购买欲望。

后者与前者不同的是，它在产品或活动的图片上搭配了促销标签——以“圣诞节”为中心，突出折扣、礼物等优惠。一般来说，有着促销标签的文案通常通过“攀比心理”“影响力效应”等因素来吸引受众的注意力。

◆ 图 5-17　两篇专注促销的新媒体文案部分内容

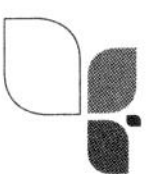

055 案例 4：放送广告，引导读者来消费

放送广告的新媒体文案是软文中广告性质较浓厚的一种，一般由专门的撰稿人负责组织撰写。它的特征在于：投入资金少、吸引消费者目光、增强产品销售力以及提高产品美誉度。

这种放送广告的新媒体文案能够通过自身的魅力和特点，大力吸引读者的注意，从而进一步引导其产生购买行为。

一般来说，放送广告的新媒体文案除了发布在各大权威的网站上，还会发布在报刊上。很多企业经常会把优秀的广告文案投放在报纸上，但是在投放时需要遵守如图 5-18 所示的 3 点原则。

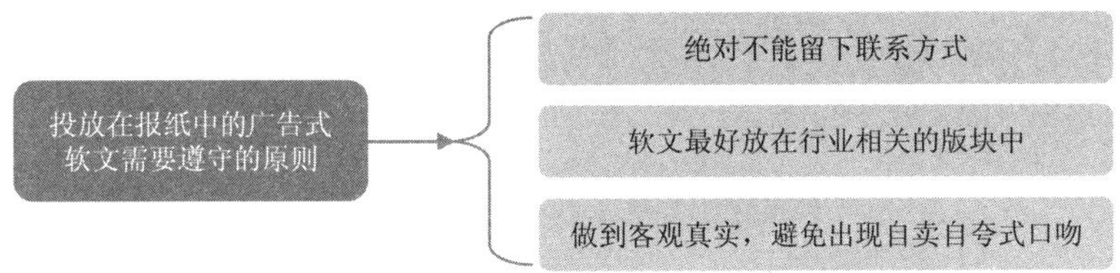

◆ 图 5-18　投放在报纸中的广告式软文需要遵守的原则

在写作技巧这方面，选择一个个点还是一大段的文章，要根据作者的文字功底而定。若是文笔欠佳，推荐采用前一种方式写出产品卖点。放送广告的新媒体文案的主要任务是引起读者内心购买的冲动，所以最后一段需要再次强调商品特有的销售点、价格优势或者赠品。那么，在撰写放送广告的新媒体文案时，究竟应该怎么做呢？下面详细介绍 6 点技巧，如图 5-19 所示。

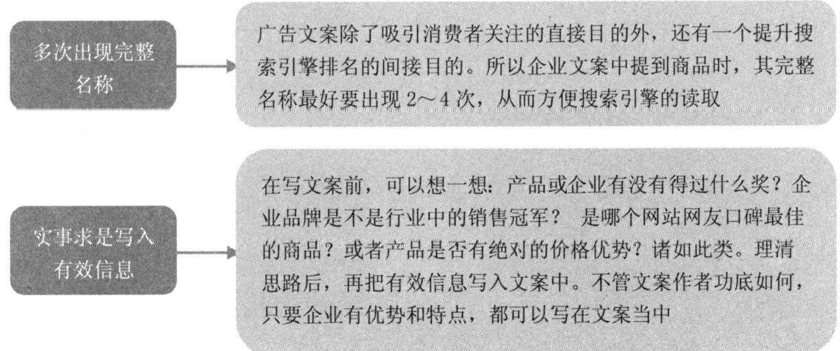

◆ 图 5-19　撰写放送广告的新媒体文案技巧解读

注意图文并茂	放送广告的新媒体文案的要点在于吸引读者的视线，将之转化为顾客。因此，相比较于令人头疼的大段文字，图文并茂的效果反而更好。在文案中配上一两张形象的图片，加上到位的图片描述，阅读量会远远高于纯文字式文案
描述要注意谨慎细致	撰写产品广告文案时，描述要谨慎细致，要让文案内容等同于建立一个销售页面数据库，也等同录了一段推销该商品的视频。这样才能为企业吸引数百流量，且有助于产品的销售
要根据时机选择不同版本	电商包含上架前、新品上市过程中、商品热销中、热度退去时以及清仓甩卖时等不同阶段。不同时期，可以撰写不同的文案。这些差异化的文案，有利于营造卖场销售氛围，优化商品的销售结果，还能防止观众产生审美疲劳
巧妙利用精彩话术进行推荐	放送广告的新媒体文案可以通过优秀文案和其中的精彩话术进行引导和推荐，让读者把消费目标转移到文案最想要销售的商品上，而非读者想要买的商品。如果文案写得好，达到这样的效果也不再是空想

◆ 图 5-19　撰写放送广告的新媒体文案技巧解读（续）

图 5-20 所示为放送广告的新媒体文案案例。

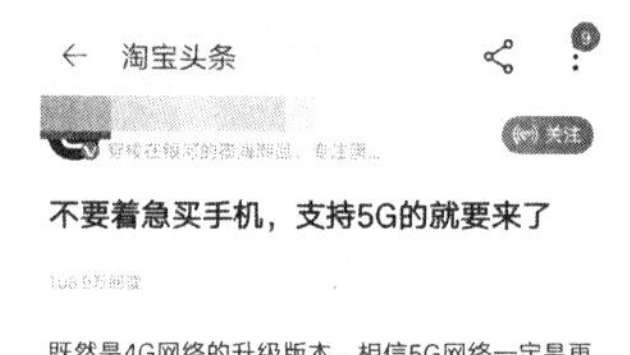

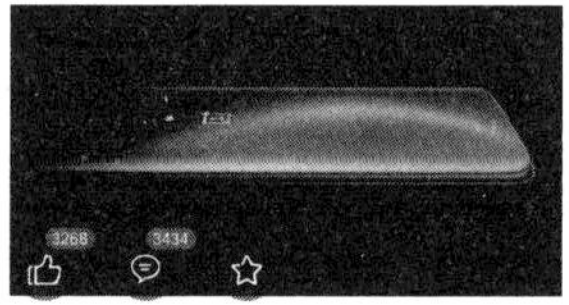

◆ 图 5-20　放送广告的新媒体文案案例

深入解读

图 5-20 所示为一篇放送广告的新媒体文案。这篇文案的特色比较明显，一是文案图文并茂，并注意突出重点，即“支持 5G 的手机”；二是叙述的都是比较实际的消息，为读者带来了相应的参考，吸引读者对其产生注意，为后续的宣传和营销做好铺垫。

056 案例 5：病毒传播，影响力不断扩大

我们处于一个信息大爆炸的时代，每个人每天接触的信息不计其数，这其中能被记住的信息寥寥无几，广泛传播的信息更是少之又少。那么，究竟哪些内容或者哪些字眼可以引起网友的注意呢？

打造病毒式文案的关键是迅速找到制造病毒的方法，一篇病毒式文案产生的营销效果往往是不可估量的，因为它往往能够传播得比较广泛，让更多的潜在消费者接触和阅读。

那么，在打造病毒式文案的过程中， 应该如何找到那些比较实用的“病毒制造”的文案引爆点呢？下面详细介绍 5 个打造病毒式文案的实用技巧，具体内容如图 5-21 所示。

同时，在打造和发布病毒式文案的过程中，还可以与各种不同形式的活动相结合，从而进一步引爆病毒式文案的关键点。此外，还可以通过发挥大众的媒体力量来继续扩大病毒式文案的传播范围。

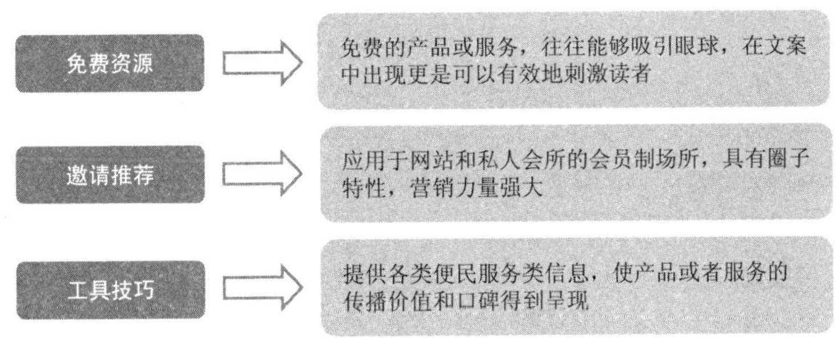

◆ 图 5-21　打造病毒式软文的技巧

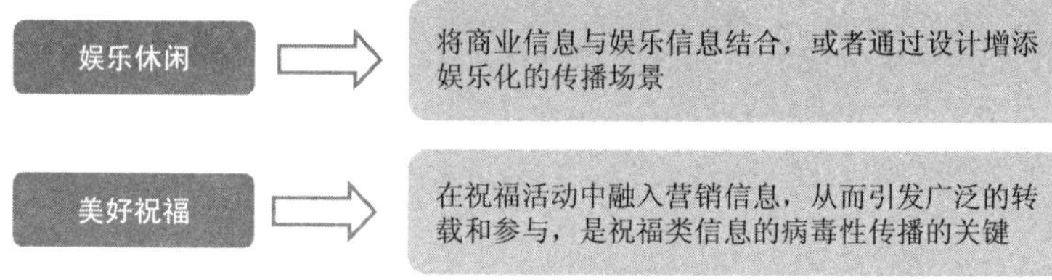

◆ 图 5-21　打造病毒式软文的技巧（续）

图 5-22 所示为制造病毒传播引爆点的新媒体文案案例。

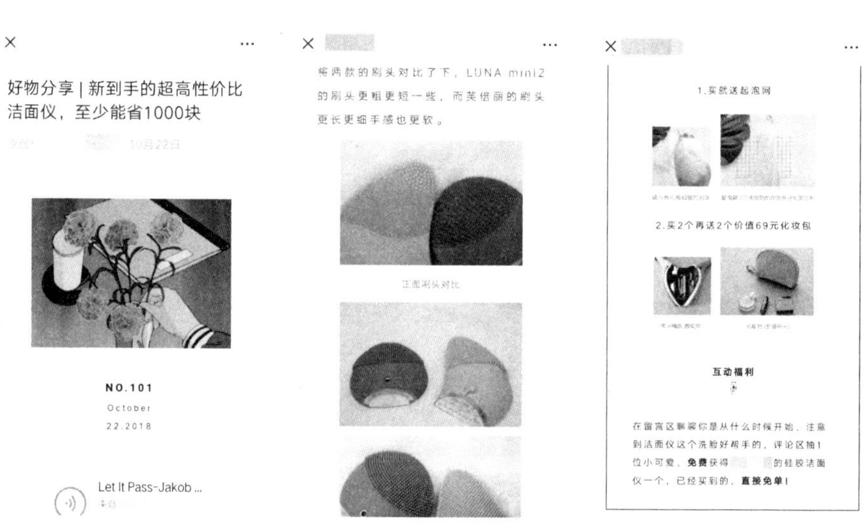

◆ 图 5-22　制造病毒传播引爆点的新媒体文案案例

深入解读

图 5-22 所示为一篇制造病毒传播引爆点的新媒体文案。它之所以能够突出成为呈病毒式传播的文案，一方面是因为在文案当中加入了优惠价、赠品甚至直接免单等具有实际利益的信息；另一方面因为它提供的商品确实具有优势。这类文案之所以能够广泛地传播开来，是出于多方面的原因。当然，有时候因为一两个原因也可以呈病毒式传播，主要是看有没有找到引爆点。

057 案例 6：给出创意，让热点焕发活力

随着科技的不断进步，人们开始追求有趣的、好玩的以及没见过的事物，希望每天都有不同的创意能围绕在身旁，那样人们才不会觉得生活枯燥、单调以及乏味。如果撰写出让人们感到惊喜的创意文案，那么就很有可能吸引更多的读者和粉丝，使得文案中推销的产品和服务大卖。

图 5-23 所示为具有创意的新媒体文案案例。

◆ 图 5-23　具有创意的新媒体文案案例

深入解读

图 5-23 所示为江小白的新媒体创意广告文案。简单的文字，走心的图片，搭配起来十分惹人注目。这样的广告文案不仅在视觉效果上为受众带来了美的享受，而且还戳中了不少受众的痛点，引发了广大人群的情感共鸣。同时，图中展示的新媒体广告文案也体现了江小白文案一贯的特色——清新的画风、富有深意的句子以及简洁的画面，而这些又恰是江小白文案的创意所在。

058 案例 7：连环悬念，持续吸引关注力

悬念式新媒体文案，顾名思义，就是通过设置悬念来引起读者的注意。首先是提前设置好问题，让读者自行猜测、关注以及讨论，然后等到时机成熟再抛出答案，它属于自问自答式。

悬念式文案的思维优势十分明显，但很多人仍然没有掌握写作技巧，认为它不好写。那么，究竟要怎样才能写出一篇打动人心的悬念式文案呢？笔者认为，掌握如图 5-24 所示的 6 点技巧即可。

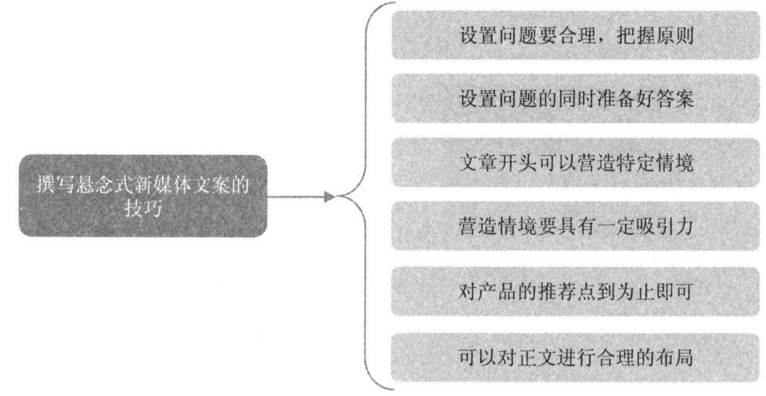

◆ 图 5-24　撰写悬念式新媒体文案的技巧

悬念式新媒体文案不仅可以有效吸引读者的注意力，提升文案的浏览量和提高文案阅读的完整度，而且还可以趁势推销相应的产品，在帮助读者解决问题的同时获得收益，两全其美。

专家提醒

在这个快消费时代，充满耐心的阅读已经不常见了，尤其是阅读广告。悬念式文案的好处在于成功利用读者的好奇心理，戳中痛点。如果想把一篇悬念式文案打造成功，就要学会提炼一到两个关键点，一点一点地给出关键信息，让读者去猜测，最后给出答案。

悬念式软文在各种各样的场景都会出现，不管是主打内容运营的微信公众平台，还是致力于销售商品的淘宝头条，都会应用到悬念式文案这种形式。图 5-25 所示为悬念式新媒体文案案例。

◆ 图 5-25　悬念式新媒体文案案例

深入解读

图 5-25 所示的悬念式的新媒体文案，首先在标题上利用“这些机型”设置了悬念，勾起读者的好奇心，就会点进文章进行查看。在阅读文案的过程中，读者就会发现，作者会一步一步地给出答案，同时向读者推荐一些商品，促使读者产生购买的欲望。

059　案例 8：假意恐吓，反向引起注意力

假意恐吓、警告等方式通过被用到反情感式的新媒体文案中。相较于比较正面、乐观的情感式文案，反情感式文案则完全相反，其表达形式一般都是“一天睡不好，等于三天衰老”以及“天啊，骨质增生害死人！”等类型，以警告的形式引起读者的注意。

那么，反情感式的新媒体文案一般是怎么打造的呢？在撰写该类文案的时候

又应该注意哪些问题呢？下面一一来讲述。

首先是反情感式的新媒体文案的写作技巧。一般来说，反情感式文案撰写并不是特别容易，需要作者从 3 个方面去构思和撰写，如图 5-26 所示。

在撰写反情感式文案的过程中，作者不能一味追求效果而忽略其中的细节。那么，我们应该注意哪些问题呢？笔者将其总结为如图 5-27 所示的 3 点。

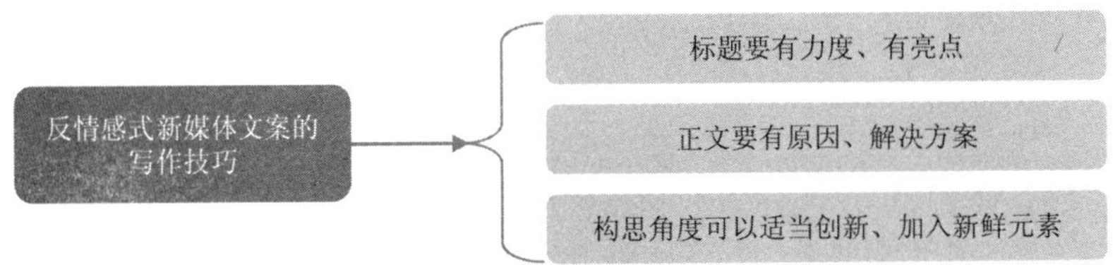

◆ 图 5-26 反情感式新媒体文案的写作技巧

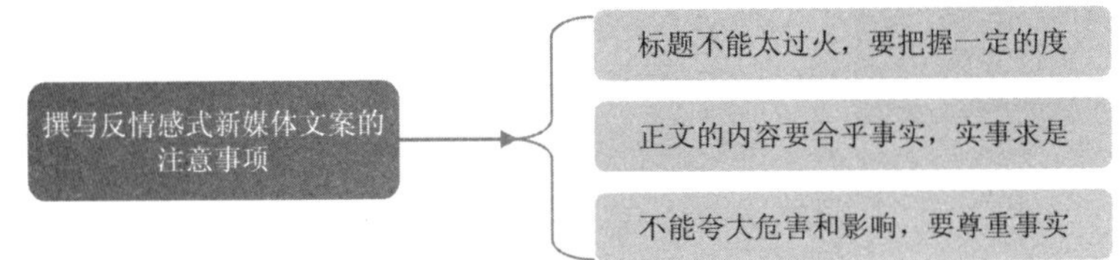

◆ 图 5-27 撰写反情感式新媒体文案的注意事项

图 5-28 所示为反情感式的新媒体文案案例。

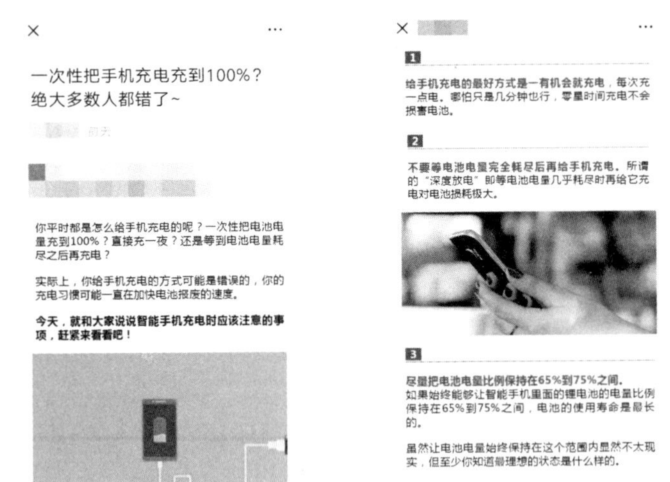

◆ 图 5-28 反情感式的新媒体文案案例

深入解读

图 5-28 所示的新媒体文案是一篇反情感式文案，从这篇文案可以看出，一般标题都会比较夸张，如“绝大多数人都错了”，这显然就有点夸张的成分在里面。而正文一般就会循序渐进，提到有哪些比较危险的情况，为何会出现如此严重的情况，应该如何解决。这就是反情感式软文的大致套路。

060 案例 9：逆向思维，反其道而行之

逆向思维的新媒体文案，就是在构思时，让大脑朝着正常思维的对立面思考，从不同的思维角度进行较为深刻的挖掘，从而找到新的突破点。

逆向思维，实际上就是换个角度看事物，不同的角度看法不一样，写出来的文案自然也会拥有截然不同的风格。那么，在撰写这样的文案时，应该怎么做呢？笔者将其技巧总结为如图 5-29 所示的 3 点。

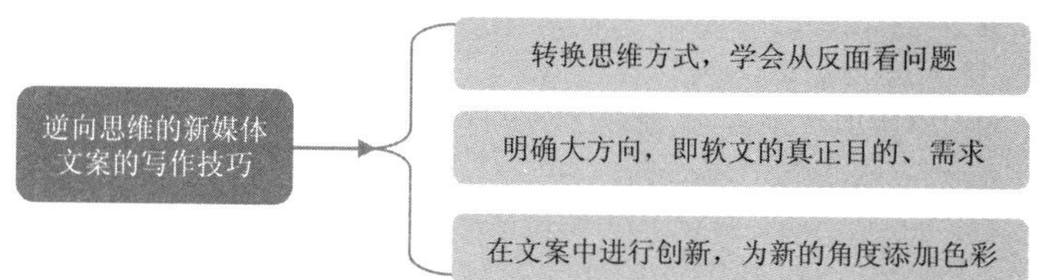

◆ 图 5-29　逆向思维的新媒体文案的写作技巧

专家提醒

怎样才算是“反其道而行之”呢？

就拿照相来说，一般人们喜欢在摄影师按下快门之前，为了让摄影师把自己拍得美美的，就把眼睛睁得很大，可由于拍照时，人们往往在等摄影师喊：“一！二！三！”坚持了半天之后，恰巧在“三”字上坚持不住了，而闭上眼睛，导致出现不能一次成品的情况。

所以一个英国伦敦的摄影师换了一个思路。他请照相的人们先闭上眼，听他的口令，同样是喊：“一！二！三！”，但在“三”

字上一齐睁眼。结果，一次成品照片冲洗出来一看，一个闭眼的也没有，全都显得神采奕奕，比本人平时更精神。

因此，逆向思维就是不走寻常路，给读者呈现与众不同的文案内容，带给读者非同一般的阅读体验。

图 5–30 所示为逆向思维的新媒体文案案例。

深入解读

图5–30所示的逆向思维的新媒体文案，从标题到正文都是如此。一般来说，文案会从正面的角度说“怎么敷面膜才能效果更好”，但这篇文案反其道而行之，从相反的角度说“敷面膜时不应该做这些事，不然可能你白敷了”，实际上也可以达到同样的效果。同时在正文中也不是通过教大家不要怎么做来撰写的，而是针对一些不合适的敷面膜场景进行分析，基于逆向思维的角度告诉人们那样做是不对的。

◆ 图 5–30　逆向思维的新媒体文案案例

061 误区：4 个方面要进行重点关注

对于新媒体文案作者而言，文案是向用户推广和营销的产品，是需要在推广效果和用户体验上进行重点关注的。这就需要在4个方面多加注意，具体内容如下。

1. 内容借鉴

新媒体人想要让文案获取更高的点击量、阅读量和分享数，其文案内容的打造应该注意避开两大雷区，才能得到大幅提升，具体分析如图 5-31 所示。

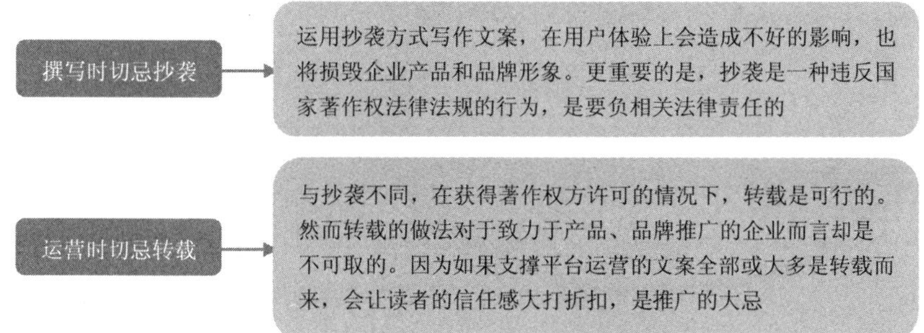

◆ 图 5-31　新媒体文案内容借鉴的两大雷区

2. 篇幅长短

在文案写作中，篇幅是一个需要重点注意的问题。因为随着时代的变化，人们越来越没有耐心去完整地读完一篇很长的文章了。因此，在文案的篇幅上，要尽量进行精简，不能太长，要控制在读者耐心能够承受的范围之内。

从这一方面来说，要怎样才能避免传统的力求翔实的文案写作误区和提升文案推广效果呢？尤其是一些需要长篇幅文案才能论述清楚的问题，将从何着手？关于其解决方法，文案作者可试着从两个方面着手，具体如图 5-32 所示。

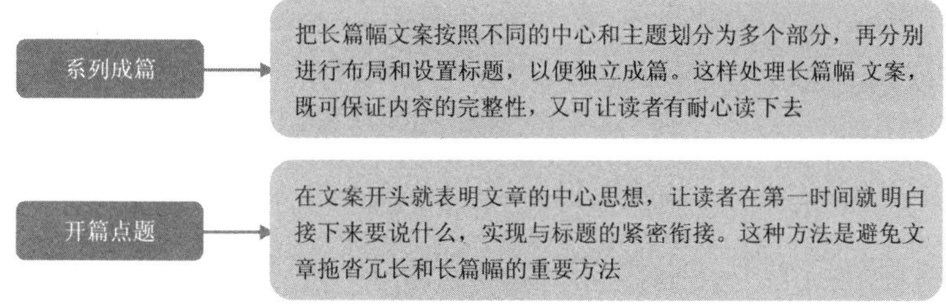

◆ 图 5-32　长篇幅新媒体文案的解决办法

3．宣传广告

有的人可能会认为，新媒体文案的作用就在于进行产品和品牌的宣传和推广。因此，有必要在文案内容中加入更多的有关产品或品牌的宣传广告，这样才能达到宣传的目的。

其实这种想法存在认识上的误区，即文案确实是需要广告和具有广告的效益，但并不是越多越好，而是在利用文案做宣传时应该把广告与内容完美地结合起来，否则，一篇满是广告气息的文案还不如直接以广告的形式来宣传产品的效果好。关于新媒体文案和广告的关系处理，主要应该注意两个方面，具体内容如图5-33所示。

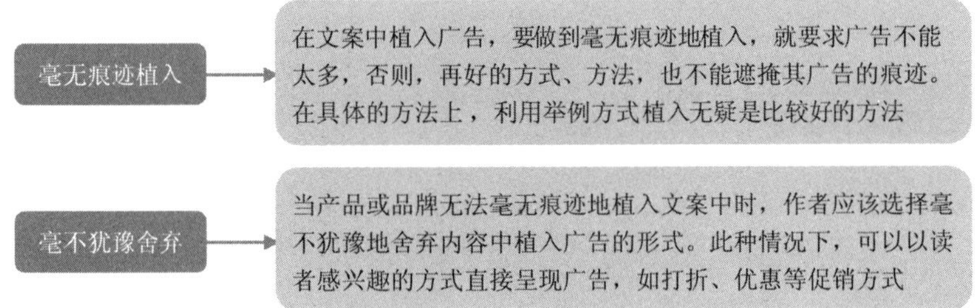

◆ 图5-33　新媒体文案与广告关系处理要注意的问题

4．文本版式

读者在新媒体平台上看到的表现形式精美的文案都是经过编辑排版处理的，否则，即使文案内容写得再好、再有价值，读者也会对其不屑一顾。可见，排版这一看似不重要的后台工作是有着非常重要的作用的。

对于文案而言，排版是提升其档次和品质的非常重要的步骤，而认为其可有可无的运营者和作者是在不知不觉中走入了认识误区的。基于排版认识不足而出现的各种问题是影响新媒体推广和读者阅读的重要原因。可以说，在排版方面存在问题的平台文案能产生诸多不好的影响，如图5-34所示。

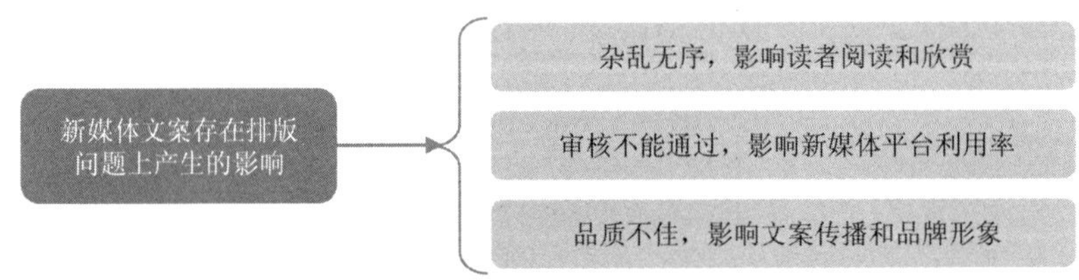

◆ 图5-34　微信公众号软文存在排版问题上产生的影响分析

在新媒体平台上，作者如果想要获取更精美的文案排版呈现形式，可以借助第三方编辑器进行排版处理，以便在文案的排版方面有充分的质量保证。

第6章 这样来配图排版，提升版式视觉审美，增强阅读点赞率

学前提示

在新媒体时代，在快餐文化下，视觉体验变得非常重要。因此，新媒体文案作者要想提升文案的点赞率，有必要在视觉方面下功夫。也就是说，需要注意文案的配图和排版。这样才能一眼吸睛，形成非常有力的引流力量。

要点展示

- 图片要求，美观才能增加观赏性
- 品牌头像，高度清晰是要点
- 水印图片，专属标签的特权
- 栏目分类，视觉习惯要符合
- 文字排版，4 大要素要注意

062 图片要求，美观才能增加观赏性

在进行新媒体文案创作时，图片美观是一个非常关键的要求，作者可以通过适当的图文组合与色彩搭配来修饰新媒体页面，增加文案的观赏性，为用户带来更好的视觉感受。

图 6-1 所示为加入了美观的图片的新媒体文案案例。

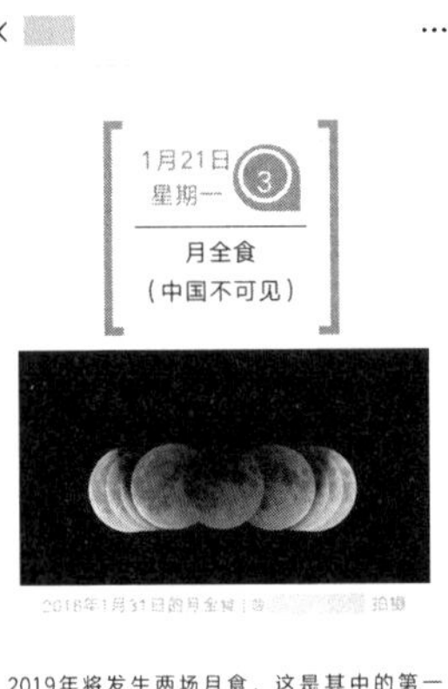

◆ 图 6-1　加入了美观的图片的新媒体文案案例

深入解读

图 6-1 所示的新媒体文案是关于月全食、日偏食、流星雨等天象奇观的，重点介绍了 2018 年已经过去了的天象和 2019 年将要经历的天象，提醒读者不要错过。在该篇文案中，作者在每一个天象奇观下都搭配了与之相关的非常美观的图，这样既能让读者了解天象奇观的情况和特点，又能提升文案的观赏性和可读性。

063 图片实用，成为不可替代的存在

在新媒体文案中，图片除了要具有美观性外，还必须具备一定的实用性，要不然就成为一个“花架子”，用户只会把它当成可有可无的一张图片而已。图片的实用性主要体现在以下几个方面，如图 6-2 所示。

在文案创作的配图过程中，作者一定要把握好实用性的要点，避免出现虚有其表的情况，那样是非常容易让读者留下不专业或利用图片凑内容的印象，从而很难打造出优质内容和留住读者。

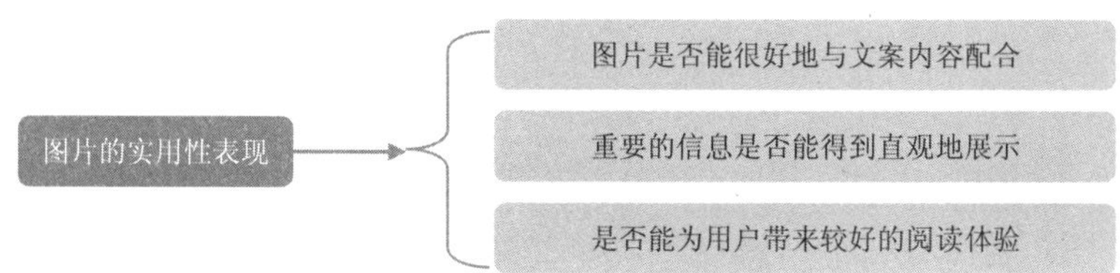

◆ 图 6-2　图片的实用性表现

图 6-3 所示为加入了实用性图片的新媒体文案案例。

◆ 图 6-3　加入了实用性图片的新媒体文案案例

深入解读

图 6-3 所示的新媒体文案是关于水果菜的——该文案以“百香果焖鸭腿”为例，介绍了一种水果菜的做法。在图 6-3 中，前者展示了该菜品的效果图和原料，后者在该菜品的做法的文字说明下，还搭配了相关动图，从而为读者提供了更加直观的信息说明。可见在实用性方面，这些图片都是非常重要的，不可缺少。

064 图片美观，保证高品质才能呈现

在新媒体文案的配图中，图片的品质与分辨率有很大的关系。较高的分辨率可以让图片显得更加清晰、精美，能体现出图片的内在质感；当然，图片如果非常模糊，品质较差，那么肯定会影响用户的视觉欣赏体验，降低用户对文案的好感度。图 6-4 所示为图片清晰的新媒体文案案例。

1

大家好，我是构图君。

2018年只有最后三天了，你还有什么理想要去实现吗？

等你今天看到这组最近的作品**《蝴恋花》**时，我人已离开长沙。

此刻应该在云南海拔最高的湖泊——泸沽湖，拿着相机在游荡。

× 手机摄影构图大全 ···

我是一个追梦者，我给自己写了一个梦想清单，上面罗列了今生想做的100件事，我会一件一件去做到，将梦想变成现实。比如说将坐骑换为宝马，比如今年要爬山50次（已爬45次）。

——你的人生梦想清单列出多少了？实现得怎么样了？

如果在2018的阳历时间内没有完成，那抓紧吧，阴历还有一个多月，赶紧安排时间，去一一实现吧，能实现多少便是多少，总比没有实现强！

◆ 图 6-4　图片清晰的新媒体文案案例

深入解读

图 6-4 所示的新媒体文案是关于一组名为《蝶恋花》的摄影作品。其图片中需要清晰展示的前景部分，其清晰度和分辨率之高显而易见——无论是蝴蝶还是花朵，其物体上的纹路和色彩变化都展示了出来，读者可以更加清晰、全面地观赏到“蝶”与“花”。

065 图片基调，体现新媒体运营情怀

图片能够向读者传递一个新媒体平台的情怀，这类平台只用图片就可以胜过千言万语，能够让读者感受到其中隐藏的情怀。图 6-5 所示为图片体现了新媒体账号隐藏的情怀的新媒体文案。

深入解读

图 6-5 所示的新媒体文案是关于油画创作中橙色运用的作用、效果和作品展示。这一整篇文案，除了文字表达外，大部分内容都是油画图片，但它能表达该文案的高雅情怀。

× ···

混合橙色可用淡镉黄、柠檬黄、镉红、玫瑰红。在混合物中加入白色，会产生浅橙色、金色。

× ···

橙色也可以通过加入紫罗兰、深蓝色等温暖蓝色而变暗。

橙色可通过与蓝色或绿色等冷色并置，而显得更亮。

在橙色的运用上，要大胆，可能会带来不一样的画面效果！！

◆ 图 6-5　图片体现了新媒体账号隐藏的情怀的新媒体文案

066 图片植入，品牌信息传播要巧妙

相比纯文字的信息，图片加文字的方式更加受到用户群的欢迎。通过加入图片来进行表达或者描述品牌，会更容易收到效果。在新媒体平台上，商家可通过加入图片来进行表达或者描述品牌，会收到不错的效果。

商家发产品图片时，可以配上一篇相应的广告文案，放入新媒体平台的推送信息中。因为这种广告是软性的，能够在潜移默化中将产品信息植入读者的眼中、脑中，从而让读者对产品拥有一定的认知，软性的广告植入会比直接用纯文字打广告更容易让读者接受。

图 6-6 所示为通过图片巧妙植入产品的新媒体文案案例

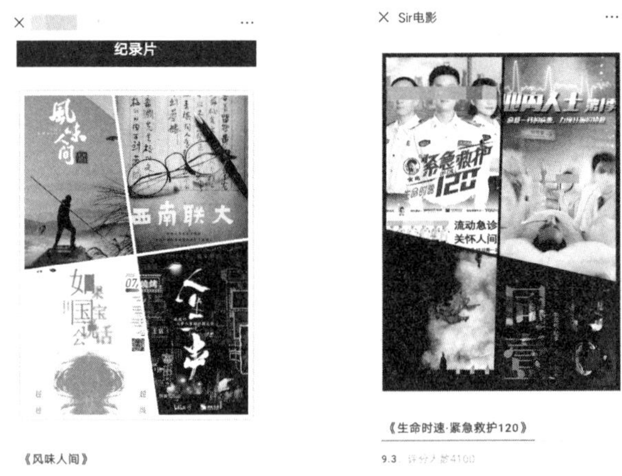

◆ 图 6-6　通过图片巧妙植入产品的新媒体文案案例

深入解读

图 6-6 所示的新媒体文案是关于影视剧的，它从影视剧评论的角度出发，通过图片和文字结合的形式软性植入产品——不同国家和地区、不同类型的 130 多部评分达 8 分的影视剧。这样写来，文案内容中的产品植入既不会显得非常生硬，又能提升读者的阅读体验。

067 图片感受，要让读者感觉真实

新媒体平台在发布文案的时候，配上图片能够给读者最直观的视觉感受，增强真实感。企业在新媒体平台上推送产品广告的文章时，配上图片是进行产品推广最为有效的方法，如果平台推送的产品广告文章中能配上购买者对产品的使用感受图或者效果图，那是再好不过了。

因为大部分人都愿意相信自己所看见的，有时候商家说再多产品的好，也抵不过买家的一句使用感受。

图 6-7 所示为“手机摄影构图大全”公众号利用图片增强真实感的新媒体文案案例。

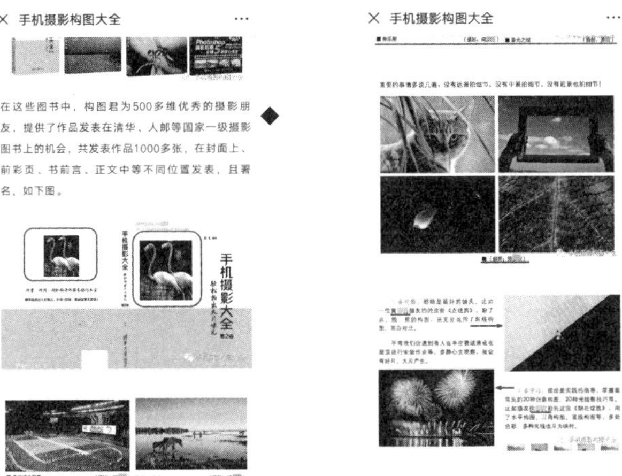

◆ 图 6-7　“手机摄影构图大全”公众号中利用图片增强真实感的新媒体文案案例

深入解读

图 6-7 所示的新媒体文案是关于摄影征稿的。该文案为了增强真实感，在用文字说明摄影征稿和出版署名的同时，还利用图片的形式一一展现了书中投稿的摄友署名可能出现的位置，这样能在很大程度上取信于读者。

068　品牌头像，高度清晰是要点

说起新媒体运营中账号的头像，那是非常重要的一个标志，一个优秀、夺人眼球的头像能够胜过千言万语，它能给读者带来视觉上的冲击，达到文字所不能实现的效果，也能为文案引来千万阅读流量。

一般说来，一些主观的设计、思想等之所以存在，就在于它具有某方面的作用和价值。关于其头像设计的作用，主要包含两个方面，一是能吸引读者的注意力，二是具有扩大传播品牌的作用，其最终目的都在于为平台引入更多的人流。

从头像设计的作用出发可知，新媒体人和企业都必须要重视品牌头像的设计。那么，什么样的头像能帮助运营者吸引到更多的读者粉丝呢？在笔者看来，好的头像应该具备 3 个特点，即清晰、辨识度高和适合新媒体平台。

那么，我们应该如何达到这些头像设计的标准呢？清晰的图片、辨识度高的图片又应该去哪儿找呢？笔者将为大家一一介绍。

要想采用清晰的图片作为头像，这一点其实不是很难，只要保证图片是原图就行。而辨识度高则要依赖于设计者的能力了。自媒体人和企业的头像主要来自两大途径，一是原创，一是借用。笔者想提供几个好用安全的图片网站，帮助大家积累头像素材，如图 6-8 所示。

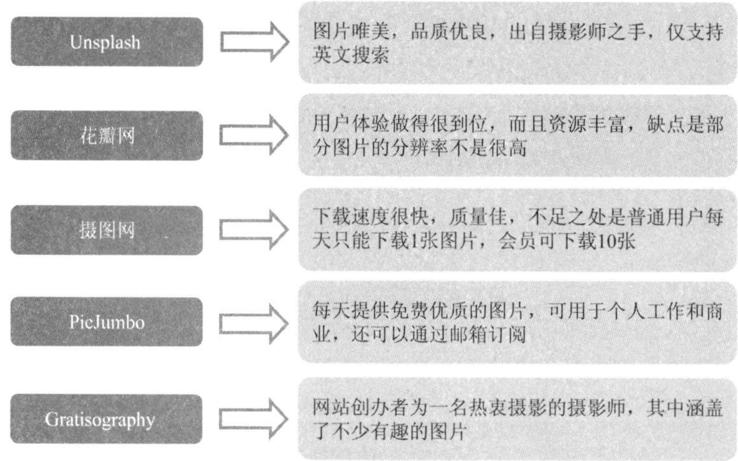

◆ 图 6-8　好用安全的图片网站

在这些图片网站不仅可以选取自己喜欢的图片作为头像，还可以从中挑选合适的图片插入文章中当作配图，可以说是一种资源，多种利用。

如果是企业为了销售产品或者宣传品牌理念，那么其新媒体账号头像的设置又另有技巧，具体如图 6-9 所示。

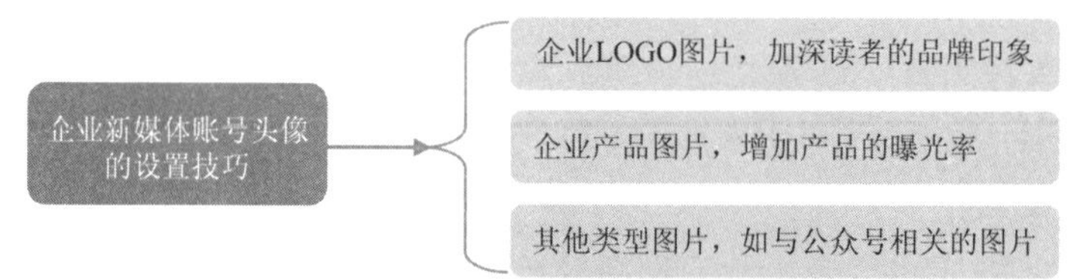

◆ 图 6-9　企业新媒体账号头像的设置技巧

图 6-10 所示为两个微信公众号的头像案例。

◆ 图 6-10　两个微信公众号的头像案例

深入解读

图 6-10 中的公众号头像，“创业邦”采用的是“名称 + 英文字母”的字样作为头像，“华为”则是采用“企业 LOGO 图片 + 拼音”的方式打造头像。这两个微信公众号在头像设置方面，都能让读者一眼就能在众多微信公众号中扫到它。

069 文案封面，夺人眼球是关键

文案封面设置的好坏会影响读者点击阅读的概率。漂亮、清晰的封面能瞬间吸引读者的眼球，从而让读者有兴趣进一步阅读，在选取文案封面时还需要考虑的是图片的大小比例是否合适。比例适宜的封面，需要注意以下事项，具体如图 6-11 所示。

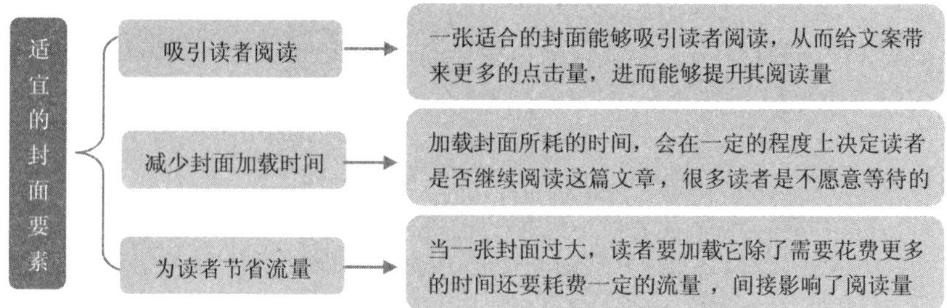

◆ 图 6-11　适宜的封面要素

在选择文章主图的时候，最好遵循 3 大原则，即高清、独特以及紧贴文章内容，只有这样才能为文章增光添彩。同时，这也是吸引读者眼球的绝佳方式之一。图 6-12 所示为一篇新媒体文案的封面图展示。

◆ 图 6-12　一篇新媒体文案的封面图展示

深入解读

图 6-12 中的新媒体文案封面图，展示的是一个比较大的场景，从视觉效果上来说明显是夺人眼球的。而从是否合适方面来看，封面中的图片关于光的处理可以说是非常巧妙的，这也贴合了其标题——“不会用光？这 8 个高招你必须掌握！”

 070　图片颜色，搭配和谐最重要

新媒体平台作者想要让自己的文案图片吸引读者的眼球，那么所选的图片的

颜色搭配就要合理。色彩搭配是一门学问，图片的颜色搭配也需要仔细研究。

图片的颜色搭配合适能够带给读者一种顺眼、耐看的感觉，从而提升其阅读体验，得到美的享受。对新媒体文案而言，一张图片的颜色搭配需要做到以下 3 点，具体如图 6-13 所示。

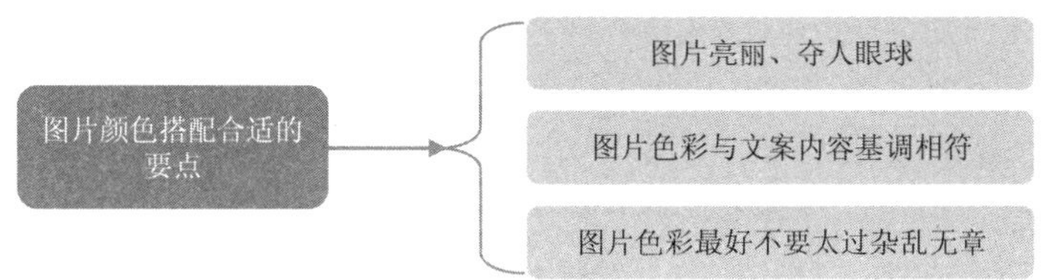

◆ 图 6-13　图片颜色搭配合适的要点

很多读者在阅读文案的时候都希望能有一个轻松、愉快的氛围，不愿在压抑的环境下阅读，而色彩明亮的图片就不会给读者一种压抑、沉闷的感觉。

至于图片颜色与文案内容基调是否相符，也是在图片的细节处理中需要注意的问题。新媒体平台上的文案图片处理也是如此。如果作者推送的内容是比较悲沉、严谨的，那就可以选择与内容相适应的颜色的图片，比如偏于深色系的图片。如果这个时候使用太过跳跃的颜色，就会破坏文案的整体效果。

一般来说，大多数作者都会根据自己的固有风格或者推送的文案内容来决定图片的配色，目的就是为了让读者记住自己，留下深刻的印象。图 6-14 所示为“十点读书”微信公众号推送的文案配图颜色搭配。

◆ 图 6-14　“十点读书”微信公众号推送的文案配图颜色搭配

深入解读

图 6-14 中的新媒体文案配图，从颜色上来看，都称不上非常亮丽夺目，它延续了“十点读书”一贯的配图风格，选择了舒适、比较文艺范儿的图片。这样的配图是符合其文案内容基调的。当然，该图片也注意了在颜色选择上避开杂乱无章的雷区。

071 图片尺寸，大小适宜且清楚

图片除了需要注意颜色的选择之外，还应该选择合适的尺寸。因为一张合格、优秀的图片，不仅要协调、柔和，而且还要看得清，且尺寸大小符合读者的预期。

“图片尺寸”实际上指的不仅仅是图片本身的尺寸（即像素），同时还代表着排版中的图片展示。软文中的图片在排版中的尺寸大小一般都被限制在了固定的范围之内，不可能做太大的调整。因此，为了保持图片的清晰度，就必须保证图片本身的尺寸大小，以提高图片的分辨率，这是保证图片高清的较好选择。

然而，图片高清显示的容量大小又与读者点击阅读软文信息时的体验息息相关。因此，在保持图片的高分辨率、不影响观看、顺利上传以及能够快速打开的情况下，怎样处理图片容量大小就成了一个十分关键的问题。关于这一问题，我们可以通过两种方法——QQ 截图和画图工具来解决。

072 图片容量，确保打开的速度

在选择图片容量的时候，作者并不是胡乱设置的，而是需要从不同的角度去考虑，具体如图 6-15 所示。

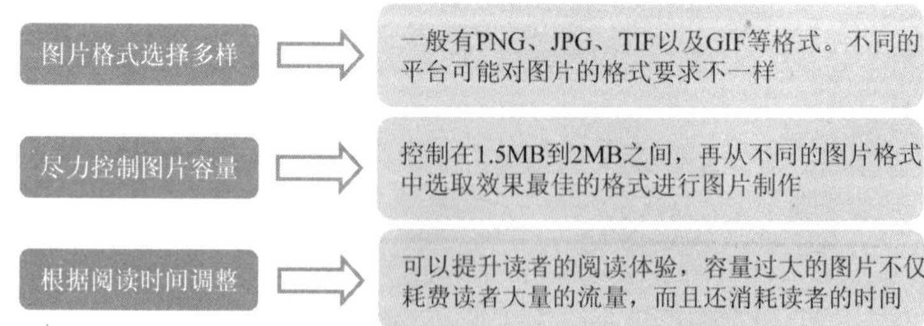

◆ 图 6-15　选择图片容量的考虑因素

例如，如果新媒体平台定位的读者一般习惯晚上 8、9 点阅读文案，而这个时间段人们基本上是待在家里的，可以使用 Wi-Fi 打开进行阅读。在这种情况下，既不用担心读者的流量耗费，也不用担心图片加载过慢，那么文案作者就可以适当地将图片的容量放大一些，给读者提供最清晰的图片，让读者拥有最好的阅读体验。

但是如果新媒体平台定位的读者大多是在早上 7、8 点阅读文案，那么读者使用手机流量上网的可能性就比较大，这时候如果推送文案的话，就需要将图片的容量控制在上面所说的 1.5MB 到 2MB 之间，为读者节省流量的同时也减少图片的加载时间。

图 6-16 所示为“手机摄影构图大全”微信公众号推送的新媒体文案案例。

◆ 图 6-16　“手机摄影构图大全”微信公众号推送的新媒体文案案例

深入解读

图 6-16 中的新媒体文案是由一个专门分享摄影技巧和经验的公众号推送的，其读者大多都是摄影爱好者，因此它的推送时间就选择了中午人们休息的时间。这时候读者大多应该是处于有无线网络的环境下，所以文章中也就置放了很多高清图片，以供读者欣赏、品味。

073 水印图片，专属标签的特权

要想新媒体平台的文案图片引爆读者的眼球，给图片打个标签也是一种有效的方法。以微信公众平台为例，给图片打标签就是给文案中的图片加上专属于该公众号的水印。

为什么要给图片加上专属的标签呢？一般来说，给图片加水印的目的有如图 6-17 所示的 3 种。

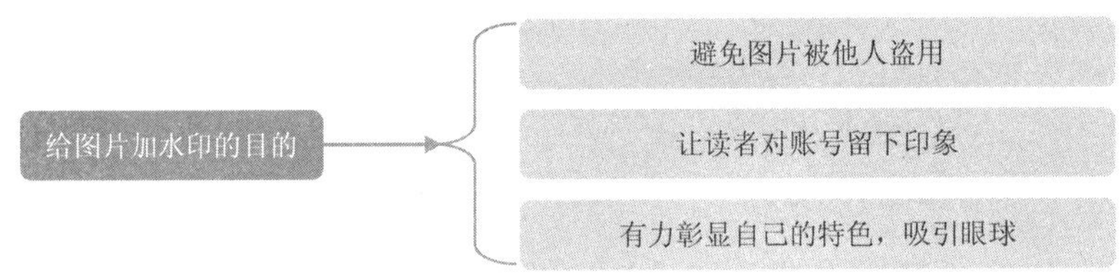

◆ 图 6-17　给图片加水印的目的

像今日头条、微信公众平台这一类的新媒体平台上发布的图片是可以加水印的，而简书、一点资讯则不可以，各个平台指定的规则不同。图 6-18 所示为“手机摄影构图大全”微信公众号推送的图片添加了水印的文案案例。

◆ 图 6-18　“手机摄影构图大全”微信公众号推送的图片添加了水印的文案案例

深入解读

从图 6-18 所示的文案中可以看到，其图片都是添加了水印的，添加的方式是使用微信公众号名称。这样的图片水印有利于提升读者对新媒体平台的认知，从而进一步深化自身新媒体账号在读者心中的印象。其实，在微信公众平台上为图片添加水印还可以采用“使用微信号”来完成，这样的话，即使改变了公众号名称也可让读者快速搜索到。

074 二维码，特殊图片惹人注目

在现实生活中，随处都可见二维码的身影，二维码营销已经成为一种很常见的营销方式。二维码对于新媒体平台来说也是一种可以吸引读者的图片，同时它也是新媒体平台的电子名片。

企业或者个人在运营自己的新媒体平台时，可以通过制作多种类型的二维码进行平台推广与宣传，以便吸引不同审美类型的读者。常见的二维码可以分为 5 种类型，即黑白、彩色、指纹、LOGO 和动态二维码。

既然二维码有这么多种类型，那么，要制作出属于自己的二维码，应该怎么办呢？随着二维码的不断普及，各种制作二维码的辅助工具也开始发展起来，下面笔者就给大家介绍几款好用的二维码生成器，让二维码制作不再是难题，如图 6-19 所示。

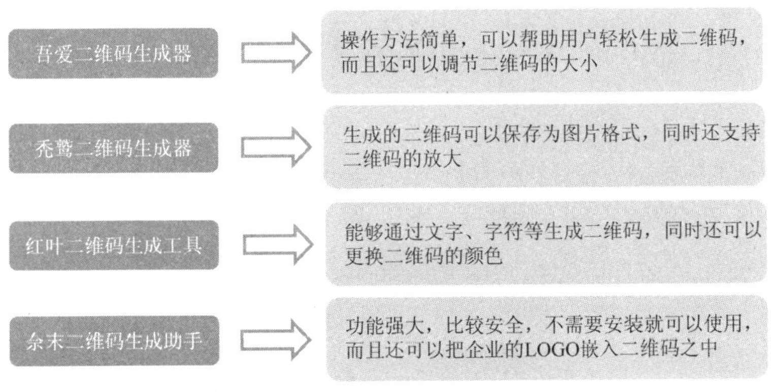

◆ 图 6-19　好用的二维码生成器

二维码随处可见，形式也是各有千秋。以微信公众号为例，为了吸引读者的注意，各大公众号各显其才。图 6-20 所示为两张不同类型的二维码图片展示。

◆ 图 6-20　两张不同类型的二维码展示

深入解读

图 6-20 中的两张二维码图片，前者是彩色二维码，后者是微信公众号 LOGO 二维码。在笔者看来，它们都是富有创意的二维码，在吸引读者关注和获得读者青睐方面明显更容易，并能有效增加文章的阅读量。

075 动图特效，活力十足助展示

很多文案作者在插入图片的时候都会采用 GIF 动图形式，这种动起来的图片确实能为新媒体平台吸引不少的读者。相对于传统的静态图，GIF 格式的图片更加动感立体，其表达能力也更强大。静态图片它只能定格某一瞬间，而一张动图则可以演示一个动作的整个过程，因此效果会更好。

作为一种独特的图片格式，GIF 的好处是显而易见的，无论是单独来看，还是作为文案中的插图，它都能带给读者不一样的阅读体验。那么，如果要在文案中插入动图，就不得不考虑 3 个方面的问题，具体内容如下。

首先，怎样获得动图素材。因为动图的制作不是一下子就能学会的，所以最好的办法就是去不同的渠道寻找动图素材。下面为大家介绍几个素材丰富的网站，以供借鉴和参考，如图 6-21 所示。

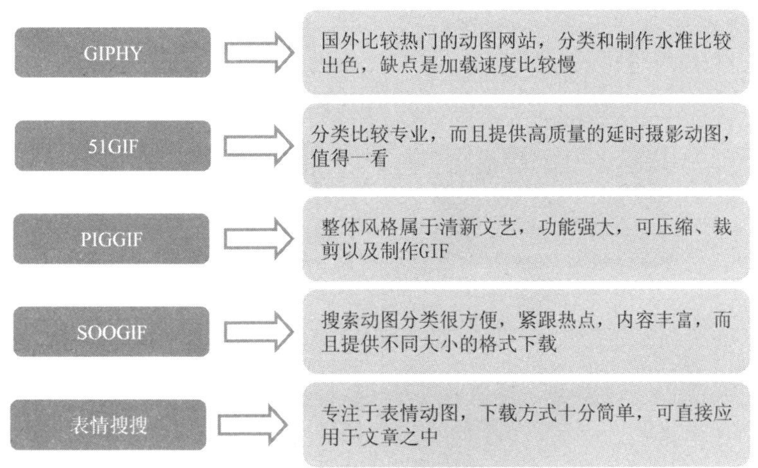

◆ 图 6-21　素材丰富的网站

其次，动图的类型要与文案的内容相匹配。一般来说，技巧类文案通常更需要动图的衬托和点缀，原因有两点：一是因为技巧类文案本身比较冗长，如果文字表达不是特别生动的话，很容易让读者失去阅读的兴趣，而动图的加入能够有效吸引读者的注意；二是因为技巧类文案在讲解知识时，往往会涉及某个用文字难以生动表达的情况，这个时候用一张动图来解释，难题就会迎刃而解。

最后，动图怎样恰当地融入文案之中。实际上这与第二点有着千丝万缕的联系。如何选择动图的类型和动图怎样和文案搭配，可以从内容和形式两大角度来解决，重点在于如图 6-22 所示的两个方面。

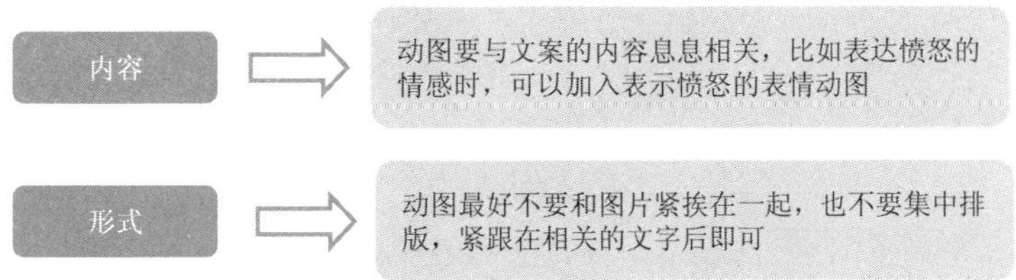

◆ 图 6-22　动图与文案结合的要点

图 6-23 所示为插入了动图的新媒体文案案例。

◆ 图 6-23　插入了动图的新媒体文案案例

深入解读

图 6-23 所示的新媒体文案，含有创意十足的动图。这篇文案的动图不仅变化多样，还能为文案内容助阵，制作的难度系数明显比一般的图文内容较高，但效果是显而易见的。

076　长图文，冲击力更加强大

除了动图，长图文也是为文案内容加分的一种形式，以图片加文字的漫画形式描述内容，其发布的文案阅读量都非常高，很多著名的品牌企业也经常运用这种方式来宣传和推广自己的新品。长图文的主要优势体现在如图 6-24 所示的 3 个方面。

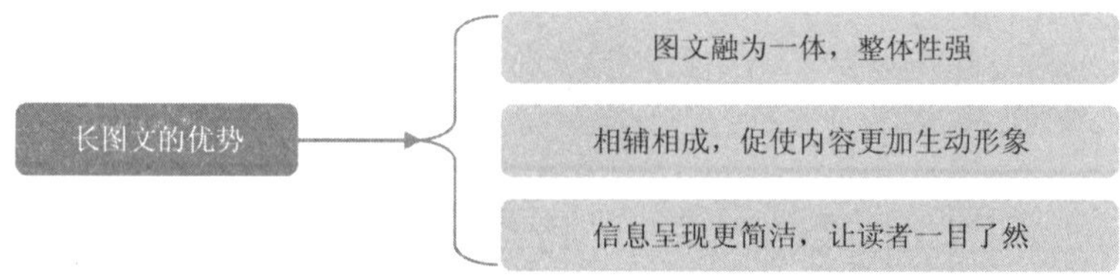

◆ 图 6-24　长图文的优势

既然长图文的效果这么好，那么我们应该怎么设计这种冲击力巨大的图片形式呢？长图文的设计有两种方法，一种是直接设计长图，另一种是先设计小图再拼接。直接设计长图比较复杂，还要用到 Photoshop 软件。因此相对而言，设计小图再借用工具进行拼接比较简单。

不过，值得庆幸的是，创客贴提供了制作信息长图的良好平台，既可以直接根据模版设计长图，又可以自己将小图进行拼接制成长图。

长图文的形式在新媒体平台上屡见不鲜，有的新媒体账号甚至将长图文当成了自己的固有模式和风格，并以此来吸引读者和粉丝。图 6-25 所示为采用长图文形式推送的新媒体文案案例。

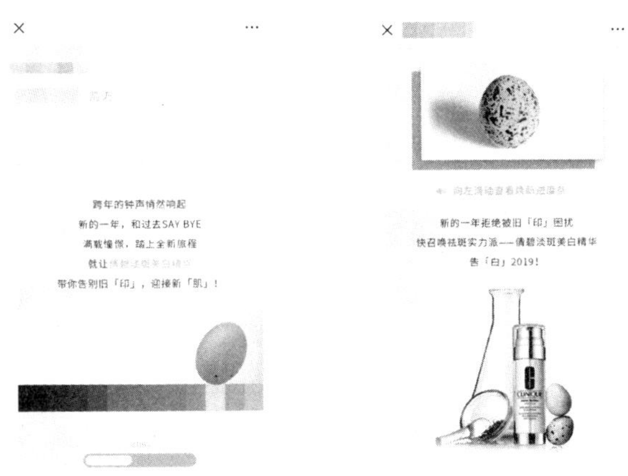

◆ 图 6-25　采用长图文形式推送的新媒体文案案例

深入解读

图 6-25 所示的新媒体文案采用的是长图文的形式。这样做不仅有利于推广企业新品，同时也吸引了不少读者的眼球，使得目标粉丝更加青睐该品牌，并持续支持该产品。

077 栏目分类，视觉习惯要符合

在新媒体平台上，企业或个人如果要进行平台运营，首先就需要对平台界面进行栏目设置，以便对发布的文案进行分类处理。其中，符合读者的视觉习惯就是新媒体站好栏目设置的重要要求。

视觉是人类获取信息、观察事物的能力，在视觉所及的范围内，人们利用视觉能力所察觉到的结果是极具选择性的。这是因为，在大脑意识的支配下，眼睛会根据已经形成的习惯对看到的事物和信息进行分类、筛选，最终形成视觉习惯。

在栏目设置上，同其他文本设置一样，要遵循一定的视觉习惯，这主要体现在两个方面，具体分析如图 6-26 所示。

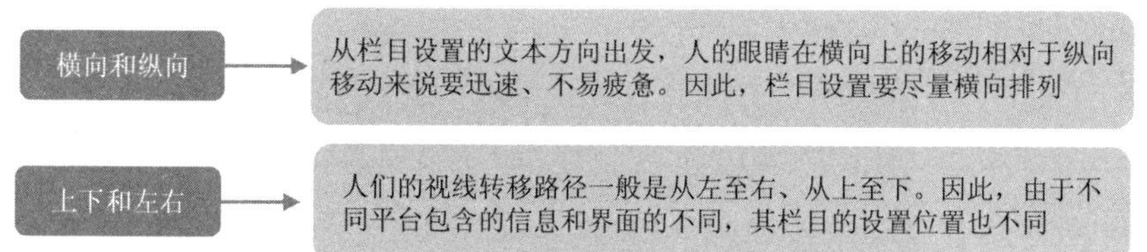

◆ 图 6-26　栏目设置遵循视觉习惯的相关分析

既然不同的平台包含着不同的信息，拥有的界面也有所区别。那么，具体来说应该如何设置栏目的位置呢？笔者将其设置技巧和经验总结为如图 6-27 所示的 3 点。

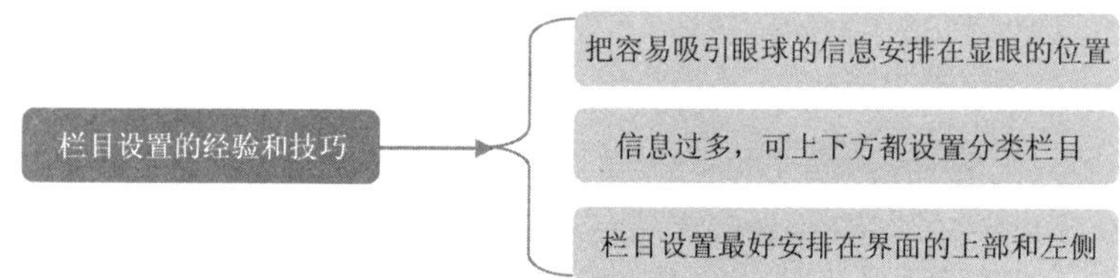

◆ 图 6-27　栏目设置的经验和技巧

图 6-28 所示为今日头条 APP 的栏目设置。

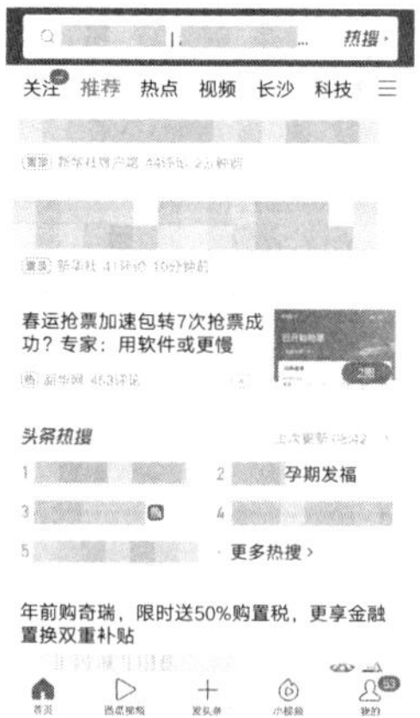

◆ 图 6-28　今日头条 APP 的栏目设置

深入解读

图 6-28 所示的今日头条 APP 栏目设置，是符合大多数用户的视觉习惯的，既是横向设置，同时又采用了上下设置分类栏目的方式来安排丰富的信息。值得一提的是，它的栏目设置都放在比较显眼的位置，即使内容繁杂但还是能够轻松抓住重点。

078 界面功能，方便用户的操作

至于界面功能的展示，则最好能够为用户带来便利，让他们学会如何使用这些功能，快速地找到自己需要的信息。那么，界面的功能又应该如何来设置呢？如何为读者带来舒适的使用体验呢？为了方便读者查看，界面功能的设置最好达到 3 大标准，即简洁性、有序性以及人性化，具体内容如图 6-29 所示。

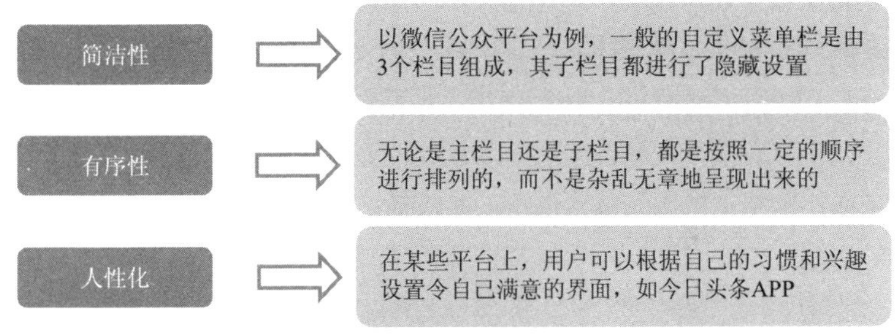

◆ 图 6-29　界面功能设置的 3 大标准

图 6-30 所示为“西贝莜面村”微信公众号的栏目设置。

深入解读

图 6-30 所示的“西贝莜面村”微信公众号栏目设置，就是为了向用户提供便利。首先它是横向设置，其次分类简洁，分别是“甄选商城”“门店”以及“会员卡”，而且简洁中又暗含秩序。最后，它的栏目设置有利于用户使用，不仅一目了然，而且提供了活动、福利、礼品卡等内容，对于引流和变现有着重要的促进作用。

◆ 图 6-30 “西贝莜面村”的栏目设置

079 项目设置，利于内容的安排

在新媒体平台上，项目设置的目的在于清楚、全面地呈现内容，以便进一步吸粉引流，获得众多读者的青睐和支持，从而推广自己的账号、产品以及品牌。要想将项目设置安排得合理且实用，就需要从两大角度来考虑，即“清楚”和“全面”，那么，这两点具体而言又是什么意思呢？如图 6-31 所示。

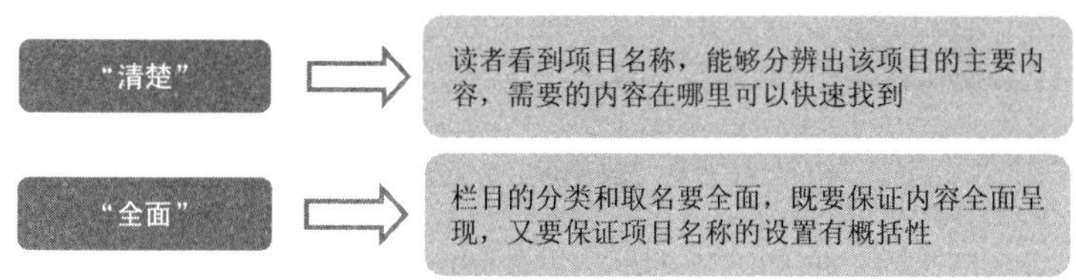

◆ 图 6-31 “清楚”和“全面”的含义

不难看出，“清楚”和“全面”只是项目设置上总体的要求，对于项目设置，还有更为具体和细化的要求，如图 6-32 所示。

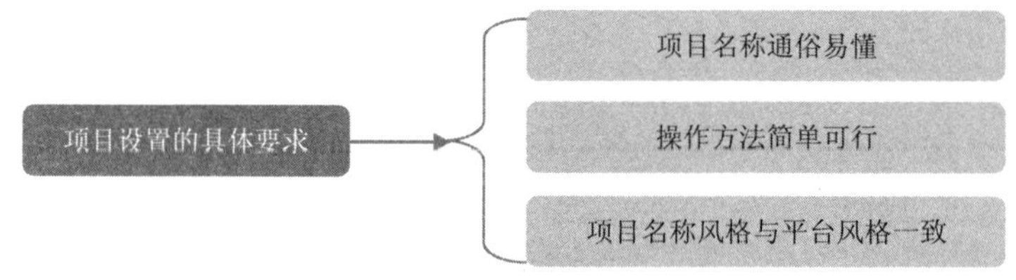

◆ 图 6-32 项目设置的具体要求

专家提醒

由于项目设置是为了更好地安排内容，吸引粉丝的注意，因此无论是内容上还是形式上都应该加入一些创新元素，给读者眼前一亮的感觉。如果只是一味地照本宣科、沿袭已有的方法，那么就很难引起注意，更谈不上吸粉引流了。

图 6-33 所示为“年糕妈妈”微信公众号富有特色的项目设置。

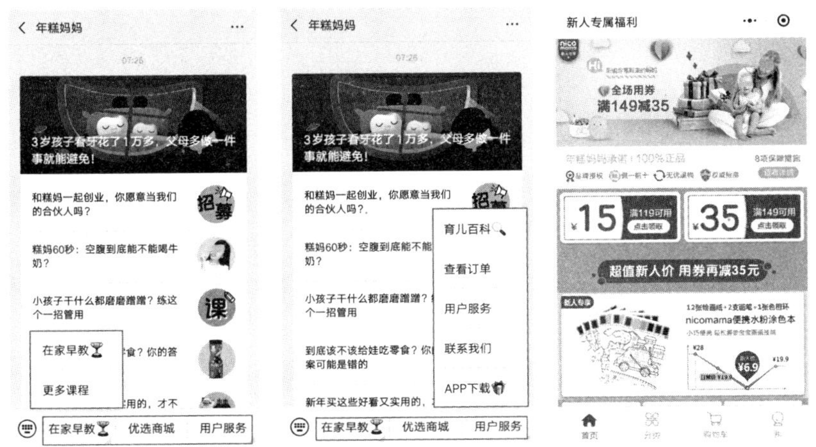

◆ 图 6-33　“年糕妈妈”微信公众号富有特色的项目设置

深入解读

图6-33所示的“年糕妈妈”微信公众号栏目设置，通过“在家早教”“优选商城”和“用户服务”来展示内容。“在家早教”包含“在家早教”“更多课程”两大内容，“用户服务”包含“育儿百科”“查看订单”“用户服务”“联系我们”等内容，而“优选商城”则是专门的商品链接，以供读者消费。这一公众号的项目设置不仅把内容安排得井井有条，而且还展示了自己专属的特色，成功吸引了读者的注意力。

080　排版开头，引入感值得一提

相信大部分人每天都会阅读一些新媒体平台推送的信息，只要认真观察，就不难发现，每篇文章开头的排版或多或少都运用了“小心机”来尽力吸引读者的眼球，增强其代入感，更好地融入文章之中。

在新媒体平台上发布文章，版式设计是非常重要的组成部分，除了前面提到的栏目设置，开头的设计也是不容忽视的。其具体的技巧如图 6-34 所示。

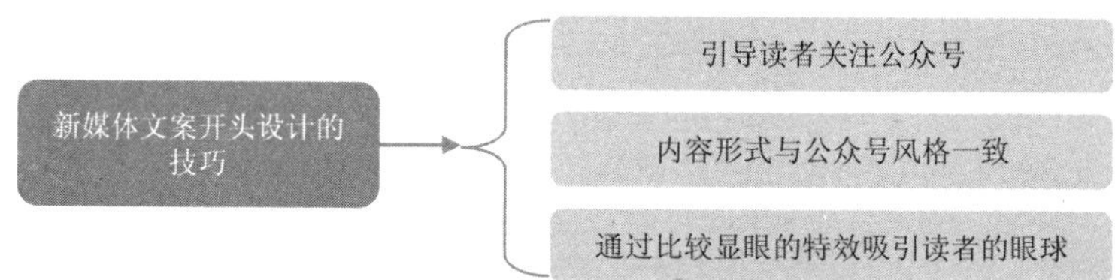

◆ 图 6-34　新媒体文案开头设计的技巧

在开头引导读者关注有许多不同的方式，这也是作者创意的一种体现，比较常见的方式有如图 6-35 所示的 3 种。

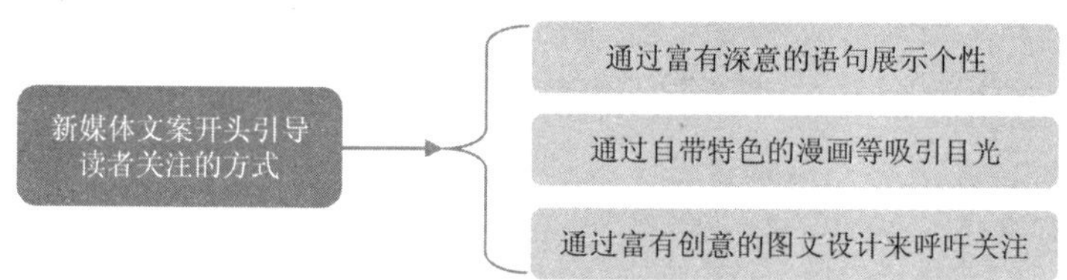

◆ 图 6-35　新媒体文案开头引导读者关注的方式

在使用特效吸引读者眼球的时候，有多种形式可以使用，比如可爱的动图、炫酷的字体、五彩的字体颜色以及精美的图片等。

专家提醒

在新媒体文案中，很多开头设计都是富有特色的，一方面可以引起读者的注意力，另一方面又能够引导读者持续关注输出的内容，可谓两全其美。当然，在设计开头的时候，不仅要考虑到吸粉的问题，同时还要从读者的角度出发，不要过度强调关注新媒体账号的信息，以免引起读者的抵触心理。

以微信公众平台为例，各种各样的开头设计让人眼花缭乱，既给人带来了美的视觉享受，又达到了吸粉引流的目的，成功为推广文案和公众号打下良好的基础。图 6-36 所示为“单向街书店”微信公众号推送的文案的开头设计。

◆ 图 6-36　“单向街书店”微信公众号推送的文案的开头设计

深入解读

图 6-35 所示的“单向街书店”微信公众号的开头设计以文字为主，即“每一个独立而丰富的灵魂，都有处可栖”，还有英文作为点缀。它的开头设计不仅符合公众号的风格，而且还富有深意，比较容易引起目标读者的情感共鸣。

081　结尾版式，加入引导关注字眼

很多新媒体平台的账号（尤其是微信公众号）会在文章结尾处用特定的版面对之前已经推送过的文案进行推荐，目的是为了引导读者关注之前的内容，增强读者的黏性。新媒体平台引导关注的内容大多以“推荐阅读”和“猜你喜欢”为主，如果拥有自己的网站，就会在文章的最下方设置一个“阅读原文”的按钮，尽量把读者吸引过去。那么，这些内容的具体含义是什么呢？笔者将其要点总结为如图 6-37 所示的 3 点。

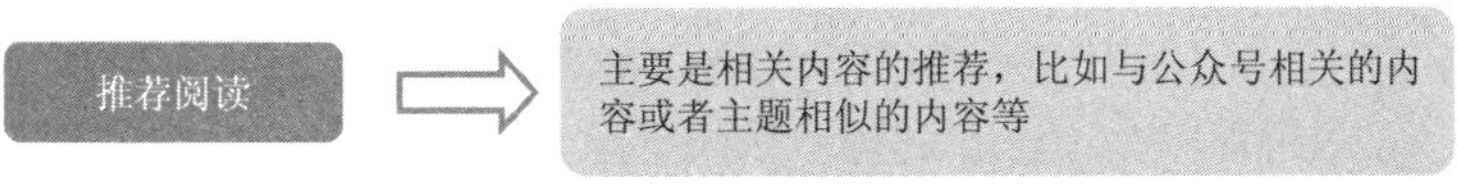

主要是相关内容的推荐，比如与公众号相关的内容或者主题相似的内容等

◆ 图 6-37　新媒体文案结尾引导关注的形式

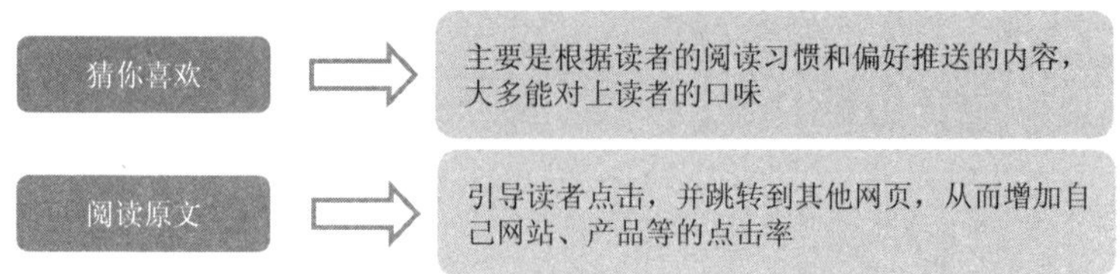

◆ 图 6-37　新媒体文案结尾引导关注的形式（续）

其中，最为常见的是“阅读原文”，这也是一种比较实用的引导方式，同时它也分为多种不同形式，具体如图 6-38 所示。

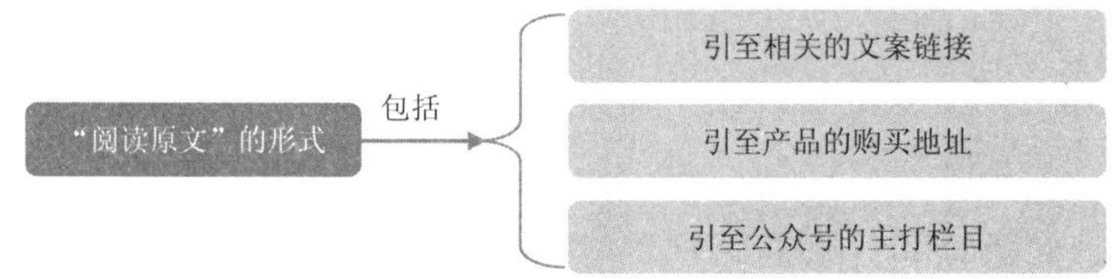

◆ 图 6-38　“阅读原文”的具体引导方式

图 6-39 所示为结尾引导关注的新媒体文案案例。

◆ 图 6-39　结尾引导关注的新媒体文案案例

深入解读

图 6-38 所示的新媒体文案的结尾，采用的是“MORE | 更多原创文章”的引导方式。在结尾处，通过“MORE | 更多原创文章”这一方式推送更多的优质文案，不仅有利于文案的推广，还有利于延长读者的停留时间，提升用户忠诚度和黏性。

082　文字排版，4 大要素要注意

在新媒体文案中，文字是不可缺少的，即使是全部由图片组成的文案，图上一般也会有文字的身影。因此，做好文字的排版工作就显得尤为重要。那么，关于文字，在新媒体文案的排版过程中，有哪些方面需要注意的呢？在笔者看来，主要应该包括 4 个方面，即字体、字号、间距和颜色，下面将进行具体介绍。

1．字体

字体是文字的一种形式，比较常见的有楷书、行书以及草书等。不同的新媒体平台设置的默认正文字体都有所不同，同时，作者也可以根据文案内容来设置形式各异的字体，以便给读者带来新鲜感。

在众多的新媒体平台上，文案的字体几乎都是跟随系统默认的，如楷体、宋体以及微软雅黑等。那么，究竟应该如何设置字体才能给读者的带来独一无二的阅读体验呢？以微信公众平台为例，字体的设置技巧有很多，如重点内容可加粗、通过图片展示不同形式的字体等。

2．字号

给文案的内容选择合适的字号，也是新媒体平台运营者排版工作中需要考虑的一个问题。合适的字号能让读者在阅读文案的时候不用将手机离自己的眼睛太近或太远，而且合适的字号能让版面看起来更和谐，更容易转发和传播。

那么，文章中的字号到底设置为多大比较好呢？根据笔者多次的编辑经验来看，字号效果比较好的是 14px 和 15px，除了个别视力不佳的读者可能会觉得看起来有点吃力之外，这个大小的字号符合大部分读者的阅读习惯。

3．间距

文字排版中文字的间距很重要，尤其是对于用手机浏览文案的读者来说。文字间距要适宜主要指的是文字 3 个方面的距离要适宜，具体如图 6-40 所示。

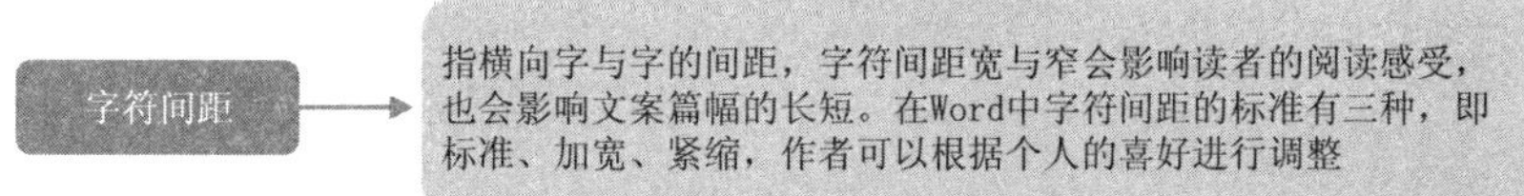

◆ 图 6-40　新媒体文案的文字间距介绍

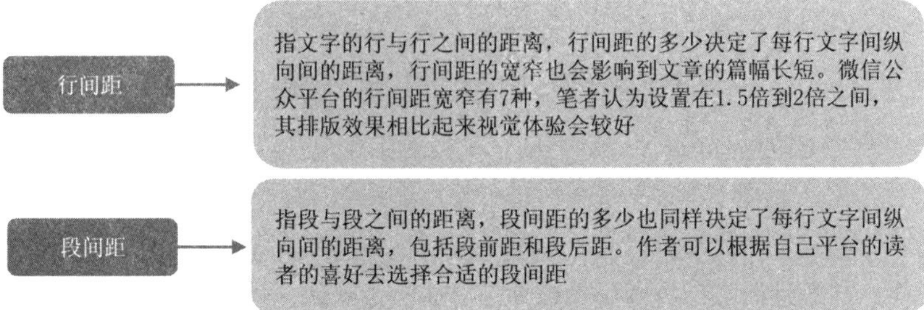

◆ 图 6-40　新媒体文案的文字间距介绍（续）

4．颜色

在新媒体文案中，利用文字颜色来表达重点和区分内容的做法很普遍。而对于一些版式明显呈现出庄重特色的新媒体账号来说，其文案在主要内容的字体颜色上有别于个人账号、娱乐账号等，大都是在黑和灰两种颜色之间选择。

图 6-41 所示为“人民日报”微信公众号文案的主要内容字体颜色。

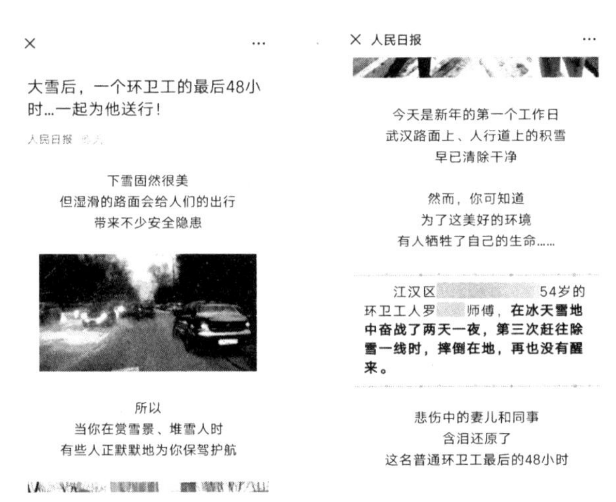

◆ 图 6-41　“人民日报”微信公众号文案的字体颜色

深入解读

从图 6-40 可以看出，黑灰两色相互配合的主体字体颜色，在保证排版美观、整齐的情况下，又有着该类公众号的典型特征，即风格严谨和适当突出重点。

082 文配图，要体现整体舒适感

虽然现在文章的内容形式有语音、视频等多种样式的，但是大多数新媒体文案还是以图文结合型为主。所以如果要说新媒体平台文案排版，那就不得不提图文排版。作者在进行文案图文排版时，如果想要让版式看起来舒适就需要注意两点。

1. 要求整齐

在同一篇文案中，用到的图片与版式要一致，这样给读者的感觉就会比较统一，有整体性。图片的版式一致，指的是如果新媒体平台作者最开始在文案内容中用的是圆形图，那么后面的图片也就要用圆形的，同样的，如果第一张图是矩形的，后面的也都用矩形。

图 6-42 所示为“手机摄影构图大全”微信公众号文案中的图片版式示例。

× 手机摄影构图大全 …

且具有韵律，从而吸引欣赏者的目光，**具有很强的视线导向性。**

接下来，我就在景区内寻找不同的线条进行斜线构图，使用斜线构图拍摄照片时，可以采用多种方法，转动手机可以让画面新鲜。

1、利用建筑的斜线

进入景区，首先映入眼帘的是这幢黄色的建筑，构图君试着站在建筑下方利用长焦镜头拉近焦距仰视拍摄，建筑倾斜的屋檐让画面富有空间透视感，同时可以引导欣赏者视线，如下图所示。

× 手机摄影构图大全 …

的透视效果，斜线构图的不稳定性使画面富有新意，给人以独特的视觉效果。

利用斜线构图可以使画面产生三维的空间效果，增强画面立体感，使画面充满动感与活力，且富有韵律感和节奏感。

2、利用树木的斜线

园林内的树木非常多，而且排列得非常整齐，这些树木的高度和大小比较类似，因此也可以使用斜线构图进行拍摄，如下图所示。

◆ 图 6-42　“手机摄影构图大全”微信公众号文案中的图片版式示例

深入解读

从图 6-42 可以看出，这一篇文案使用的图片版式、图片大小就是一致的，这样能给读者带来阅读的整体感。

2．要有间距

图文间要有间距，才能有一个好的视觉体验。在此分为两种情况进行分析：

（1）图片跟文字间要隔开一段距离，不能太紧凑。如果图片跟文字离得太近，会让版面显得很拥挤，给读者的阅读效果不佳。

（2）图片跟图片之间不要太紧凑，要有一定的距离。如果两张图片之间没距离，就会让读者产生是一张图的错觉。尤其是连续在一个地方放多张图片的时候，特别要注意图片之间的距离。

第7章 吸粉引流是关键，给十万、百万年薪插上飞翔的翅膀

学前提示

在新媒体文案的推广中，为了扩大其传播效果，需要让其在更大范围内和更多读者中曝光。本章就从细分引流的角度出发，基于关键词搜索优化和多平台、多形式引流对新媒体文案进行介绍，告诉读者实现年薪十万、百万的一些方法。

要点展示

- 百度指数，研究关键词的技巧
- 预测关键词，学会这两招就行
- 软文关键词，打造方法的秘诀
- 内容优质，让各数据直线上升
- 大号互推，强强联手实现共赢

083 百度指数，研究关键词的技巧

百度指数是一个研究关键词的工具，主要以图表的形式显示关键词的搜索量和变化，包括关键词的探索、最新动态、行业排行等。

虽然百度指数是对百度搜索进行的关键词统计，但在这个移动互联网还没有完全统一的情况下，网络用户的网站搜索趋势可以代表移动端搜索的趋势，而百度又是人们已经习惯的搜索网站。因此，我们要多多关注百度指数的关键词动态。

那么，使用百度指数究竟有哪些好处呢？或者说，百度指数作为研究关键词的工具，有何过人之处呢？笔者将其主要优势总结为如图 7-1 所示的 3 点。

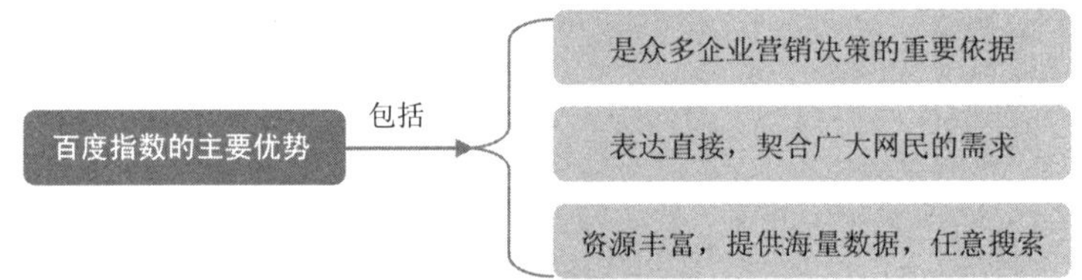

◆ 图 7-1　百度指数的主要优势

百度指数的功能包罗万象，为用户提供了诸多便利，具体功能如图 7-2 所示。

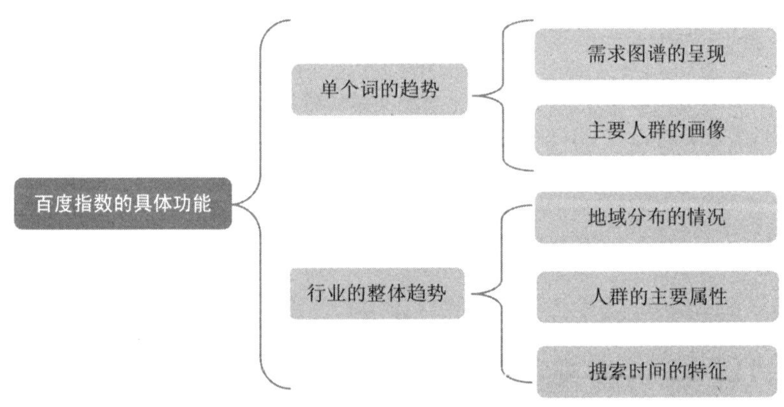

◆ 图 7-2　百度指数的具体功能

以“新媒体”这一关键字为例，在百度指数搜索框输入它，便会出现如图 7-3 所示的页面。

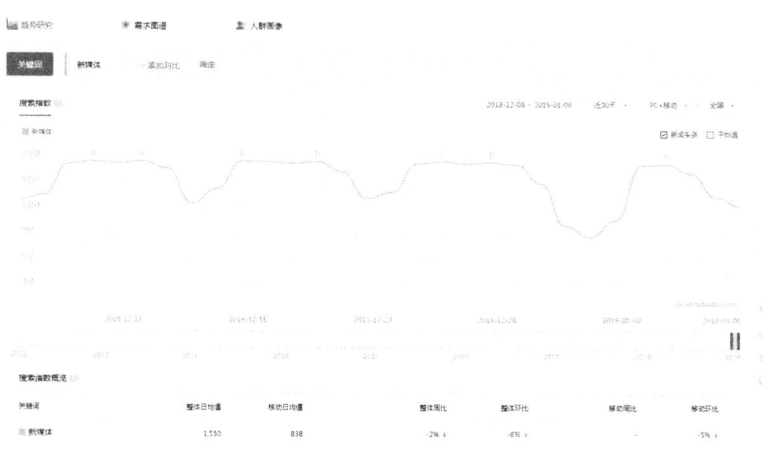

◆ 图 7-3　“新媒体”一词的百度指数页面

深入解读

图 7-3 是搜索关键词“新媒体”的“趋势研究”页面，在该页面上，会展示“搜索指数”“搜索指数概览”等内容。根据图上的趋势图可知，近 5 日来“新媒体”一词的搜索有所下降，整体的趋势则是有涨有落。

084　用户角度，换位思考关键词

对新媒体文案作者来说，如果想知道用户如何进行搜索，就要从用户的角度去思考、选词。那么，具体来说，我们应该怎么从用户的角度进行思考呢？笔者将其要点总结为如图 7-4 所示的 3 点。

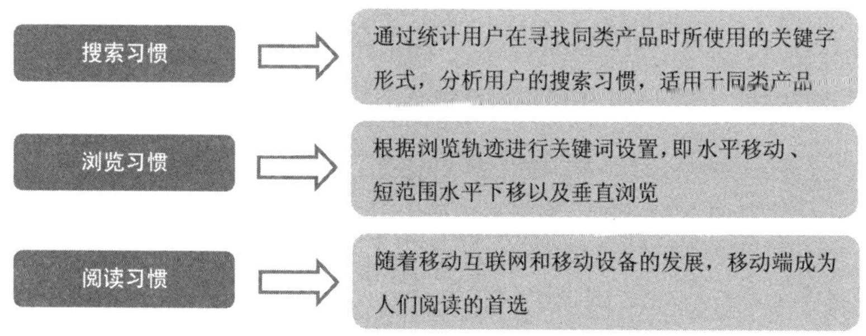

◆ 图 7-4　从用户角度思考关键词的要点

在此笔者以通过微信“搜一搜”功能搜索关键词“摄影”为例，即会出现用户搜索较多的相关关键词，如“摄影技巧”“摄影构图”“摄影工作室”“摄影大赛”以及“人像摄影”等，如图 7-5 所示。

◆ 图 7-5　从用户角度思考关键词的案例展示

深入解读

图 7-5 所展示的页面显示的是广大用户的搜索结果。其实，假如我是用户，看到“摄影技巧”，估计也会点进去一探究竟。说不定还会关注与之相关的公众号，成为固定的粉丝，购买摄影书或者摄影教程。

新媒体文案作者在设置软文中的关键字时，不能缺少从用户的角度思考这一环节。因为写作的目的是为了让读者看到，而设置关键字的目的则是让更多的读者更容易看到。两者的受众都是读者，如果不从读者和用户的角度出发思考，那么关键词的设置大多也是失败且没有成效的。

专家提醒

在思考用户常用的关键词的过程中，最好的方法是抛开自己作者的身份，把自己当成是一个有特定的阅读、消费需求的读者，如此才能真正抓住核心的关键词。当然，也不能片面地下结论，还需要通过大量的数据调查才能明确什么样的关键词是读者喜欢的。

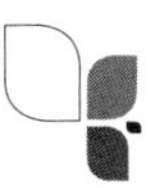

085 对手角度，逆向考虑关键词

《孙子·谋攻篇》道：“知己知彼，百战不殆。”因此，在设置关键词时，我们最好多了解对手的文案，搞清楚他们的关键词和布局情况，这样不仅能找到漏洞，还能掌握目前关键词的竞争热度，以便进行人力优化部署。

从对手的角度出发，思考关键词是为了更好地学习他人的长处，借以弥补自己的不足。那么，在思考关键词的时候，究竟应该如何向竞争对手借鉴呢？笔者将其方法总结为以下 3 点。

（1）搜索与自己产品相关的关键词，重点查看和摘录在搜索中排名靠前的关键词，然后作对比分析。

（2）去网站上查询与搜索结果显示出来的排名靠前的公司信息，或直接在新媒体平台上搜索这些公司的账号，然后分析他们的网站目录描述或账号功能介绍，查看核心关键词或辅助关键词，统计出竞争者名单。

（3）分析自身的新媒体账号的客户信息，将客户购买的产品信息中出现的关键词统计出来，可将关键词的重要程度进行分类汇总，找出客户关注的重点关键词。

值得注意的是，我们从对手的角度出发设置关键词的时候，需要花费比较多的时间和精力，但也应该多多把握细节，不能因为耗时耗力就随便敷衍了事。

以“御泥坊”品牌为例，在微信中利用“搜一搜”功能以它为关键词展开搜索，就会发现排在前列的产品是“御泥坊面膜”，而点击搜索相关资讯则会看到众多推荐“御泥坊面膜”这一产品的文案，如图 7-6 所示。

◆ 图 7-6　从对手角度思考关键词的案例展示

深入解读

基于图 7-6 的搜索结果，如果自身产品也是平价好用的保湿面膜，就可以参考这些文章中的关键词设置来打造新媒体文案。

这里有一点需要注意，从竞争对手的角度思考关键词的方法固然有效，但一定要明确产品的各项特征都比较吻合，特别是主要的功能要相似。否则这样想出来的关键词对于营销推广的作用是不大的。

086 预测关键词，学会这两招就行

许多关键词都会随着时间的变化而具有不稳定的升降趋势。因此，学会关键词的预测相当重要。这样就能够随时对关键词进行调整，以争取获得更多阅读量，扩大新媒体文案的传播范围。那么，我们要从哪些方面学习关键词的预测呢？笔者将从以下两个角度进行分析。

1. 季节性和节假日

关键词的季节性波动比较稳定，主要体现在季节和节日两个方面，如服装产品的季节关键词会包含四季名称，即春装、夏装等；节日关键词会包含节日名称，即春节服装、圣诞装等。

季节性的关键词预测还是比较容易的，我们除了可以从季节和节日名称上进行预测，还可以从以下几方面进行预测，如图 7-7 所示。

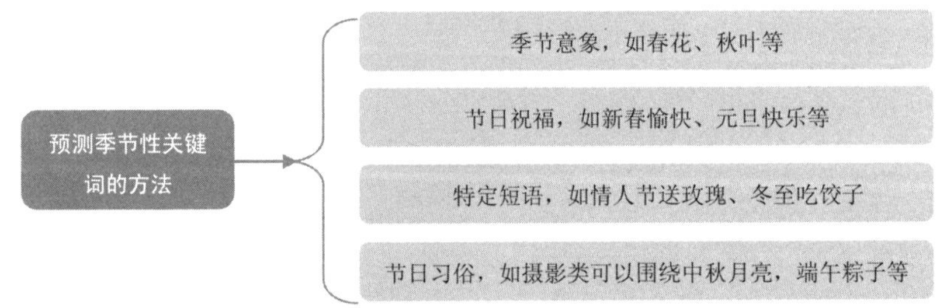

◆ 图 7-7　预测季节性关键词的方法

专家提醒

值得注意的是，在预测季节性关键词的时候，要时刻关注某个节假日的到来，而且要提前预知。一般来说，季节性的关键词预测

是比较能够把握的，因为节假日都是固定的，不会有很大的改动。当然，也不排除会有政策的改动导致节假日的变换，但总体来说还是很稳定的。

以“手机摄影构图大全”微信公众号为例，它推送的文章就是根据季节性的关键词进行整理的，如图 7-8 所示。

怎么拍出秋叶、秋花的最美？

构图君 手机摄影构图大全

摄影构图第一品牌

首先说一下，最近两期的点评，没有按投稿的时间顺序来，改为了按照片主题来。

比如以前有篇是日出日落，上次是天空云彩，这次是以秋天的落叶和花朵为主。

没有被点评到的摄影朋友不要急，一是再耐心等待一下，二可以再多投几张照片。

好，回到正题，目前正是深秋，落叶纷飞，秋花乱眼，怎么拍出最美？这里面是有技巧的。

待构图君和你一一进行分析，最核心的有三招，构

手机摄影构图大全

【方案】：如果是俯拍花朵，建议将周围的花草整理或清除一下，最好的办法是采用特写构图，只拍花最漂亮的一部分，这样主体突出，画面简洁。

8、作品名称《诗玥园》

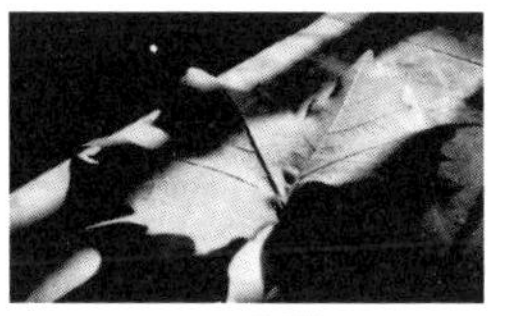

摄影师：

【构图君点评】

【优点】：画面采用了非常显眼的明暗对比构图的手法，画面元素相互呼应，**从光影明暗的角度，有暗衬明，也有明衬暗，**通过暗色来体现亮色，使主体更加突出。

◆ 图 7-8　季节性关键词之“季节意象”展示

深入解读

“秋叶、秋花”，这属于季节性的意象，特别是秋天的落叶都运用得比较多。“手机摄影构图大全”微信公众号就在秋天时节，抓住这一季节性关键词，同时结合公众号的“摄影构图”主题打造了精致的内容，得到了不少读者的关注和好评。由此可见，关键词的预测对于阅读量的提升是有着比较重要的价值。

2. 社会热点

社会热点新闻是人们关注的重点，当社会新闻出现后，会出现一大波新的关键词，其中搜索量高的关键词就叫热点关键词。

因此，我们不仅要关注社会新闻，还要会预测热点，抢占最有力的时间预测出热点关键词。如此一来才能够得到流量，获得关注。下面笔者介绍一些预测热点关键词的方法，如图 7-9 所示。

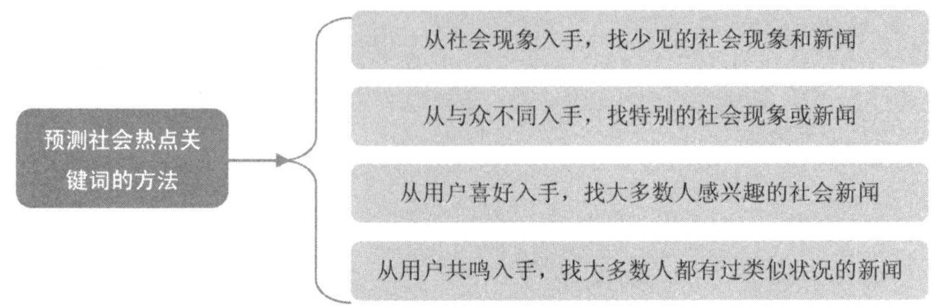

◆ 图 7-9　预测社会热点关键词的方法

以“哎咆科技”微信公众号为例，它推送的文章很多都是基于社会热点从而引起用户共鸣而创作的，如图 7-10 所示。

◆ 图 7-10　社会热点关键词之“用户共鸣”展示

深入解读

图 7-10 所示的文案是通过微信的更新换代来引起读者的兴趣和共鸣，这样的文章也是根据对关键词进行预测之后才撰写出来的。从其评论也可以看出，广大读者对此事多有关注，并纷纷表达了自己对于微信版本更新的看法。

087　软文关键词，打造方法的秘诀

新媒体文案可以恰当、完整地把商品信息展现在读者面前，能够起到正面描述与推广产品的作用。这不得不归功于文案中关键字的设置，如果文案中没有嵌

入与产品信息相关的字眼，那么是很难起到推广和宣传作用的。

在新媒体平台上，通过用关键词进行搜索定位，大家往往会选择打开在搜索排行榜中位居前列的新媒体账号和文案。

那么该如何计算关键词的搜索排名呢？企业可以利用“SEO”（即搜索引擎优化）来搜取关键词搜索排名。“SEO”是专门利用搜索引擎搜索规则，提高目前网站在有关搜索引擎内自然排名的方法。

那么，具体应该怎么做呢？笔者将其主要方法总结为如图 7-11 所示的几点。

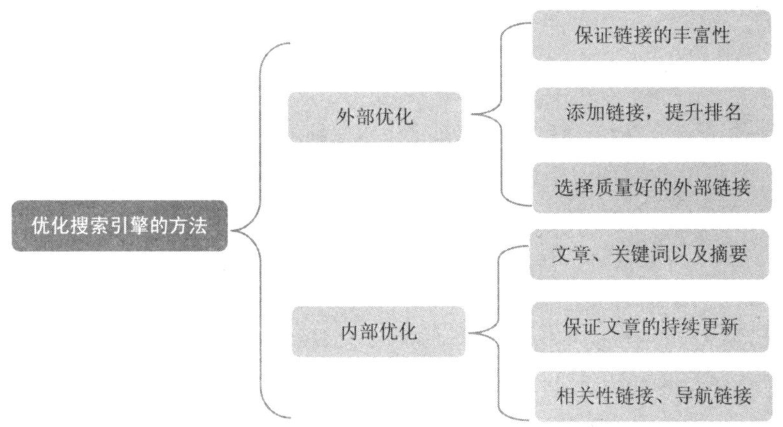

◆ 图 7-11　优化搜索引擎的方法

在此同样以“手机摄影构图大全”微信公众号为例，来看一看该账号的优化搜索引擎的案例，如图 7-12 所示。

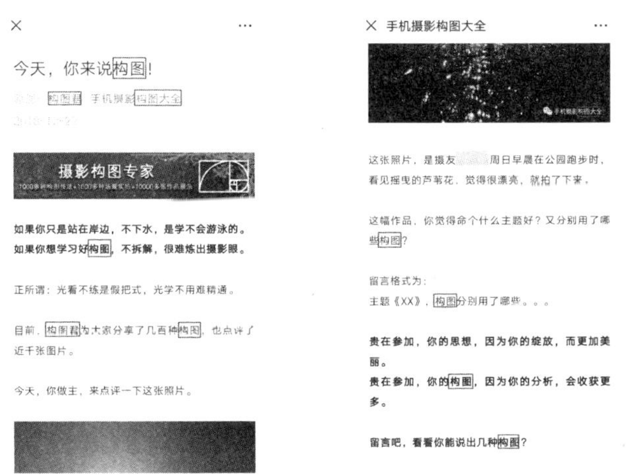

◆ 图 7-12　优化搜索引擎的案例展示

深入解读

由图 7-12 可知，文案的标题、署名、Banner 广告栏正文等都设置了“构图”和“构图大全”关键词，这是搜索引擎优化的表现。此时在微信“搜一搜”中来搜索“构图大全”一词，就会发现搜索结果中“手机摄影构图大全”这一微信公众号赫然排在前列，如图 7-13 所示。

◆ 7-13 微信搜索“构图大全”一词呈现的内容

088 推送信息，标题含有关键词

在新媒体平台上，推送信息是平台运营的主要目的，而要把企业、商家信息精准地传达给目标消费者，就有必要把与信息相关的关键词作重点展示。其中，在文案标题中把关键词嵌入进去是比较有效的一种方法。

那么，在推送内容的标题中设置关键词时，我们应该怎么做呢？或者说，我们应该注意哪些问题呢？笔者将其主要方法总结为如图 7-14 所示的 3 种。

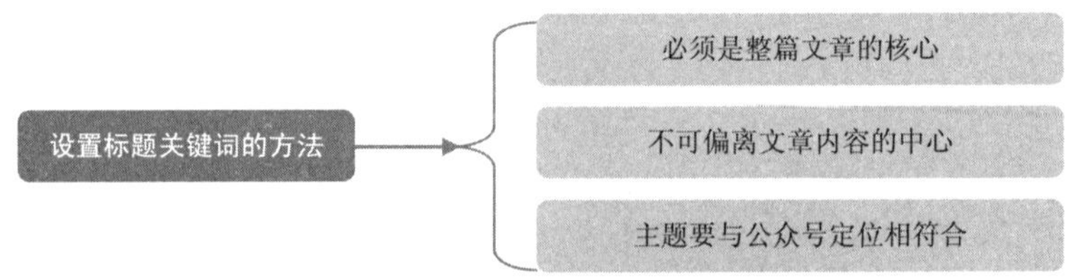

◆ 图 7-14 设置标题关键词的方法

图 7-15 所示为“手机摄影构图大全”微信公众号推送的两篇新媒体文案的部分内容展示。

深入解读

由图 7-15 可知，在这两篇文案所设置的标题中都是包含了“构图”这一关键词的。在加入关键词的情况下，在其他媒体平台中进行搜索时可让读者通过标题了解文案内容，又能精准地推送信息。

你敢说自己精通这种摄影构图吗？

构图君　手机摄影构图大全

摄影构图第一品牌

大家跟着构图君一起，学习了这么久的手机摄影构图，有没有总结过，哪一种构图方式最容易出大片？哪一种构图最具有视觉冲击力呢？

能给人视觉带来冲击力的，就是一张好照片。

视觉冲击力，可以从构图、场景、色彩去表现。

今天我们就来学一学透视构图，听到“透视”两个字，小伙伴们是否熟悉呢？其实透视构图，是手机摄影中经常用到的一种构图方式，很多摄友们拍照片的时候，都会用到透视构图，只是有一部分摄友

深度解密！1张照片的8种构图和10层后期调整！

构图君　手机摄影构图大全

摄影构图专家

1、庖丁解牛，存在哪8种构图？

在上个周六，构图君分享了摄友如是的这张照片，让大家做点评，说说用了哪些构图。

◆ 图 7-15　“手机摄影构图大全”微信公众号推送的两篇新媒体文案的部分内容展示

089　符号连接，巧妙应用提高排名

大家应该已经注意到，在微信中使用关键词搜索文章时，通常搜索结果中有“（ ）”“【 】”等符号连接的关键词也会显示出来。可见，运营者在微信公众号这一新媒体平台上推送文案时，可以采用符号连接关键词的方法提高排名。

其实，其他新媒体平台上也是通过关键词来进行搜索的，因此，也可以利用这种关键词设置方法来提高排名。

在优化关键词搜索的时候，我们可能会遇到各种各样的符号，那么，这些符号究竟对关键词分隔有哪些影响和意义呢？下面分别介绍 4 种标题中特殊的符号，如图 7-16 所示。

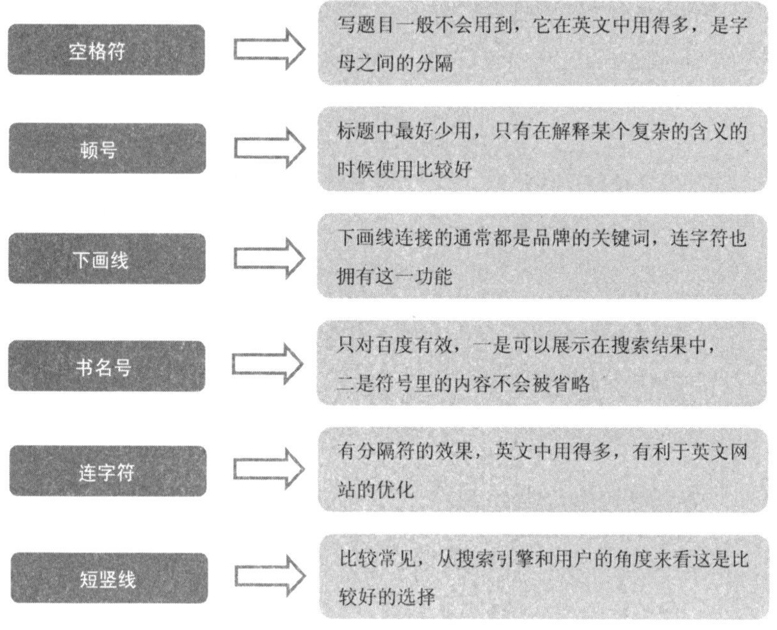

◆ 图 7-16　标题中的特殊符号

图 7-17 所示为使用“【 】”符号分隔标题关键词的新媒体文案部分内容展示。

×　…

【开年福利】2019神秘福袋新玩法~

×　…

【新春限量】花容“悦”貌，一见如“故”

◆ 图 7-17　使用“【 】”符号分隔标题关键词的新媒体文案部分内容展示

深入解读

由图 7-17 可知，这两篇文案特意用大括号将关键词如“开年福利”和“新春限量”分隔开来，目的就是为了搜索优化，提升文章的曝光率，让更多的读者看到这些文案，从而参与活动，购买产品。

在新媒体文案标题中，名为“括号”的符号除了“【】”外，“（）”也是比较常用的，且一般用来表示说明细节、对某一事物的补充说明、强调等，如“好文”“深度好文”等一类词都会用“（）”标注。图 7-18 所示为两篇在标题中使用“（）”的新媒体文案部分内容展示。

×　…

今生有你，足已！（感动亿万人的心声！！）

新的一年即将到来，
感恩、祝福送给天下亲爱的母亲！

×　…

做一个手心向下的人（深度好文）

◆ 图 7-18　两篇在标题中使用“（）”的新媒体文案部分内容展示

深入解读

由图 7-18 可知，两者的标题都采用了“（）”标注，虽然其中的内容称不上是关键词，但是针对关键词比较分散的文艺类新媒体账号来说，使用“（）”也是提高排名的一种方法。

除此之外，短竖线在新媒体文案标题中的运用也很常见，如图 7-19 所示。

深入解读

由图 7-19 可知，两者的标题都采用了短竖线的符号分隔关键词，关键词一个为“课程集锦”，一个是“招聘集锦”，都是围绕新媒体运营展开的，而且这两篇文章本来就是针对新媒体人打造的。

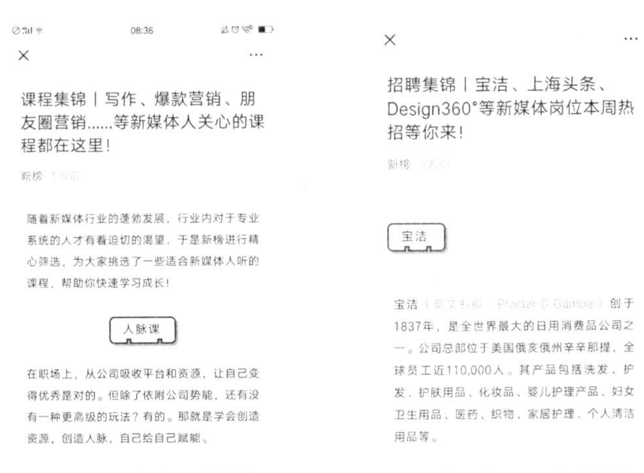

◆ 图 7-19　短竖线分隔标题关键词的新媒体文案部分内容展示

 内容优质，让各数据直线上升

文案，从其形式上来说，它首先是一篇文章，而一篇文章质量的好坏是由其内容决定的。只有当推送的内容为读者所认同和喜欢，才能支撑读者去关注并读完，并在阅读的过程中产生“这篇文案值得更多人去看”的想法，才能实现高阅读量和高分享率。

因此，在进行新媒体平台运营时，保证推送内容的质量是重中之重。在此，主要从内容选择的角度出发分析账号推送的文案，具体介绍如下。

1. 与平台相关

企业或个人在创建一个新媒体账号时，一般是有着极其确切的用户定位的，其平台运营和内容推送也是针对这些用户进行的，而不是没有目标的胡乱推送，且在选择内容时，首先应该选择与运营平台相关的内容，这样才能让用户去了解平台，进而予以更多的关注。

2. 专业且有价值

这主要是针对一些专业化的新媒体平台来说的。由于其业务和运营范围的专业化，因此，在推送内容时也应该选择能够凸显平台专业技能的内容，这是提升平台公信度和真实性的关键所在。

特别是一些涉及软件的教程、运动以及业余技能等偏向技术性方面的平台，更是要在推送内容方面表现出极高的专业性，且这些内容为读者所认同，才能对平台的阅读量和分享率的提升产生积极影响。

3．坚持原创内容

对某些类型的平台来说，坚持原创也是内容专业化的重要体现。即使是对一般的平台而言，坚持文案的原创是其推送内容富有价值的体现，是支撑读者读下去的精髓所在。

当然，这种原创也是有着其质量要求的，并不是随性、胡乱编写的文案所具有的，它要求能获得读者欣赏。而优质的内容是保证文章阅读量的前提和基础，在新媒体平台上，可以通过后台查看平台发布的文案的阅读数和分享数。图 7-20 所示为某固定时间内微信公众号平台推送的文案内容的阅读数和分享数。

仅统计了图文发出后7天内的累计数据，并且微信手机客户端展示的阅读数，和此处的阅读数的计算方法略有不同，因此两者数值也可能不一样。阅读来源看一看、搜一搜自2018/02/01开始拆分统计，此前计入“其他”来源。

2019-01-01 至 2019-01-09

文章标题	时间	送达人数	图文阅读人数	分享人数	操作
手机如何拍、做星空、银河和星轨效果？	2019-01-08	45574	1210	15	数据概况 详情
星空和星轨摄影入门与实战	2019-01-05	45421	1194	24	数据概况 详情
你喜欢拍星空吗？	2019-01-03	45338	1630	7	数据概况 详情
不懂色彩？这8个技巧打开你的颜色大门！	2019-01-01	45257	1751	32	数据概况 详情

◆ 图 7-20　微信公众平台推送文章的阅读数和分享数

深入解读

从图 7-20 中的数据不难看出，文章的内容决定了文章的阅读和分享数量，正因为“手机摄影构图大全”在每一篇文章的打造上都倾尽全力、尽心尽力，丝毫没有一点儿马虎和松懈，所以才会取得比较显著的成绩。

要想打造爆款文案，内容始终是第一位的。在新媒体平台上编辑和发布文案时，新媒体人不仅要知道如何打造优质的文章，而且还要学会用数据检测文案推送效果，通过后台工具来提升文章排名，由此进一步扩大文案的传播范围，赢得更多的粉丝和阅读量。

091 账号认证，优先推送认证账号

在新媒体平台上进行运营，一般可分为认证账号和未认证账号，且认证的内容、形式也不尽相同，如头条号就包括身份认证、兴趣认证等。

而从账号的运营和权益等方面来说，通过认证的账号，一般可以获得更多的权益，在运营上也将更加顺利。如已经进行官方认证的微信公众号，就可以免费获得其平台对外开放的所有技术接口，且更具有真实性和保障性。最为重要的一点是：通过认证的账号往往搜索的排名靠前。

那么，如何让自己的账号通过认证呢？笔者在此以微信公众号为例，将其方法总结为如图 7-21 所示的 3 点。

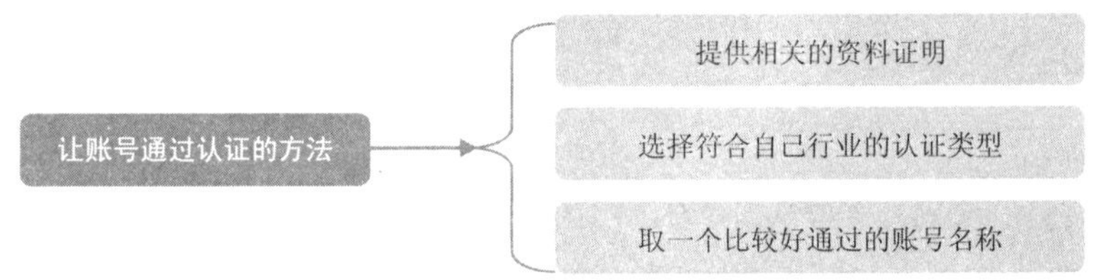

◆ 图 7-21　让账号通过认证的方法

图 7-22 所示为关于不同关键词通过“搜一搜”功能进行搜索后的微信公众号的搜索结果。

◆ 图 7-22　关于不同关键词通过“搜一搜”功能进行搜索后的微信公众号的搜索结果

深入解读

由图 7-22 可知，排名靠前的微信公众号基本上都是已经通过认证的。可见，如果自身账号没有经过认证，还是想办法通过官方认证为好，这样才能有效推广自己的账号和文案。

092 粉丝沟通，互动频率决定排名

在新媒体平台上，针对具体某一篇文案，粉丝互动频率主要体现在读者对该篇文案的评论数。评论越多，文案的互动频率也就越高，也间接地表明了这一新媒体账号的粉丝黏性越好。

那么，怎样才能提升平台和平台文案的粉丝互动频率呢？这一问题可以从以下 4 个方面着手，如图 7-23 所示。

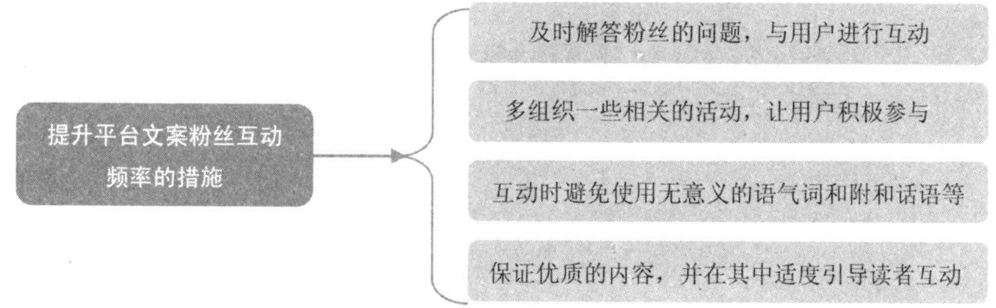

◆ 图 7-23 提升平台文案粉丝互动频率的措施分析

新媒体文案不仅是写给读者看的，最重要的是能够调动读者的积极性，使其能够参与到文案的创作和传播中来，比如评论、点赞以及转发等。我们除了通过内容吸引读者，还要通过福利留住读者，这也是互动的一种手段。

“innisfree 悦诗风吟”的互动频率在很多公众号中算是比较高的，这也是为什么它的品牌和产品排名比较靠前的原因。图 7-24 所示为“innisfree 悦诗风吟”微信公众号推送的提升互动频率的新媒体文案部分内容展示。

深入解读

由图 7-24 可知，其中主要提及了点击“阅读原文”即可领取一份美好的消息，以此换取与读者的积极互动。此外，它在文中不仅单单指出可以参加活动，而且提供了小程序的链接，引导读者进行操作和购买。

◆ 图 7-24 “innisfree 悦诗风吟”微信公众号推送的提升互动频率的新媒体文案部分内容展示

093 应对技巧，排名下降如何解决

关键词排名下降和上升是很正常的事情，比如，排名下降幅度在个位到十位之间，一般从连续记录的关键词排名数据汇总可以看出哪些关键词下降了。若是大部分的关键词排名都在同时下降，优化人员该如何应对？

当关键词排名出现了明显的下降时，我们肯定不能坐视不理，而是想出相关的对策来解决。

通常，关键词排名的下降分为两种情况——整体下降和一两个月下降。那么，我们到底应该怎么分别应付这两种状况呢？笔者将其技巧总结为如图 7-25 所示的几点。

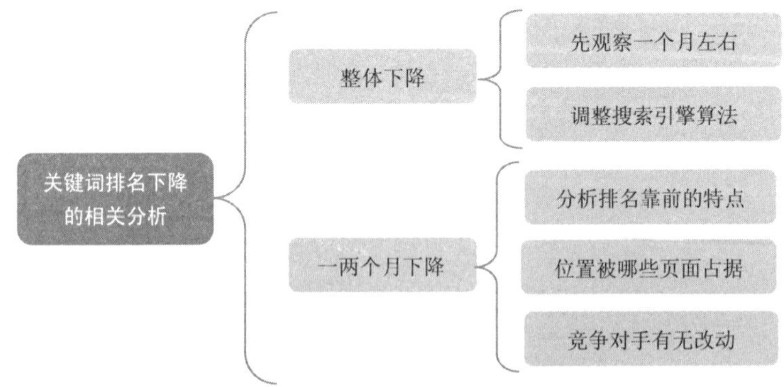

◆ 图 7-25 关键词排名下降的相关分析

例如，一个名为“手机摄影构图大全”的微信公众号，为了应对一段时间内排名下降的问题，对相关的公众号进行了调查研究，得出了排名靠前的摄影类公众号的特征，具体如图 7-26 所示。

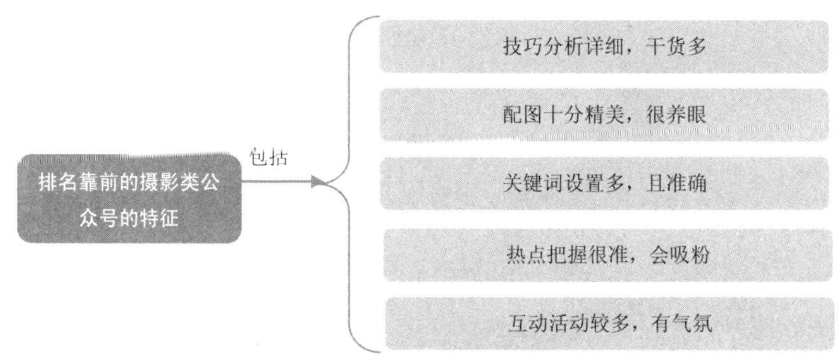

◆ 图 7-26　排名靠前的摄影类公众号的特征

得出这些结论后，“手机摄影构图大全”微信公众号没有停止探究，它不仅总结了竞争对手的优点，而且还对自己的不足做出了反思。比如推送内容不够多元化、推送时间没有把握好等。

为了弥补自己的不足，它对各大人气摄影公众号进行了考察，重点的考察对象是“玩转手机摄影”微信公众号。图 7-27 所示为其推送的相关内容。

◆ 图 7-27　“玩转手机摄影”微信公众号推送内容部分展示

从图 7-27 中不难看出，这个关于手机摄影的公众号是具有自己特色的，主要体现在如图 7-28 所示的 3 个方面。

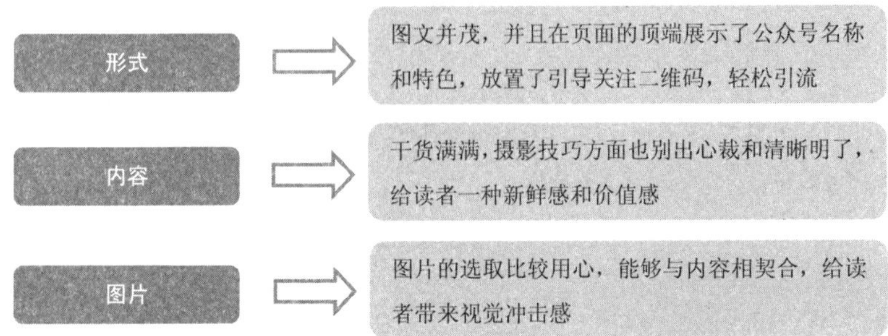

◆ 图 7-28 “玩转手机摄影”微信公众号推送内容的特色

在看到竞争对手的特色之后，“手机摄影构图大全”微信公众号找到了自己能够脱颖而出的技巧，即“构图”。从“构图”出发，紧扣热点、采用更加精美的图片作为陪衬，利用“构图连载”“深度构图”等来充实文章内容。如此一来，就可以有效解决排名下降的问题了。图 7-29 所示为“手机摄影构图大全”微信公众号调整关键词后的搜索页面。

◆ 图 7-29 “手机摄影构图大全”微信公众号调整关键词后的搜索结果页面

深入解读

从图 7-29 中不难看出，在微信搜索页面中，它的排名明显上升了。用绿色标示的字眼是关键词，同时也是读者找到文章的重要依据。

另外，要提醒大家的是，关键词排名的下降往往意味着文章被读者阅读的可能性大大地降低，因此转化的概率也会随之下降。很多人在碰到这种情况时如果置之不理，甚至都没有察觉，那么可能会失去打造爆款文案、轻松盈利的机会。

因为爆款文案的产生并不仅仅是靠写作，它还要靠细心的经营，唯有写作与经营相辅相成，才能打造出盈利颇丰的新媒体文案。

094 大号互推，强强联手实现共赢

大号互推，是新媒体平台营销和运营过程中比较常见的现象，其实质是企业和商家建立账号营销矩阵（指的是两个或者两个以上的新媒体账号运营者，双方或者多方之间达成协议，进行粉丝互推，提升双方的曝光率和知名度，最终有效吸引粉丝关注），可以达到共赢的目的。

1. 寻找合作大号

大号互推，其结果要求是双赢。因此，在选择合作的大号方面要慎重，要双方得利，这样才能合作愉快并维持稳定的互推关系。那么，从自身方面来看，应该怎样选择适合自己的大号呢？

（1）大号是否名副其实

如今，不同的平台，不仅粉丝数量有差异，粉丝质量同样是参差不齐，这就使得有些“大号”不能称之为真正意义上的大号，这就要求运营者对新媒体账号有一个判别的能力。

具体来说，可从新榜、清博等网站上的统计数据来查看其平台内容的阅读数、点赞数、评论数和转发率等参数。当然，有些平台账号的这些参数明显是有水分的，就比如一个平台账号每天推送的内容的阅读数、点赞数都相差无几，这时候就要特别加以注意了，其参数的真实性值得怀疑。

（2）用户群、地域是否契合

一个新媒体账号的用户群和地域分布，一般是有其规律和特点的，运营者应该从这一点出发来选择合适的大号。

首先，在用户群方面，应该选择那些有着相同用户属性的大号，这样的大号的用户群才有可能被吸引过来。

其次，从地域分布来看，假如运营者想在某个区域做进一步的强化运营，那么就可以选择那些在那个区域有着明显的品牌优势的大号；如果运营者想要做更大范围内的运营，那么就应该选择那些业务分布广泛的大号。

（3）选择合适广告位

无论是线上还是线下营销和推广，广告位都非常重要。特别要注意的是，不是最好的就是最合适的。选择合适的大号互推也是如此。

一般来说，植根于某一平台的新媒体大号，它所拥有的广告位并不是唯一的，而是多样化的，且越是大号，其广告位也就越多，而效果和收费各有不同。此时就需要运营者从自身需求、预算和内容等角度出发，量力而行进行选择了。

例如，在微信公众平台上，其广告位有头条和非头条之分，这是按照广告的条数来收费的。当然，头条和非头条的价位也是明显不同的，头条收费自然是最贵的。除了这些呈现在内容推送页面的广告位外，还有些是位于推送内容中间或末尾的，如 Banner 广告（末尾）和视频贴片广告（中间）等，这些广告既可以按条收费，也可根据广告效果来收费。

2. 获取更多关注

在找到了互推资源并确定了一定范围内的合适的互推大号后，接下来运营者要做的是怎样最大限度的提升互推效果，也就是应该选择何种形式互推才能获取更多的关注和粉丝。

（1）筛选参与大号

最终确定互推的参与人就是提升互推效果的关键一环。此时可从两个方面去考查，即互推大号的调性和各项参数，具体分析如图 7–30 所示。

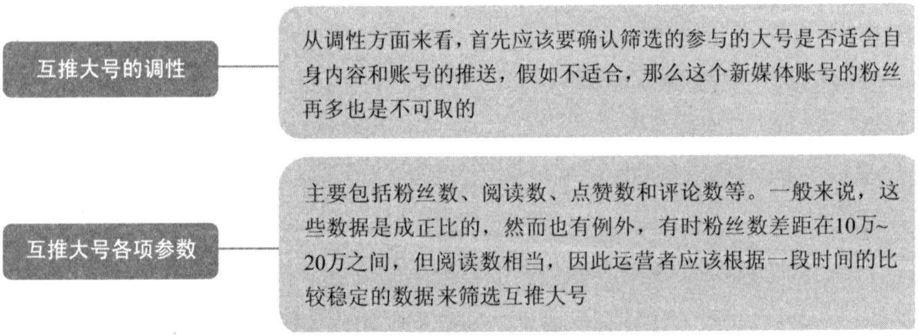

互推大号的调性	从调性方面来看，首先应该要确认筛选的参与的大号是否适合自身内容和账号的推送，假如不适合，那么这个新媒体账号的粉丝再多也是不可取的
互推大号各项参数	主要包括粉丝数、阅读数、点赞数和评论数等。一般来说，这些数据是成正比的，然而也有例外，有时粉丝数差距在10万~20万之间，但阅读数相当，因此运营者应该根据一段时间的比较稳定的数据来筛选互推大号

◆ 图 7–30　筛选互推大号介绍

在根据图 7–30 中的两个方面进行综合比较和分析之后，最终就是确定筛选结果和选定互推的参与大号了。此时笔者要提醒大家的是，不要忘记各个关于新媒体平台的排行榜，灵活参考效果将更佳。

（2）建立公平规则

新媒体运营者在文案中进行互推时，建立公平的规则是很有必要的，只有这

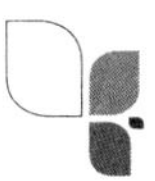

样才能长久地把互推工作进行下去，否则极有可能半途夭折。而要设定公平的互推规则，有两种方法，即“一头独大”的固定式互推排名和“百花齐放”的轮推式互推排名，具体内容如下：

“一头独大”的固定式互推排名：其中的“固定”意在组织者或发起人的排名是固定的，而不是指所有的互推的排名都是固定不变的，其他大号的排名是以客观存在的新媒体排行上的某一项参数或综合参数为准来安排的。这种排名方式一般是对组织者或发起人有利的方式，但是并不能说这种方式是不公平的，因为相对于其他大号来说，组织者或发起人的工作明显更繁重，所有相关的互推工作一般都需要其去统筹和安排。

“百花齐放”的轮推式互推排名：为了吸引那些质量比较高、互推效果好的大号参与，组织者或发起人也有可能选择轮推的方式来进行互推排名。这里的“轮推”是把组织者或发起人安排在内的，它也按照轮推的方式来进行互推排名，而不是像“一头独大”的固定式互推排名一样总是排在互推的第一位。

（3）创意植入广告

事实证明，新媒体账号如果强推互推，不仅达不到预期的效果，反而会引起用户的不满。企业和商家要想在文案中植入互推广告，必须把握两个字：“巧”和“妙”。那么具体如何做到这两点呢？有以下几个策略可供参考，如图 7-31 所示。

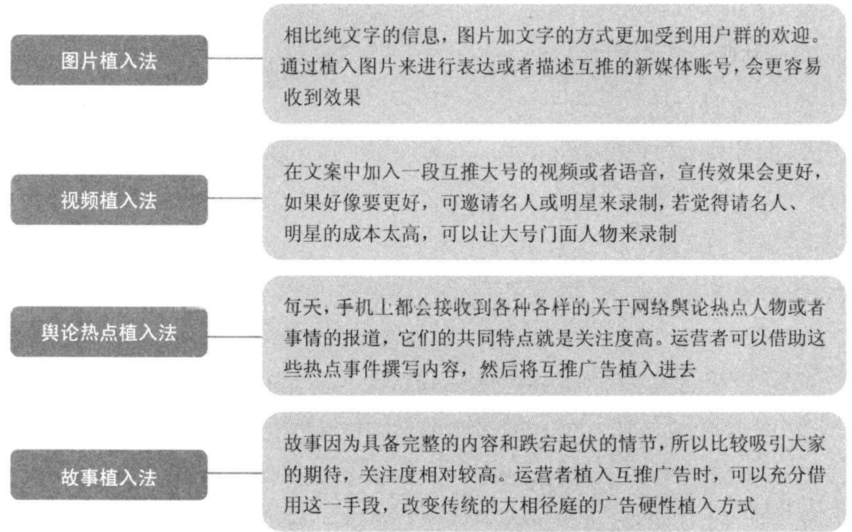

◆ 图 7-31　创新互推文案的策略介绍

095 活动吸粉，线上线下双管齐下

新媒体运营者要吸粉引流，还可以通过在平台上开展各种大赛活动，从而获得更多的粉丝。这种活动如果设置了奖品或者其他诱惑条件，参加的人通常会比较多，而且通过这种大赛获得的粉丝质量都会比较高，因为他们会更加主动地去关注新媒体账号的动态。

运营者可以选择的大赛活动类型非常多，但是原则上大赛的类型要尽量和自己的账号运营所处的行业、领域有关，这样获得的粉丝才是有较高价值的。

接下来，笔者就给大家介绍两种运营者可以开展的大赛，它们分别是：开展征稿活动、开展网络大赛。

1. 征稿活动

运营者可以根据自己的账号类型，在自己的平台上开展征稿活动，这种做法可以是为自己的平台要推送的文案进行征稿，也可以是为自己平台的出版物进行征稿活动。采用征稿活动吸粉引流，可以借助设置一定的奖品来提高粉丝的参与度，同时还可设置投票选出最佳得主。

如果是在微信公众号平台上开展，还可以设置为只有在关注了公众号之后才可以进行投票。这样就可以让参赛者主动去邀请他人为自己投票。参赛者的得票越高，那么其邀请的关注公众号的人数也就越多。这种活动能够起到粉丝裂变的效应，其吸粉的效果非常明显。

以微信公众号“手机摄影构图大全”为例，该平台根据其自身的优势，在自己的平台上开展了一个“图书征图征稿”活动。图 7-32 所示是该公众号对这次举办活动的相关介绍。

2. 网络大赛活动

开展网络大赛，指的是运营者在自己的新媒体账号上举办一个网络比赛活动。活动的类型可以是多样的，比赛主办方会根据活动的情况设置一定的奖品，参赛者要在公众平台或者其他的网络上报名，由网友提供投票，选出最终的获胜者。整个比赛活动的过程可以采用晋级制的，也可以是一轮定胜负的。

图 7-33 所示是微信公众号“湖南写作微刊”举办的一场名为“‘湖南写作杯’首届全国网络文学大赛”活动的部分信息。

图 7-34 所示为微信公众号“文化天津”举办的一场“和兑之吉 · 芭而蒂”的全国中小学语文教师诵读大赛活动的部分相关信息。

× …

趁着放假多拍一些照片，千万不要错过这个载入史册的机会！

手机摄影构图大全 2018-02-10

您又有机会发表作品了，在国家一级刊物上！征选中老年人摄影类作品。

1、作品发表方式

目前，手机摄影类的图书，构图君应该是策划、出版最多的，也是销售最好的之一，爱好摄影20多年来，不敢怠慢，唯有实战、多拍，才能与大家分享心得、体会，以下是构图君主持、组织编写的部分摄影和后期图书。

× 手机摄影构图大全 …

2、新书征集作品

最初写书，构图君只放了自己拍的照片，但互联网的核心精神之一便是分享，因此，构图君便空出了几百张图片的位置，征集了许多网友的优秀摄影作品，放在书中发表，算是对志同道合者的一种致敬和奉献。

为了让更多慢门、延时、夜景摄影爱好者的作品发表，载入史册。**“手机摄影构图大全”**公众号与国内摄影大社——　**出版社**，再次策划了这本专业图书**《《中老年人学摄影从入门到精通》（暂定名）**，让摄影爱好者的作品能够书面、纸质化出现、留芳于世，欢迎大家积极参与投稿。

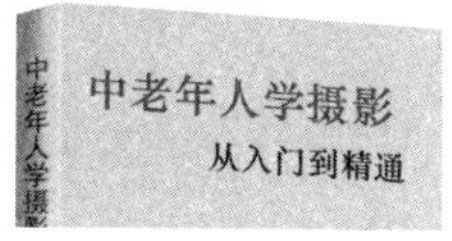

× 手机摄影构图大全 …

3、时间和意义

【征集时间】：

照片征集起始时间：**2018年2月3日至2月21日（建议大家在过年期间多拍一些照片，留作纪念的同时还能出书发表）。**

【活动意义】：

（1）让您的照片发表在国家一级刊物上！

（2）让您的作品出现在精美的摄影专著上，署名留念，载入史册，散发墨香！

（3）既方便自己查阅、翻看、留念，也易于与摄影朋友、亲友们欣赏、交流。

（4）可以用来评职称，加入摄影协会等。

4、标准和邮箱

【采用标准】：

现征集照片30张左右，被采用者，**将赠送精美彩印样书一本！**（出版社直接邮寄），照片要求：

× 手机摄影构图大全 …

（1）**必要条件：为自己亲自拍摄的、有版权的照片，**录用后会一一手签书面授权协议（照片中有人物的，如果亲朋好友没有得到授权的不要投）。

（2）**必要条件：照片像素的尺寸宽或高在1200以上，**低于1200的不予录取，所以请尽量投稿时就直**接发高清图**（效果允许适当调整），图片尺寸太小的清晰度不采用。

（3）**决定性条件：**以**中老年人像、生活题材类的照片**为主，不限拍摄工具，手机、微单、单反相机皆可以，最好能够提供相机参数、完整的拍摄流程或者相关思路。

本次征集不采用投票形式，将优先从符合题材要求的照片中选用，因此大家可以从不同的题材入手，增加参选作品的丰富性，入选几率会更高。

下面列举了一些照片征选类型（仅供参考）：

（1）老年人像类照片：**如老年夫妻、老伴、老年婚纱照、全家福、亲子类等（此类照片优先录用）**

× 手机摄影构图大全 …

（2）家庭人像类照片：**如儿女满堂、小孩照片、家庭生活、孙子孙女的成长记录等（此类照片优先录用）**

（3）生活场景类照片：**如朋友聚会、老友聚餐、茶朋棋友、晨练锻炼、走街串巷、旅途合影留恋、兴趣爱好等（筛选录用）**

【投稿标准】：

有意者，请将照片按以下方式发送到邮箱：　**@qq.com**，参加筛选：

（1）标题格式为：“姓名+主题”，（这样录用者一看便知），举例如“构图君+XX全家福”。

（2）照片文字介绍：要有这些信息，姓名＋手机号+邮箱+拍摄简介（拍摄的主题、时间、地址、方法以及相机参数等内容）

（3）请尽量用真实姓名（与身份证一致），最后授权时要进行身份验证的。

5、回馈和说明

【采用回馈】：

× 手机摄影构图大全 …

照片被采用者，将得到的回报：

（1）书的每张照片下面署名，格式为：摄影师：XXX。

（2）书印刷后，获赠样书一本（价值60~80元）。

【特别说明】：

（1）被采用的照片，出版社有权根据内容的安排，进行适当的后期处理。

（2）被采用的照片，只赠送样书，不另付稿酬，不同意者请勿投放照片。

（3）被采用的照片人员名单，将会在2018年2月23日（农历正月初八），进行公示或者通知。

◆ 图 7-32　“手机摄影构图大全”微信公众号开展征稿大赛活动的案例

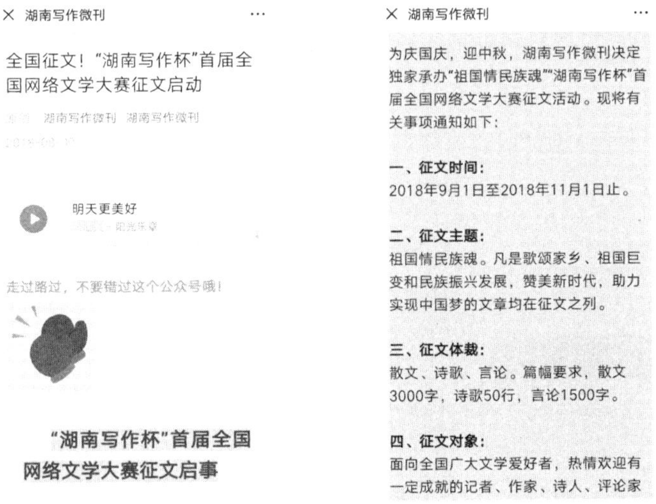

× 湖南写作微刊 …

全国征文！“湖南写作杯”首届全国网络文学大赛征文启动

湖南写作微刊 湖南写作微刊

明天更美好

走过路过，不要错过这个公众号哦！

“湖南写作杯”首届全国网络文学大赛征文启事

× 湖南写作微刊 …

为庆国庆，迎中秋，湖南写作微刊决定独家承办“祖国情民族魂”“湖南写作杯”首届全国网络文学大赛征文活动。现将有关事项通知如下：

一、征文时间：
2018年9月1日至2018年11月1日止。

二、征文主题：
祖国情民族魂。凡是歌颂家乡、祖国巨变和民族振兴发展，赞美新时代，助力实现中国梦的文章均在征文之列。

三、征文体裁：
散文、诗歌、言论。篇幅要求，散文3000字，诗歌50行，言论1500字。

四、征文对象：
面向全国广大文学爱好者，热情欢迎有一定成就的记者、作家、诗人、评论家

◆ 图 7-33 “湖南写作微刊”微信公众号开展网络大赛吸粉引流的案例

× …

“和兑之吉·芭而蒂”全国中小学语文教师诵读大赛在天津举办

文化天津

日前，由 联合 等单位。

共同举办的2018全国中小学语文教师课文诵读邀请赛暨2018年华明文化节活动在天津市 举办。

× 文化天津 …

跟据主办方的介绍，本次文化活动是 充分挖掘区域文化特色，主动引进来、走出去，积极举办全国性文化活动的一次有益尝试，是实现文化大区向文化强区转变的重要举措。

对提升 的文化影响力、营造书香社会具有积极作用。活动引起了很多关注，现场的氛围也是十分的热闹！

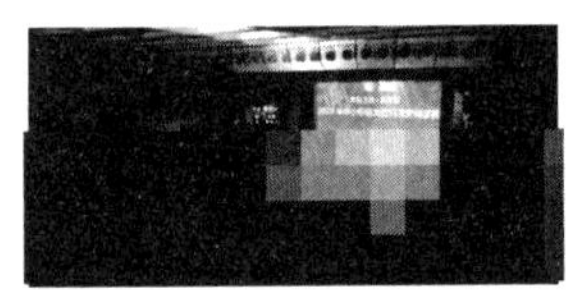

来自全国十六个省市自治区的146名中小学语

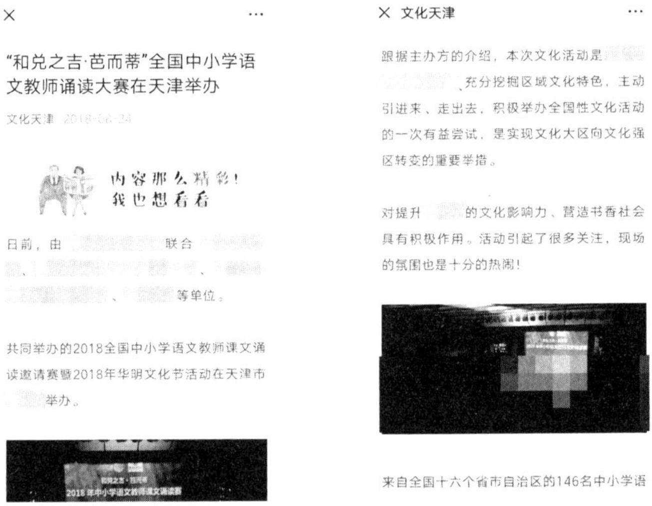

◆ 图 7-34 “文化天津”微信公众号开展网络大赛吸粉引流的案例

 096 新媒体平台，定制的引流平台

新媒体文案作者，如果想要通过推广获得更多的粉丝，打造自己的爆文与爆

款，除了可以进行大号互推、策划活动、APP 引流之外，还可以借助一些主流的流量平台，通过推送文章的方法来获得更多的粉丝，从而为自己打造爆文和爆款积累人际关系资源。

特别是今日头条、淘宝、一点资讯、简书、百度百家、豆瓣东西、微博等平台，对新媒体文案作者来说，不仅可以作为爆文到爆款的营销转化平台，同时它们还是非常实用、高效的吸粉引流平台。在此以今日头条为例来进行介绍。

今日头条平台是一款个性化推荐引擎软件，它能够为平台的用户体验最有价值的各种信息。平台庞大的用户量，为微信公众平台运营者吸粉、引流提供了强有力的支撑。另外，今日头条平台本身还具有以下 3 个方面的特点。

1. 个性化推送

今日头条最大的特点是能够通过基于数据分析的推荐引擎技术，将用户的兴趣、特点、位置等多维度的数据挖掘出来，然后针对这些维度进行多元化的、个性化的内容推荐。

举例来说，当用户通过微博、QQ 等社交账号登录今日头条时，今日头条就会通过一定的算法，在短短的时间内解读出使用者的兴趣爱好、位置、特点等信息，用户每次在平台上进行操作，例如阅读、搜索等，今日头条都会定时更新用户的相关信息和特点，从而实现精准的阅读内容推荐。

2. 内容涵盖广

在今日头条平台上，其内容涵盖面非常之广，用户能够看见各种类型的内容，以及其他平台上推送的信息。图 7-35 所示为今日头条平台上内容涵盖的范围。

而且，今日头条平台上新闻内容更新的速度非常快，用户几分钟就可以刷新一次页面，浏览新信息。

3. 传播和互动强

在今日头条推送的大部分信息下，用户都可以对该信息进行评论，各用户之间也可以进行互动。

今日头条平台为用户提供了方便快捷的信息分享功能，用户在看见自己感兴趣的信息之后，只要单击页面上的转发按钮即可将该信息分享、传播到其他平台，例如新浪微博、微信等。

◆ 图 7-35　今日头条平台上内容涵盖的范围

097 电商平台，获取流量的大利器

随着移动互联网的发展，很多运营者已经看到了跨界平台运营的巨大利益和机会，特别是与电商平台的合作，营造了一个共赢的局势——新媒体平台可以利用电商平台上的多个入口进行引流，而电商平台可以利用新媒体平台实现更快速的营销。下面笔者将以淘宝平台为例，介绍其引流方法。

淘宝是阿里巴巴旗下的一个电子商务网上贸易平台，它虽然改变了很多人的购物习惯，但是很多人都没有利用这个平台来宣传自己。其实，利用淘宝平台进行引流，是可以通过多种方式来实现的，具体介绍如下。

1. 店铺引流

在淘宝上开一个店铺，把流量引导到新媒体平台上。比如说，在淘宝店铺首页放入微信号、QQ 号等。

还有一种方法就是占据某个长尾关键词的品类搜索结果的首屏。为什么要设置长尾关键词呢？很重要的一点在于，新媒体平台上的销售模式，因为其商品很多是单品，所以只设置关键词，就很难被用户搜索到，如果多用一些词来限定，被搜索的概率就会更大一些。

2. 友情链接引流

在淘宝店铺中放置友情链接是比较实用的引流方式，这样可以增加店铺的浏

览量，从而提高运营者放置的微信号、QQ 号等的曝光率，达到引流的效果。友情链接的方式有以下 4 种，具体如图 7-36 所示。

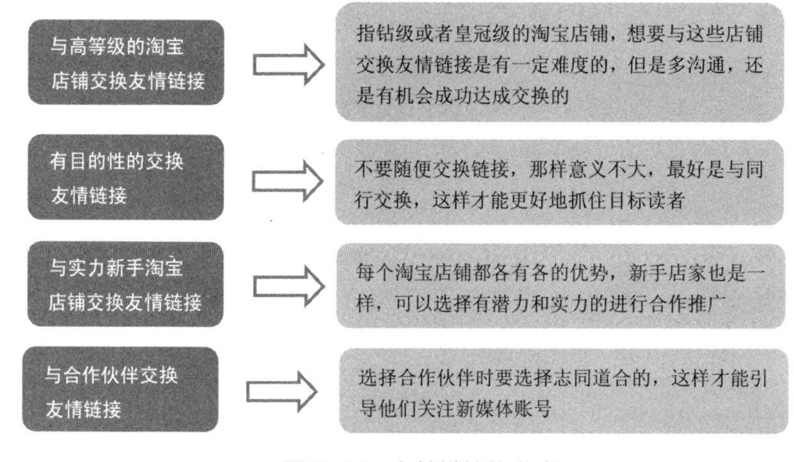

◆ 图 7-36　友情链接的方式

3. 商品评价引流

在淘宝上购买产品后有一个评价以及追加评价的功能，这个评价的功能是可以用来引流的。

用淘宝评价功能进行引流一定要选择与自己产品同类的商品，或者与自己产品的受众群体一致的商品，有精准的受众加你，引流的效果才会达到，那么淘宝评价也就相当于一个展现信息的地方了。

098 朋友圈，让粉丝为你转载推广

微信朋友圈是一个可以随时随地发表动态、展示心情的平台，很多人喜欢关注朋友圈的动态，看看自己朋友们的近况。所以新媒体文案作者可以利用微信朋友圈来进行推广引流，从而提高曝光率和关注度。

新媒体文案作者在朋友圈里进行引流之前，要先研究朋友圈的两个特性：

- 朋友特性。在朋友圈进行引流就是拿自己的名誉做赌注，只要还想保持朋友关系，就不可能对自己的朋友坑蒙拐骗，从而容易取得朋友们的信任。
- 圈子特性。俗话说“物以类聚，人以群分”，一个圈子里的一群人肯定是有共同爱好或共同经历，这也是文案在朋友圈运行的价值所在。

朋友圈的这两条特性，奠定了新媒体文案在朋友圈运行的强大威力和无限效果。在知道朋友圈特性之后，就要开始掌握一些技巧来发布内容了。下面介绍如图 7-37 所示的 6 点在朋友圈中推广文案的技巧。

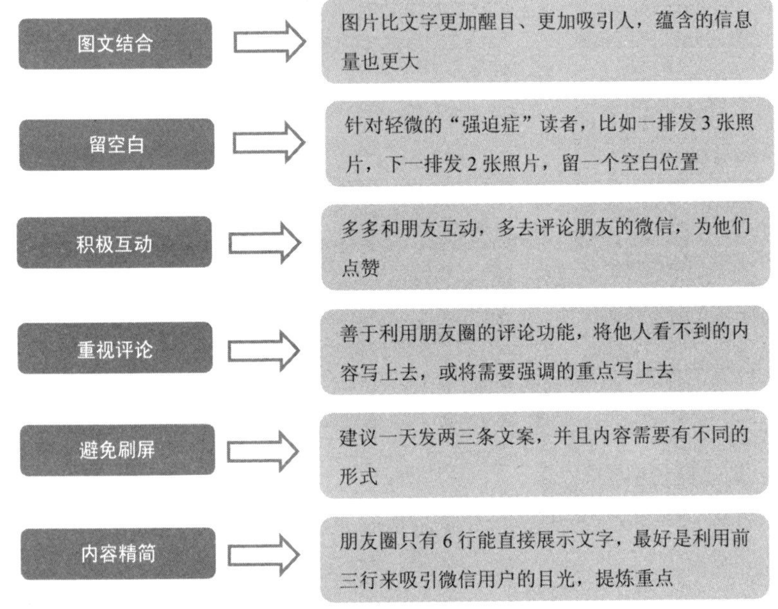

◆ 图 7-37　在朋友圈上推广文案的技巧

专家提醒

此外，在朋友圈进行推广时，最好不要只宣传产品或品牌的信息，应该要有一些自己生活写照的东西，比如今天去哪里玩了、心情怎么样等，拉近与朋友们的距离。

099　直播平台，与众不同的营销方式

随着互联网科技和视频的不断向前发展，一种新型的视频方式逐渐走进人们的视野之中，即视频直播。作为争夺粉丝和流量的有效工具，直播不但拥有视频的直观性特征，而且互动性和即时性更强，能够有效打破时间和空间的阻碍。直播是目前最火爆的社交方式之一，同时也为推广引流打开了一条新的路子。

直播的优势数不胜数，不仅传统的视频网站开设了此项功能，还出现了专门的视频直播平台。从 2012 年起，视频直播就开始慢慢兴起，直到现在它还在以稳劲的势头发展着。目前，我国知名的直播平台有斗鱼直播、熊猫直播等。另外，一些短视频平台也开展了直播业务，如抖音短视频、快手等。

每个视频直播平台都有自己的特色，而且也凭借其强大的功能吸引了不少用户的关注和喜爱。直播推广的方式之所以能够为大众接受，是因为它具备别的推广方式所不具备的特色和亮点，具体如图 7–38 所示。

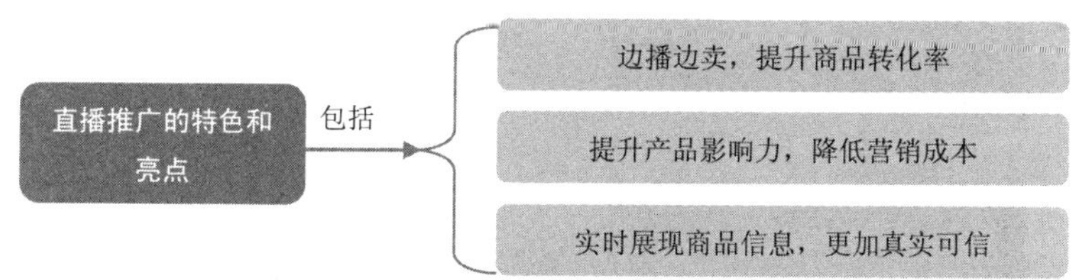

◆ 图 7–38　直播推广的特色和亮点

那么，具体应该怎么推广呢？笔者在这里总结了 3 个直播推广的要点，如图 7–39 所示。

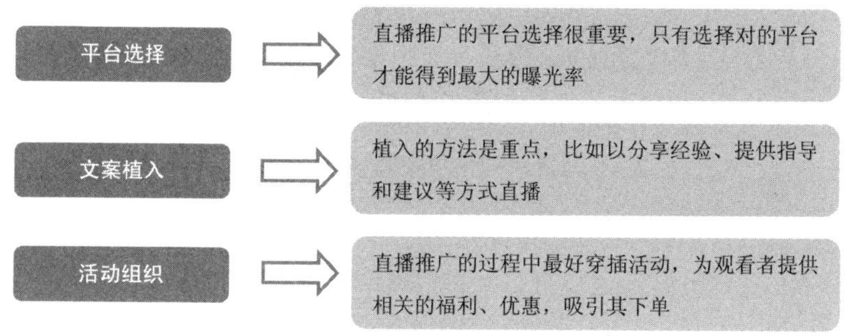

◆ 图 7–39　直播推广的方式

专家提醒

此外，在直播推广时，最好采用“边播边卖”的形式，比如美妆直播，可以在告诉观众如何化妆的同时推荐和售卖使用的化妆品，让高效转化成为可能。

以手机淘宝中的“淘宝直播”为例，很多淘宝达人和店铺都在此平台上专门开设了直播页面进行宣传和推广。图 7–40 所示为某商家在直播推广饰品。

深入解读

图 7-40 中的直播推广内容，实时展示各种饰品，以供买家挑选，同时买家也可以通过弹幕的方式来向卖家提出相应的要求。这种推广方式比较便捷，吸引的受众也大多是目标用户群体。

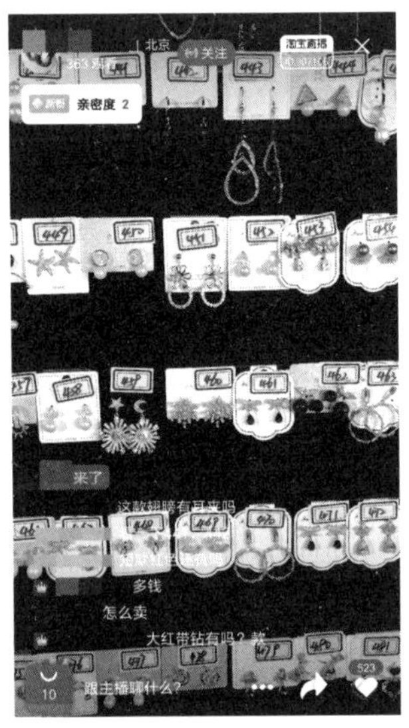

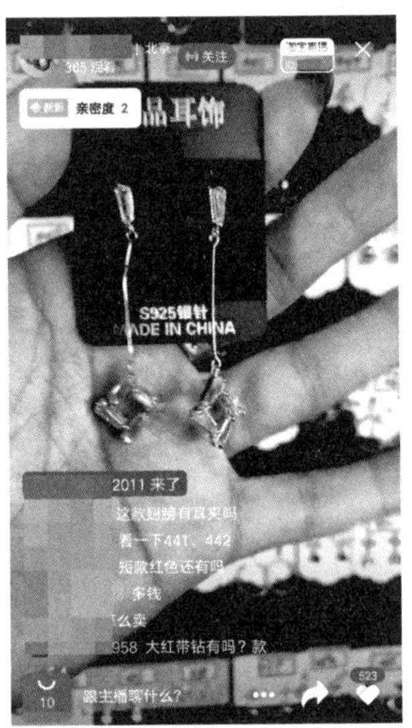

◆ 图 7-40　淘宝直播推广的案例展示

第8章 如何轻松出版专属自己的书？从第一本到第 N 本

学前提示

作者进行创作，除了进行相关推广和宣传外，获得更高利润也是其主要目的之一。而图书出版就是一个能同时兼顾文案创作和运营推广的获利方式。

本章围绕图书出版，从其必要的 9 个步骤出发详细介绍如何出版一本专属于自己的书。

要点展示

- 联系出版社，前期沟通很重要
- 市场的调研，选题应该怎么定
- 目录和样章，这样写更吸引人
- 选题的申报，之后这样签合同
- 正文的打造，图文并茂重质量

100 联系出版社，前期沟通很重要

作者如果想要出版图书的话，那么首先就需要与出版社取得联系沟通。在选择出版社的时候要根据自己出版的图书的类型选择合适的出版社或者编辑。

作者既然想要出版一本外卖类的图书，那么就选择一个合适的出版社来出版此书。一般来说，可从以下 4 个方面进行综合考虑，选出最适合的出版社出版该书，这 4 个方面具体如图 8-1 所示。

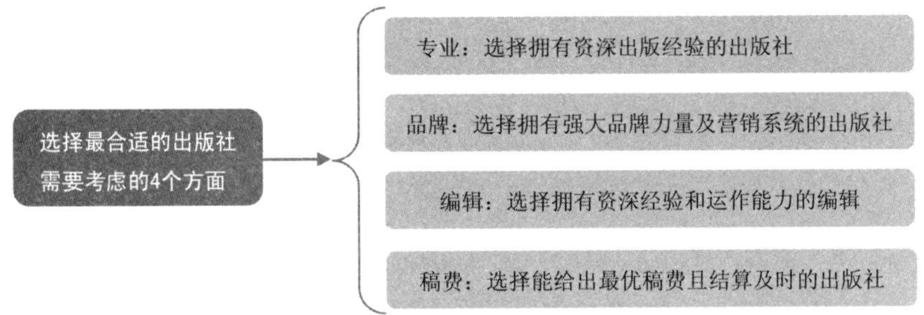

◆ 图 8-1　选择最合适的出版社需要考虑的 4 个方面

在选择出最适合的出版社之后，即可与出版社就要出版的图书的内容提要进行交流与沟通，让出版社了解你要出版的图书的大致情况。作者在与出版社就图书的大致情况进行沟通时，双方需要商榷好以下 3 个方面的内容，即图书的内容提要、目录和样章。

101 市场的调研，选题应该怎么定

作者与出版社进行初步的沟通之后，接下来要做的就是商谈图书的选题和内容。双方在商谈图书选题的时候，要先商谈好图书的名称。这里举例，笔者的一个朋友是从事外卖运营的，有实操经验，想要出版一本这方面的书，因此初步确定书名与外卖运营相关，而且主要讲的是外卖运营的 4 大核心——商家、菜品、用户和物流。基于此，作者经过与出版社方面商定之后决定将书名暂定为《外卖运营完全攻略：商家运营 + 爆款打造 + 用户争夺 + 物流配送》。

在进行图书选题商谈时，还需要先做好该类书籍的市场调查及分析，然后决定

书里要写哪些方面的内容。因此，作者对 4 个方面进行了调研与思考，如图 8-2 所示。

运营者就上面 4 个方面的调研结果，再加上出版社方面给出的建议，最后决定将本书分为 11 大篇幅，具体如图 8-3 所示。

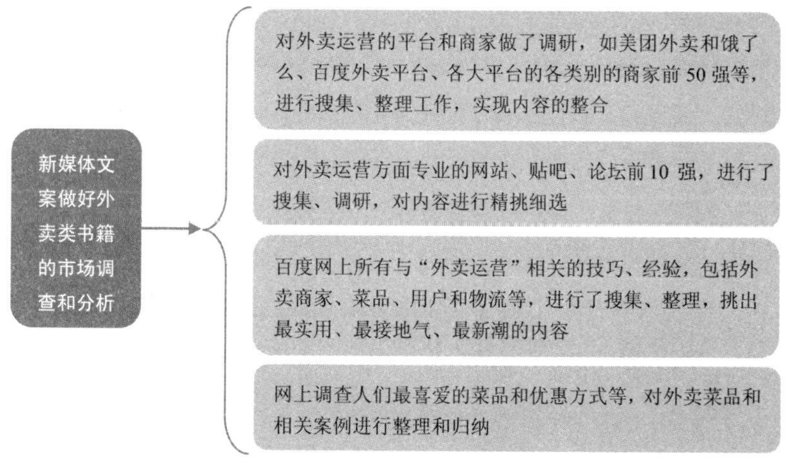

◆ 图 8-2　新媒体文案做好外卖类书籍的市场调查和分析

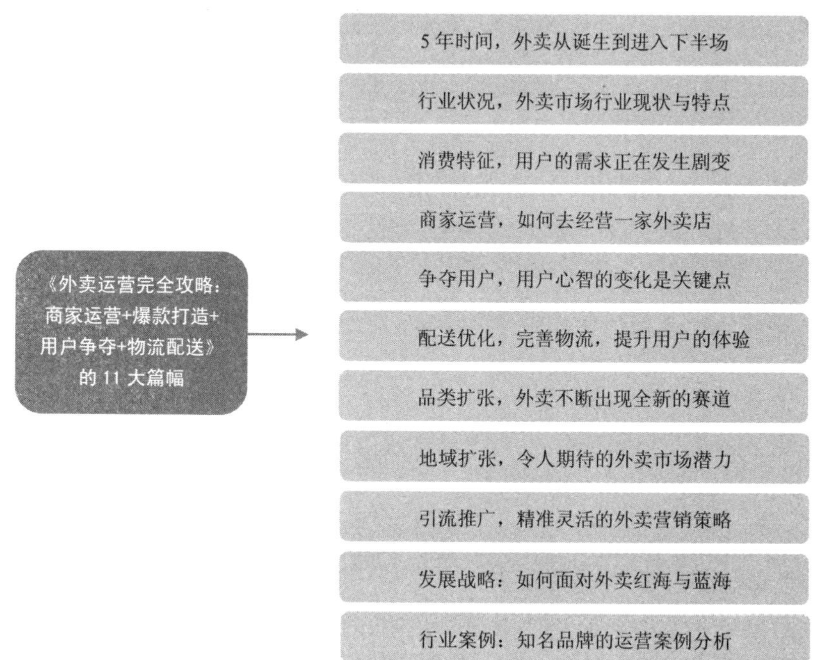

◆ 图 8-3　《外卖运营完全攻略：商家运营 + 爆款打造 + 用户争夺 + 物流配送》的 11 大篇幅

102 目录和样章，这样写更吸引人

作者在与出版社商谈好所要出版的图书的书名和图书要写的大致内容之后，就要开始制作图书的目录及样章了。

目录是作者创作一本书时的指南针，它能够让作者在写作过程中不偏离书的主题思想，因此要认真对待。运营者在制作图书目录时，首先要明确该本图书的总页数，然后才能进行本书的章节规划，同时目录要做得详细，要具体到三级目录。

图 8-4 所示为《外卖运营完全攻略：商家运营 + 爆款打造 + 用户争夺 + 物流配送》一书目录的部分内容。

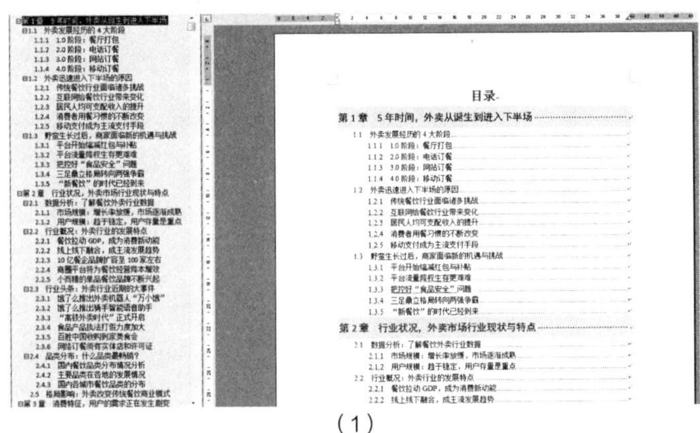

目录

第 1 章　5 年时间，外卖从诞生到进入下半场

1.1　外卖发展经历的 4 大阶段
1.1.1　1.0 阶段：餐厅打包
1.1.2　2.0 阶段：电话订餐
1.1.3　3.0 阶段：网站订餐
1.1.4　4.0 阶段：移动订餐
1.2　外卖迅速进入下半场的原因
1.2.1　传统餐饮行业面临诸多挑战
1.2.2　互联网给餐饮行业带来变化
1.2.3　居民人均可支配收入的提升
1.2.4　消费者用餐习惯的不断改变
1.2.5　移动支付成为主流支付手段
1.3　野蛮生长过后，商家面临新的机遇与挑战
1.3.1　平台开始缩减红包与补贴
1.3.2　平台流量降权生存更难难
1.3.3　把控好“食品安全”问题
1.3.4　三足鼎立格局转向两强争霸
1.3.5　“新餐饮”的时代已经到来

第 2 章　行业状况，外卖市场行业现状与特点

2.1　数据分析：了解餐饮外卖行业数据
2.1.1　市场规模：增长率放缓，市场逐渐成熟
2.1.2　用户规模：趋于稳定，用户存量是重点
2.2　行业概况：外卖行业的发展特点
2.2.1　餐饮拉动 GDP，成为消费新动能
2.2.2　线上线下融合，成主流发展趋势

（1）

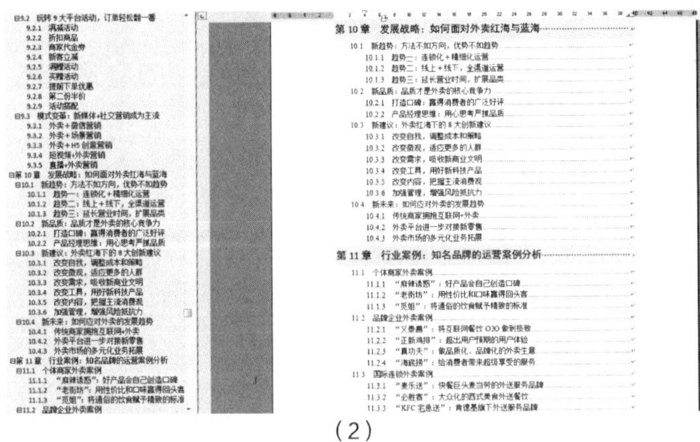

第 10 章　发展战略：如何面对外卖红海与蓝海

10.1　新趋势：方法不如方向，优势不如趋势
10.1.1　趋势一：连锁化 + 精细化运营
10.1.2　趋势二：线上 + 线下，全渠道运营
10.1.3　趋势三：延长营业时间，扩展品类
10.2　新品质：品质才是外卖的核心竞争力
10.2.1　打造口碑：赢得消费者的广泛好评
10.2.2　产品经理思维：用心思考严抓品质
10.3　新建议：外卖红海下的 8 大创新建议
10.3.1　改变自我，调整成本和策略
10.3.2　改变微观，适应更多的人群
10.3.3　改变需求，吸收新商业文明
10.3.4　改变工具，用好新科技产品
10.3.5　改变内容，把握主流消费观
10.3.6　加强管理，增强风险抵抗力
10.4　新未来：如何应对外卖的发展趋势
10.4.1　传统商家拥抱互联网+外卖
10.4.2　外卖平台进一步对接新零售
10.4.3　外卖市场的多元化业务拓展

第 11 章　行业案例：知名品牌的运营案例分析

11.1　个体商家外卖案例
11.1.1　“麻辣诱惑”：好产品会自己创造口碑
11.1.2　“老街坊”：用性价比和口味赢得回头客
11.1.3　“觅姐”：将通俗的饮食赋予精致的标准
11.2　品牌企业外卖案例
11.2.1　“义泰昌”：将互联网餐饮 O2O 做到极致
11.2.2　“正新鸡排”：超出用户预期的用户体验
11.2.3　“真功夫”：做品质化、品牌化的外卖生意
11.2.4　“海底捞”：给消费者带来超级享受的服务
11.3　国际连锁外卖案例
11.3.1　“麦乐送”：快餐巨头麦当劳的外送服务品牌
11.3.2　“必胜客”：大众化的西式美食外送餐饮
11.3.3　“KFC 宅急送”：肯德基旗下外送服务品牌

（2）

◆ 图 8-4 《外卖运营完全攻略：商家运营 + 爆款打造 + 用户争夺 + 物流配送》一书目录的部分内容

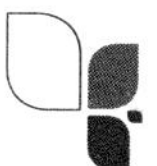

制作好目录之后，运营者还需要写出样章。制作图书样章主要有以下两个方面的作用，即确定该书的基调和确定该书的写作风格。图 8-5 所示是《外卖运营完全攻略：商家运营 + 爆款打造 + 用户争夺 + 物流配送》一书样章的部分内容。

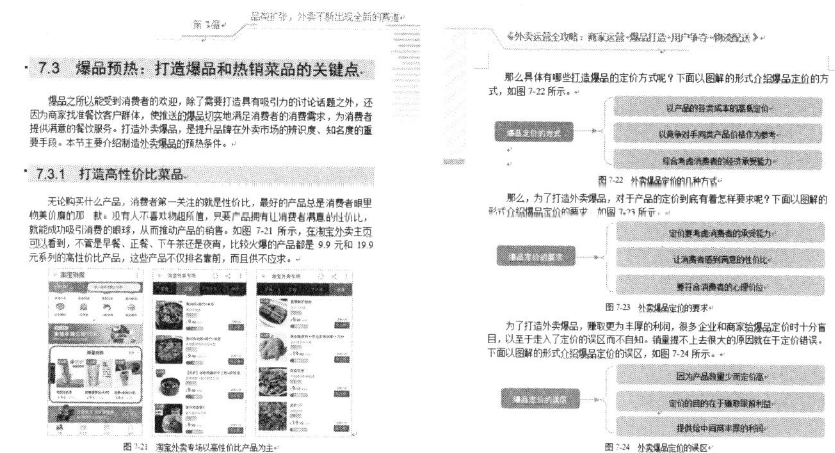

第 7 篇　品类扩张，外卖不断出现全新的赛道

7.3　爆品预热：打造爆品和热销菜品的关键点

爆品之所以能受到消费者的欢迎，除了需要打造具有吸引力的讨论话题之外，还因为商家找准餐饮客户群体，使推送的爆品切实地满足消费者的消费需求，为消费者提供满意的餐饮服务。打造外卖爆品，是提升品牌在外卖市场的辨识度、知名度的重要手段。本节主要介绍制造外卖爆品的预热条件。

7.3.1　打造高性价比菜品

无论购买什么产品，消费者第一关注的就是性价比，最好的产品总是消费者眼里物美价廉的那一款。没有人不喜欢物超所值，只要产品拥有让消费者满意的性价比，就能成功吸引消费的眼球，从而推动产品的销售。如图 7-21 所示，在淘宝外卖主页可以看到，不管是早餐、正餐、下午茶还是夜宵，比较火爆的产品都是 9.9 元和 19.9 元系列的高性价比产品，这些产品不仅排名靠前，而且供不应求。

图 7-21　淘宝外卖专场以高性价比产品为主

《外卖运营全攻略：商家运营+爆品打造+用户争夺+物流配送》

那么具体有哪些打造爆品的定价方式呢？下面以图解的形式介绍爆品定价的方式，如图 7-22 所示。

图 7-22　外卖爆品定价的几种方式

那么，为了打造外卖爆品，对于产品的定价到底有着怎样要求呢？下面以图解的形式介绍爆品定价的要求，如图 7-23 所示。

图 7-23　外卖爆品定价的要求

为了打造外卖爆品，赚取更为丰厚的利润，很多企业和商家给爆品定价时十分盲目，以至于走入了定价的误区而不自知。销量提不上去很大的原因就在于定价错误。下面以图解的形式介绍爆品定价的误区，如图 7-24 所示。

图 7-24　外卖爆品定价的误区

◆ 图 8-5　《外卖运营完全攻略：商家运营 + 爆款打造 + 用户争夺 + 物流配送》一书样章的部分内容

选题的申报，之后这样签合同

作者在制作完图书的目录及样章后，即可将目录跟样章交给出版社审阅。如果出版社有意见和建议，作者就应该根据其建议进行修改；如果出版社认为目录和样章没有问题，那么出版社方面的负责人就可以向他们的上级申报选题。

图 8-6 所示为《外卖运营完全攻略：商家运营 + 爆款打造 + 用户争夺 + 物流配送》选题报批表的部分内容。

《外卖运营完全攻略：商家运营 + 爆款打造 + 用户争夺 + 物流配送》一书的选题申报通过之后，出版社就要给作者该书的书号，以及与作者签订图书出版合同。

图 8-7 所示为图书出版合同范本的部分内容。因为版面有限，所以笔者在这里就不放上图书出版合同的全部内容了。如果大家有兴趣了解的话，可以去网上查找图书合同范本。

专家提醒

运营者在跟出版社签订合同时要看清楚合同里的条款内容，合同里面主要包括出版社对该书的版权使用权限、出版社版费支付方式以及违约金（一般违约金的金额是双方约定好的报酬的30%）等方面的内容。

中国铁道出版社有限公司选题报批单

一、选题名称与选题内容　　　　**选题编号**__________

选题名称	外卖运营完全攻略：商家运营+爆款打造+用户争夺+物流配送
丛书名称	
读者定位	（1）正在开展外卖业务的小、中、大型企业。 （2）准备进入外卖行业的商家和创业者。 （3）线下、线下想扩展外卖餐饮运营商。 （4）餐饮行业的管理者和营销人员。 （5）餐饮 O2O 电商类课程的学校。
主要内容	本书以美团、饿了么、百度外卖三大外卖平台巨头为代表，结合近百家网红店铺真实案例，揭秘了商家、菜品、用户、物流四大核心运营。 书中从外卖的行业状况、消费特征、商家运营、用户扩展、配送优化、品类扩张、引流推广等，进行了全面讲解，帮助大家从新手成为互联网时代的外卖营销和运营高手。 同时精选了必胜客、肯德基、麦当劳、必胜客、海底捞、星巴克、小南国、望湘园等许多大、中、型餐饮业代表，如何通过外卖带来营业额的增长，从线下到线上利润的倍涨。
推荐语	数百家网红店铺真实案例，餐饮外卖内部运营资料，首次、独家分享！ 把外卖从 0 元做到 10 万、100 万、1000 万，甚至上亿营业额的运营秘笈！
截稿时间	

（1）

二、作者情况（只写本书的署名作者）

<table>
<tr><td rowspan="3">主要拟约作者</td><td>顺序</td><td>姓名</td><td>学历</td><td>职称</td><td>学科专长</td><td colspan="4">通　讯　地　址</td></tr>
<tr><td rowspan="2">1</td><td rowspan="2"></td><td rowspan="2"></td><td rowspan="2"></td><td rowspan="2">餐饮运营</td><td>作者单位</td><td colspan="3"></td></tr>
<tr><td>邮政编码</td><td></td><td>电 话</td><td></td></tr>
<tr><td></td><td colspan="9">必须填写！作者简介：（50~200 字之间，要实事求是写，不要吹嘘，报出版总署使用）
作者姓名：
学历：
职称：
学科专长：餐饮运营
工作单位：
工作经历：专业餐饮班科出身，多年餐饮行业打拼，拥有 10 多年餐饮运营、管理经验，历经传统餐饮、网络餐饮、移动互联网餐饮的变革和升级。兼任多家连锁餐饮投资顾问，自己投资过多家酒楼、渔楼，如　　、　　等。从 2015 年起，渐渐与美团、饿了么、百度外卖等平台，建立了长期、深远的合作。从线下实体到线上外卖的结合和转型，特别是吸引顾客、店铺包装、营销策划、扩大销售、成本管理、利润增长，都有着一线的外卖餐饮实战经验。
主要著作：
联系方式：
通讯地址：
身份证号：</td></tr>
</table>

（2）

◆ 图 8-6　《外卖运营完全攻略：商家运营 + 爆款打造 + 用户争夺 + 物流配送》选题报批表的部分内容

三、与社内外同类图书选题的比较分析（两个为宜）

书　　名	出版社	读者层次	著译者	出版日期	印数
外卖运营实战指南	人民日报	初级	勺子课堂	2018 年 4 月	2 印
分析：优点是市场上第一本讲外卖运营的书，且由饿了么相关的培训机构编写，缺点是内容讲得比较浅，实操性比较弱。					

四、选题立意

一、背景：

（1）市场规模：2017 年中国在线外卖市场规模达 2046 亿元，其中饿了么占比为 41.7%，美团外卖占比 41.0%，百度外卖占比 13.2%。外卖送餐逐渐成为我国越来越多用户的餐饮消费习惯，外卖市场的交易规模也将保持较高增速，预计 2020 年可突破 7000 亿元。美团外卖 2017 年交易额达 1710 亿元，是 2016 年的 2.9 倍。

（2）用户规模：2017 年在线订餐用户规模超 3 亿人，预计 2018 年用户规模将进一步增至 3.7 亿人，2020 年外卖用户将超 6 亿。

二、需求：

（1）市场刚需：外卖市场的辐射范围越来越广，几乎涉及到吃的配送问题，基本都能解决，因此这个市场的规模只会越来越大。外卖行业从无到有，催生了一个 3000 多亿元人民币的市场，用户就餐习惯和消费方式正在发生深刻的变化，数百万餐饮企业投入外卖大潮中，在新的餐饮生态圈重获新生，外卖业务蒸蒸日上。

（3）

◆ 图 8-6　《外卖运营完全攻略：商家运营 + 爆款打造 + 用户争夺 + 物流配送》选题报批表的部分内容（续）

甲方(权利人)：____　　地址：____

乙方(出版者)：____　　地址：____

作品名称：____

作者姓名：____

甲乙双方就出版上述作品达成协议如下：

第一条　甲方授予乙方在____地区独家出版发行该作品之____版本的权利。未经对方许可，任何一方不得将上述权利在合同有效期内授予第三方。

第二条　甲方保证拥有第一条所述的权利，并保证上述权利的行使不侵犯他人的版权。如因上述权利的行使侵犯他人的版权，由甲方负全部责任，并赔偿因此给乙方造成的经济损失。

第三条　乙方保证充分尊重作者署名权、作品修改权和作品完整性权。乙方出版上述作品，确有正当理由，需要对上述作品作适当修改或增删序言、后记和评论等内容，应事先征得甲方书面同意(甲方不是作者，由甲方代向作者征得书面意见)，并经甲方或作者审定。

第四条　乙方向甲方支付版权使用费的方式(任选其一)：

1.版税：版定价____×____%____×印数第一版最低印数为____册,每册定价为____

2.基本稿酬加印数稿酬：____版（元/每千字）+（基本稿酬____%/每千册）

3.一次性付酬：

第五条　甲方应于合同生效之日起____月内，向乙方提供合格稿件。乙方收到稿件之日起____月内出版该作品之____版，并于出版后的____月内向甲方支付版权使用费。再版时，应在再版后____月内向甲方付清版权使用费。版权使用费以____结算。

◆ 图 8-7　图书出版合同范本的部分内容

104　正文的打造，图文并茂重质量

作者与出版社签订合同之后，就可以开始进行图书的写作了。在写作的过程

中，作者要注重图书内容的质量，并且要严格按照制作的图书目录去写作，同时要尽量保持在后续写作过程中图书内容的风格与之前制作的样章的风格一致。

作者在写作过程中如果发现目录或者其他方面存在某些问题，那么运营者需要及时地与出版社方面进行沟通，寻找妥帖的解决办法，以保证写作的图书可以达到要求的质量。

105 检查并交稿，封面图不能小瞧

作者在完成该书的写作之后，自己要对其进行详细的检查，查看书中是否有错别字、语法错误、逻辑错误以及不符合法律规范的言语等问题。

作者在检查完图书的问题之后，就可以跟出版社商量，让出版社开始着手制作图书的封宣，并在出版社制作封宣的过程中保持联系。封宣制作完成后应该让出版社把封宣制作效果传送过来给作者查看，如有不满意之处可向出版社提出自己的意见，让出版社改进。

至于封宣的相关内容，主要包括该书的封面宣传语、内容提要、前言 3 个部分。图 8-8 所示是《外卖运营完全攻略：商家运营 + 爆款打造 + 用户争夺 + 物流配送》一书制作完成之后的封宣样例。

◆ 图 8-8 《外卖运营完全攻略：商家运营 + 爆款打造 + 用户争夺 + 物流配送》一书的封宣样例

106 配合三审校，修改完善定终稿

作者在对图书进行检查之后，就可以将图书交给出版社进行校审。在出版社审核过程中要随时保持跟出版社之间的交流与沟通。

因为出版社至少会对该图书进行 3 次校审，如若他们审出了图书中存在的问题，就会将问题反馈给作者，作者应该积极配合出版社，对图书中的问题进行修改。

107 等待书出版，结算稿费喜洋洋

作者出版一本书后会获得相应稿酬，因此作者最后一步要做的事情就是与出版社针对该书进行相关的费用结算申报与薪酬核算。当作者的费用结算申报通过之后，出版社就会付给作者应得的薪酬。

108 加紧做推广，争取畅销上百万

当出版社校审工作结束之后，接下来作者就可以等待出版社出版《外卖运营完全攻略：商家运营 + 爆款打造 + 用户争夺 + 物流配送》一书。出版社在出版该书后会免费给作者赠送该书的样书，作者只需等待样书到来并配合出版社做营销推广，争取成为畅销书。

处理好图文广告设计，让信息传播更精准和有效

学前提示

在新媒体信息被更多人接受的时候，如何打造引人关注的新媒体图文广告就成为推广和传播过程中的关键一环。本章内容将从文字和图片出发，重点介绍如何进行美工设计和布局处理，最终设计和打造出吸睛的新媒体广告。

要点展示

- 不同字体，尽情展现不同风格
- 文字编排，3 个方面体现设计感
- 元素布局，需要灵活运用与搭配
- 图片处理，实现信息传递的简洁

109 不同字体，尽情展现不同风格

当我们进入一个新媒体页面时，你是否会有意无意地看到属于这个页面的特定字体设计，从而影响到你对这个页面最直观的感受，精致、优雅、科幻、古典或者是觉得粗糙难看呢？

字体风格形式多变，如何利用文字进行有效的设计与运用，是把握字体更改最为关键的问题。当对文字的风格与表现手法有了详尽的了解后，便能有助于我们进行字体设计。

在新媒体广告美工设计中，常见的字体有线型、手写型、书法型、规整型等，不同的字体可以表现出不同的风格。下面笔者将进行具体介绍。

1. 线型字体——给人简洁、明快的感觉

线型字体，是指文字的笔画每个部分的宽窄都相当，表现出一种简洁、明快的感觉，在新媒体页面设计中较为常用，常用的线型字体有“方正细圆简体”“幼圆”“方正兰亭超细黑简体”等，如图 9-1 所示。

◆ 图 9-1　线型字体

深入解读

图 9-1 中虚线框中的字体，以纤细的线条来修饰画面中的矩形，通过线型的字体与之相配，突显出文字精致、简洁的视觉效果，两者之间风格一致，给人留下明快、高端的印象。

2. 手写型字体——表现出强烈的个人风格

手写型字体是一种使用硬笔或者软笔纯手工写出的文字。手写型字体文字代表了中国汉字文化的精髓。这种手写型字体文字大小不一、形态各异，在计算机字库中很难实现错落有致的效果。手写体的形式因人而异，带有较为强烈的个人风格。

在新媒体设计时使用手写型字体，可以表现出一种不可模仿的随意性和不受局限的自由性，有时为了迎合画面整个的设计风格，适当地使用手写型字体，可以让新媒体广告的主题表现得更加淋漓尽致，如图 9-2 所示。

◆ 图 9-2　手写型字体

深入解读

图 9-2 中虚线框中的字体，随意的手写体加上深蓝背景上呈亮色显示的颜色，给人以活泼甜美、亲切的感觉。

3. 书法型字体——让文字外形设计感增强

书法型字体，就是书法风格的分类。书法型字体，从传统上来说共有行书字体、草书字体、隶书字体、燕书字体、篆书字体和楷书字体 6 种，也就是 6 个大类。在每一大类中又细分出若干小的门类，如篆书又分大篆、小篆，楷书又有魏碑、唐楷之分，草书又有章草、今草、狂草之分。

书法型字体是中国独有的一种传统艺术，字体外形自由、流畅，且富有变化，笔画间会显示出洒脱和力道，是一种传神的精神境界。在设计新媒体广告时，为了契合活动的主题，或是配合商品的风格，很多时候使用书法型字体可以让画面中文字的外形设计感增强，表现出独特的韵味，如图 9-3 所示。

◆ 图 9-3　书法型字体

深入解读

图 9-3 中的虚线框部分，画面是一部电影的宣传页面，在设计时使用了书法型字体进行表现，颇有美感。

4．规整型字体——大气、端正和富有节奏感

规整型字体是指利用标准、整齐外形的字体，表现出一种规整的感觉。这样的字体也是新媒体设计中较为常用的字体——它能准确、直观地传递出产品的信息。在设计新媒体广告面时，利用规整型字体，通过调整字体间的排列间隔，结合不同长短的文字可以很好地表现出画面的节奏感，给人留下大气、端正的印象，如图 9-4 所示。

◆ 图 9-4　规整型字体

深入解读

图 9-4 中虚线框中的字体，使用的均为规整型字体。工整的文字可以让信息传递更准确、及时，也让读者有舒适的阅读感受。

110 文字编排，3 个方面体现设计感

为了让新媒体页面布局更有条理，同时提高整体内容的表现力，从而有利于用户进行有效的阅读以及接受其主题信息，在设计时运营者还需要考虑文字整体编排的规整性，并适当加入带有装饰性的设计元素，用来提升画面美感，让文字编排变得更具有设计感。

要做到这些要求，必须深入了解文字编排规则，主要包括三个方面，即在文字描述方面要符合版面主题、在段落排列方面要体现易读性和在整体布局方面要体现审美性，具体分析如下。

1．文字描述方面

在新媒体设计中，文字编排不但要达到表达主题内容的要求，其整体排列风格还必须要符合设计对象的形象，才能保证版面文字能够准确无误地传达出信息，如图 9-5 所示。

◆ 图 9-5　准确性的文字编排

深入解读

图 9-5 中的文字编排，简洁醒目的白色主题字摆放在画面正中间，让用户可以一眼看明白广告的内容，并且用黄色的字来突出数字，让文字整体看起来更亮丽夺目。

2. 段落排列方面

在页面的文字编排设计中，易读性是指通过特定的排列方式使文字能带给顾客更好的阅读体验，让顾客阅读起来更加顺遂、流畅。

在实际的新媒体设计过程中，可以通过宽松的文字间隔、设置大号字体、多种不同字体进行对比阅读等方式，让段落文字之间产生一定的差异，使得文字信息主次清晰，能够增强文字的易读性，让用户更快地抓住广告的重点信息，如图 9-6 所示。

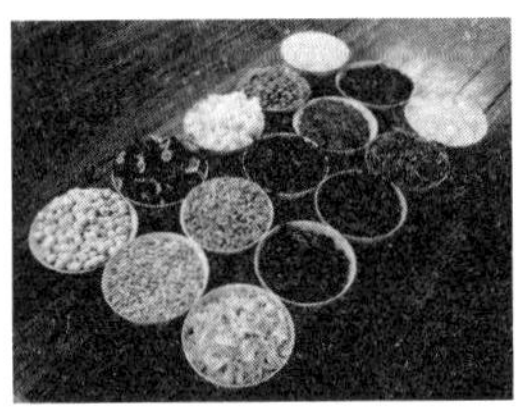

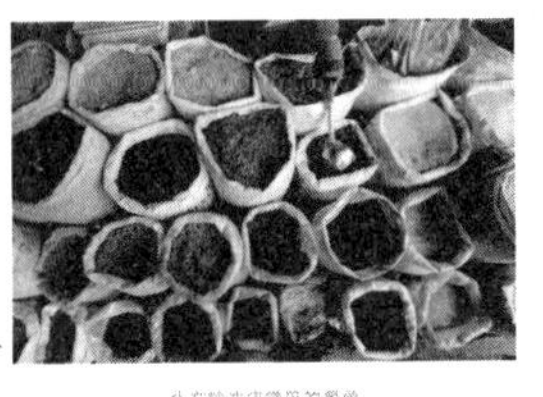

◆ 图 9-6　易读性的文字编排

深入解读

在图 9-6 的公众号文案中，设计者刻意将版面中的部分文字设定为大号字体，并配以适当的间距，同时使用序号来对文件的信息进行分割，使得它们的阅读性得到提高，同时让用户便于掌握重要信息。

3. 整体布局方面

对新媒体文案和广告来说，页面的美感是所有设计工作中必不可缺的重要因素。整体布局的审美性就是指通过事物的美感来吸引顾客，使其对画面中的信息和商品产生兴趣。

在字体编排方面，设计者可以对字体本身添加一些带有艺术性的设计元素，从结构上增添它的美感，如图 9-7 所示。

深入解读

图 9-7 的微信公众号底部广告设计中，通过添加可爱的设计元素，将其与单一的文字组合在一起，利用位置的巧妙安排，增强其趣味性，也提升了整个文字的艺术性。

◆ 图 9-7　整齐布局的审美性

111　元素布局，需要灵活运用与搭配

在设置一个新媒体页面时，通常包含了太多的元素，这些元素的布局没有固定的章法可循，主要靠设计师的灵活运用与搭配。只有在大量的设计实践中熟练运用，才能真正理解版式布局设计的形式原则，并熟练地加以运用，从而创作出优秀的新媒体广告作品。

1. 形式原则 1：对称与均衡

对称又称“均齐”，是在统一中求变化；均衡则侧重在变化中求统一。

对称的图形具有单纯、简洁的美感，以及静态的安定感，对称给人以稳定、沉静、端庄、大方的感觉，产生秩序、理性、高贵、静穆之美。对称的形态在视觉上有安定、自然、均匀、协调、整齐、典雅、庄重、完美的朴素美感，符合人们通常的视觉习惯。

均衡的形态设计让人产生视觉与心理上的完美、宁静、和谐之感。静态平衡的格局大致是由对称与均衡的形式构成。均衡结构是一种自由稳定的结构形式，一个画面的均衡是指画面的上与下、左与右，实现面积、色彩、重量等的大体平衡。

专家提醒

对称与均衡是一切设计艺术最为普遍的表现形式之一。对称构成的造型要素具有稳定感、庄重感和整齐的美感，它属于规则式的均衡的范畴；均衡也称平衡，它不受中轴线和中心点的限制，没有对称的结构，但有对称的重心，主要是指自然式均衡。

在画面上，对称与均衡产生的视觉效果是不同的，前者端庄静穆，有统一感、格律感，但如过分均等就易显呆板；后者生动活泼，有运动感，但有时因变化过强而易失衡。因此，在设计中要注意把对称、均衡两种形式有机地结合起来灵活运用，如图 9-8 所示。

◆ 图 9-8　对称与均衡的布局表现形式

深入解读

图9-8的某商品的详情页面中，采用了左右对称的形式进行设计，但不是绝对的对称，画面中的布局在基本元素的安排上赋予固定的变化，对称均衡，更灵活、更生动，是设计中较为常用的表现手段，具有现代感的特征，也让画面中的商品细节与文字搭配更显得自然和谐。

在设计中，均衡不等于均等，而是根据景观要素的材质、色彩、大小、数量等来判断视觉上的平衡，这种平衡带来的是视觉上的和谐。对称与均衡是把无序的、复杂的形态组构成秩序性的、视觉均衡的形式美。

常用的版式布局的对齐方式有左对齐、右对齐、居中对齐和组合对齐，各自具体的特点如下。

▶ 左对齐：左对齐的排列方式有松有紧，有虚有实，非常具有节奏感，如图 9-9 所示。

深入解读

图 9-9 的广告设计图，文字使用左对齐的方式排列，与广告中的产品实物互相弥补，让版面整体上具有很强的节奏感。

◆ 图 9-9　左对齐布局

▶ 右对齐：右对齐的排列方式与左对齐刚好相反，具有很强的视觉性，适合表现一些特殊的画面效果，如图 9-10 所示。

◆ 图 9-10　右对齐布局

深入解读

图 9-10 所示的一款桌布的广告设计图，其文字采用的是右对齐的方式，整个画面的视觉中心向右偏移，让人们的视觉集中在下方的产品上，并且整个色调搭配和谐，给人舒适的视觉感受。

▶ 居中对齐：是指让设计元素以中心轴线为对称中心的对齐方式，可以让顾客视线更加集中，具有庄重、优雅的感觉，如图 9-11 所示。

◆ 图 9-11　居中对齐布局

深入解读

图 9-11 所示的新媒体平台上的商品广告，文字与设计元素都使用居中对齐的方式，给人带来视觉上的平衡感。

2. 形式原则 2：节奏与韵律

节奏与韵律是物质运动的一种周期性表现形式，是有规律的重复、有组织的变化现象，是艺术造型中求得整体统一和变化，从而形成艺术感染力的一种表现形式。韵律是通过节奏的变化来产生的，对于版面来说，只有在组织上符合某种规律并具有一定的节奏感，才能形成某种韵律。

在新媒体的广告设计中，合理运用节奏与韵律，才能将复杂的信息以轻松、优雅的形式表现出来，如图 9-12 所示。

深入解读

在图 9-12 所示的今日头条文案的封面设计图中，3 幅图片的色彩和布局统一，相同形式的构图体现出画面的韵律感，但每个画面中的文字和内容中心又各不相同，这样又表现出节奏上的变化，让文案信息的展示显得更加轻松。像这样的封面设计，能让读者通过封面更容易了解文案的主要内容。

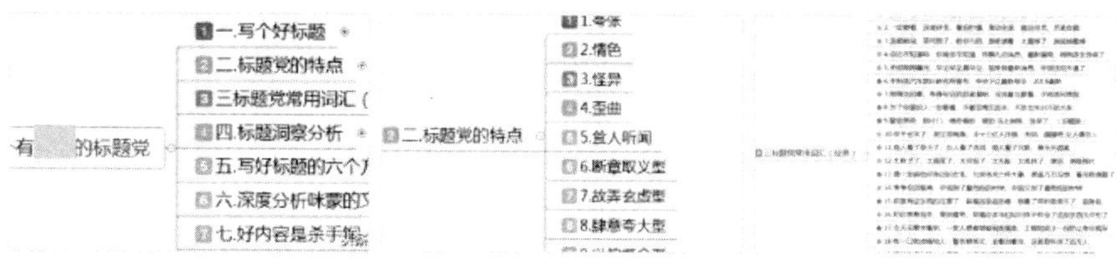

◆ 图 9-12　节奏与韵律的版面布局表现形式

3. 形式原则 3：对比与调和

从文字含义上分析，对比与调和是一对充满矛盾的综合体，但它们实质上却又是相辅相成的统一体。在新媒体广告设计中，画面中的各种设计元素都存在着相互对比的关系，但为了找到视觉和心理上的平衡，设计师往往会在不断的对比中寻求能够相互协调的因素，让画面同时具备变数和和谐的审美情趣。

▶ 对比：对比是差异性的强调。对比的因素存在于相同或相异的性质之间，也就是把相对的两要素互相比较之下，产生大小、明暗、黑白、强弱、粗细、疏密、高低、远近、动静、轻重等对比关系。对比的最基本要素是显示主从关系和统一变化的效果，如图 9-13 所示。

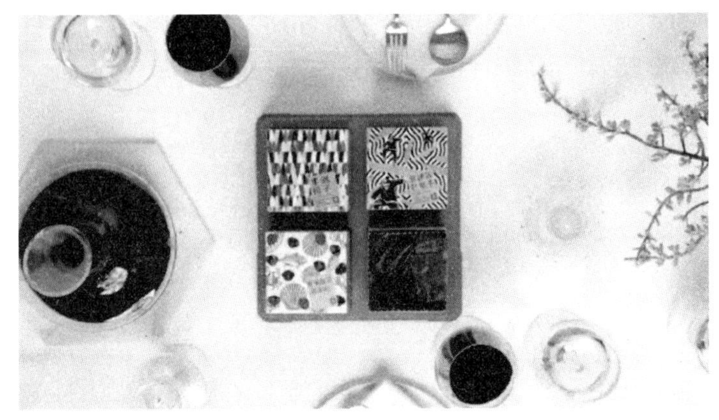

◆ 图 9-13　对比布局的表现形式

深入解读

图 9-13 所示为今日头条上的关于良品铺子的文案主图。画面中心的颜色相对于四周来说要鲜亮、醒目得多，从而形成了鲜明的对比。但是四周的布置又是以其为中心，让人目光集中的同时也让画面显得和谐、统一。

▶ 调和：调和是指适合、舒适、安定、统一，是近似性的强调，是两者或两者以上的要素之间具有的共性，如图 9-14 所示。

◆ 图 9-14　调和布局的表现形式

深入解读

画面中是以布局相似的上下三图来展现不同颜色的产品的，且两种颜色都不是亮色，让画面看起来很和谐。当然，其主要颜色的不同，也让页面产生了适当的对比。

对比与调和是相辅相成的，在新媒体的版面构成中，一般整体版面宜采用调和，局部版面宜采用对比。

4. 形式原则 4：重复与交错

在新媒体的版面布局中，不断重复使用相同的基本形象，它们的形状、大小、方向都是相同的——重复使设计产生安定、整齐、规律的统一。但重复构成后的视觉感受有时容易显得呆板、平淡、缺乏趣味性。因此，在版面中可安排一些交错与重叠，打破版面呆板、平淡的格局。

5. 形式原则 5：虚实与留白

虚实与留白是新媒体的版面设计中重要的视觉传达手段，主要用于为版面增添灵气和制造空间感。两者都是采用对比与衬托的方式将版面中的主体部分烘托出来，使版面结构主次更加清晰，同时也能使版面更具层次感。

任何形体都具有一定的实体空间，而在形体之外或形体背后呈现的细弱或朦胧的文字、图形和色彩就是虚的空间。实体空间与虚的空间之间没有绝对的分界，画面中每一个形体在占据一定的实体空间后，常常会需要利用一定的虚的空间来获得视觉上的动态与扩张感。版面虚实相生，主体得以强调，画面更具连贯性。

中国传统美学上有“计白守黑”这一说法。就是指编排的内容是“黑”，也就是实体，斤斤计较的却是虚实的“白”，也可为细弱的文字，图形或色彩，这要根据内容而定。

留白则是版面中未放置任何图文空间，它是“虚”的特殊表现手法。其形式、大小、比例决定着版面的质量。留白给人的感觉是轻松的，最大的作用是引人注意。在排版设计中，巧妙地留白，讲究空白之美，是为了更好地衬托主题，集中视线和造成版面的空间层次。

图 9-15 所示为虚实结合的版面布局表现形式。

◆ 图 9-15 虚实结合的版面布局表现形式

深入解读

图 9-15 中的微信公众号底部广告，在设计时利用虚实相生使主体得到凸显——在表现实体的同时巧妙地留出空白区域，使留白空间更好地衬托主体，将读者视线集中在画面主体之上。这样的版面布局表现形式在版式设计中运用广泛，可使版面更富空间感，给人丰富的想象空间。

112 图片处理，实现信息传递的简洁

在新媒体页面设计的过程中，图片是除了文字外的另一个重要的传递信息途径，也是新媒体文案和广告设计中最需要重点设计的一个设计元素。图片比文字的表现力更直接、更快捷、更形象、更有效，可以让信息传递更简洁。

1. 裁剪与抠图

在设计新媒体页面或产品广告时，大部分的图片都是由摄影师拍摄的照片，它们在表现形式上大都是固定不变的，或者是内容上只有一部分符合广告设计的需要，此时就需要裁剪图片或者对图片进行抠图处理，从而获取图片，并使它们符合版面设计的需求。

图 9-16 所示为一个产品主体不突出的微信公众号底部广告设计案例。

◆ 图 9-16　产品主体不突出的微信公众号底部广告设计案例

深入解读

图 9-16 中的产品主体在图中并不突出，且还有点儿模糊，全靠大号的文字来支撑产品广告信息，至于其他的，则完全是背景图片。

在这样的情况下，新媒体广告设计者完全可以将展品主体从繁杂的背景中抠取出来，并进行适当的组合，让其具有新的含义。只有这样，才能让用户对产品的展示产生主动阅读的效果，也让产品的外形、特点更加醒目，避免过多的信息影响顾客的阅读体验。

2. 缩放和组合

在新媒体广告设计中，关于同一种产品的图片进行布局设计，如果进行不同比例的缩放，也会获得不同的视觉效果，从而突显出不同的重点。图 9-17 所示为运用缩放图片进行组合布局的某女鞋的详情页。

◆ 图 9-17　缩放图片进行组合布局

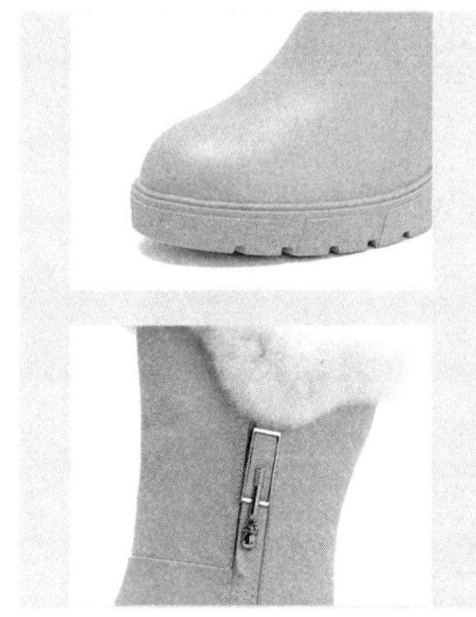

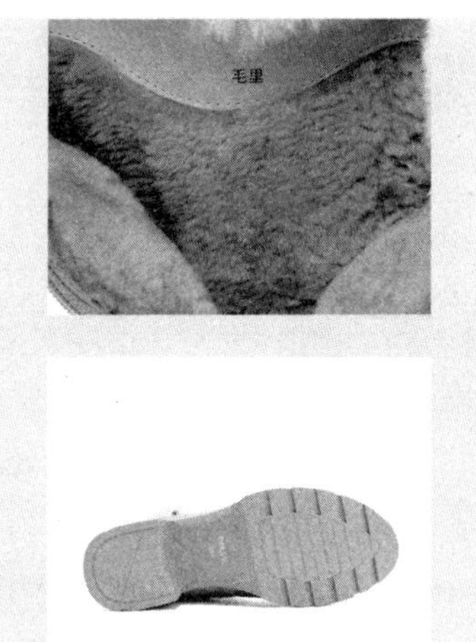

◆ 图 9-17　缩放图片进行组合布局（续）

深入解读

在图 9-17 所示的产品广告设计中，其图片的处理，首先是通过实拍照片展示产品的整体效果，突显出产品的外形特点，让用户对产品的注意更加集中。其后是将图片进行缩放，展示出产品的细节，让用户对产品的材质了解得更清楚，真实地还原产品的质感，更容易获得用户的认可，给人以逼真的触感。

需要注意的是，新媒体页面设计与普通的网页设计不同，它重点需要展示的是产品或品牌本身，并宣传一种中心理念。因此，在设计过程中，可以适当对产品或品牌图像进行遮盖，让产品或品牌的特点得以突显，从而获得用户更多的关注，如图 9-18 所示。

◆ 图 9-18　适当隐藏部分产品图像

深入解读

图 9-18 中的图形将产品要描述的重点部分图像展示出来，使得图像主体在背景中显得轮廓清晰而醒目。

113　封面图，创客贴模板轻松完成设计

通常来说，封面图会是读者看到的第一张图片，它是否能吸引住读者，让读者有点开链接、了解链接详情的意愿。图 9-19 所示为“手机摄影构图大全”微信公众号的文章封面。

◆ 图 9-19　“手机摄影构图大全”微信公众号的文章封面

深入解读

图 9-19 所示的“手机摄影构图大全”微信公众号是以摄影构图为主的，所以图片是一张张非常精美的摄影作品，吸引着爱好摄影的朋友驻足，并点进去查看是否还有更多精美的图片。

了解封面图片的重要性之后，可以开始尝试制作封面图。下面以创客贴为例，介绍制作封面图的方法。

创客贴是一款非常简单的在线平面设计工具，它不需要下载客户端，可以直

接在浏览器中编辑，平台提供了大量的模板与图片素材，只要简单的拖动就可以轻松制作出精美的效果。

步骤 01 登录进入创客贴，在“设计工具”页面，展示了常用场景，如图 9-20 所示。在此选择“公众号封面首图”场景，弹出“微信配图 / 公众号封面首图”对话框，如图 9-21 所示。

◆ 图 9-20 “设计工具”页面

◆ 图 9-21 “微信配图 / 公众号封面首图”对话框

步骤 02 选择一个模板，即可进入设计页面，如图 9-22 所示。在该页面上，其左侧是“素材分类区”，中间是“设计操作区”，右侧则是“页面管理区”。在“设计操作区”中双击文字，即可修改文本内容，修改时，文字会变成黑体，修改完毕后，将鼠标光标移至方框外单击，即可应用修改，字体也会变成模板原来使用的字体，效果如图 9-23 所示。

◆ 图 9-22　设计页面

◆ 图 9-23　修改文本内容

专家提醒

如果对字体格式不满意，可以在“设计操作区”上方修改相应的格式，包括字体颜色、字体、字号、样式、对齐方式、字间距、行间距、透明度、复制、删除等。或者单击左侧的“字体”按钮，可以在其中挑选字体模板，只需单击选择的字体，字体就会出现在“设计操作区”中央，再修改文字信息即可。

步骤 03 单击背景，图片变为可编辑状态；可在左侧“背景”中挑选纯色或图案背景，如图 9-24 所示。也可以单击左侧“素材”中的“图片”按钮，在其中选择喜欢的图片作为背景，如图 9-25 所示。

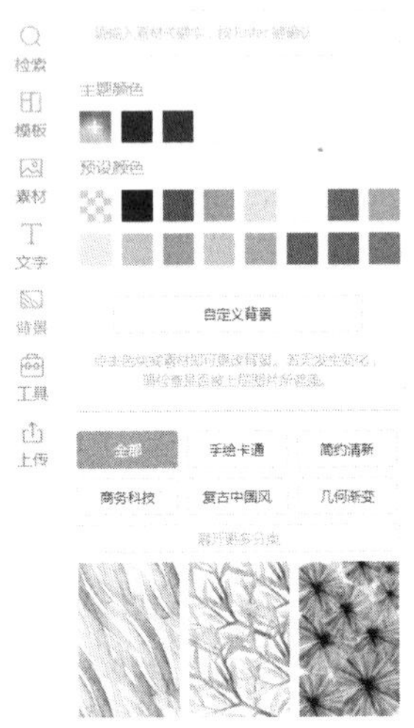

◆ 图 9-24　选择颜色或图案作为背景

◆ 图 9-25　选择图片作为背景

步骤 04 在此笔者选择把图片作为背景，把图片添加到“设计操作区”中，调整图片的位置与大小，删除原来的背景图片，如图 9-26 所示。单击“设计操作区”右上方的“图层”按钮，在弹出的下拉列表框中选择“置底图层”选项，效果如图 9-27 所示。

◆ 图 9-26　把图片添加到“设计操作区”中

◆ 图 9-27　置底背景图片效果

专家提醒

如果觉得画面较空，也可以试着添加一些其他的元素，如线条、形状、图表等，挑选一些元素进行适当的组合，如图 9-28 所示。如果已经确定主题，也可以直接在搜索框中搜索关键词，即可自动跳出很多相关内容，如图 9-29 所示。

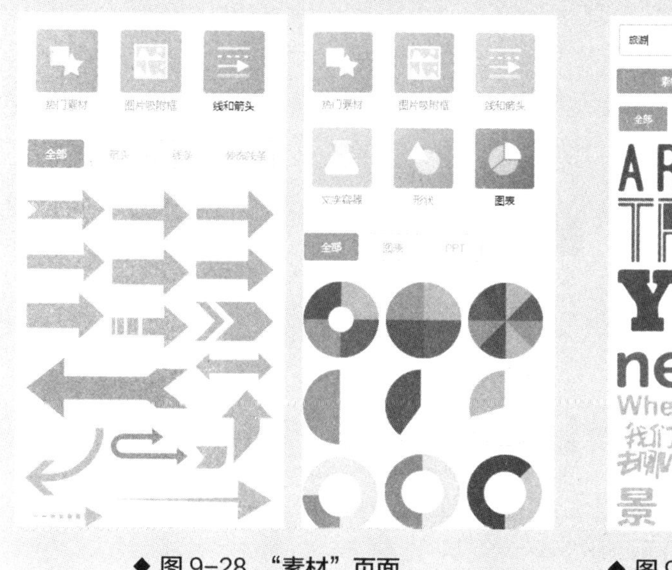

◆ 图 9-28　“素材”页面

◆ 图 9-29　素材检索

步骤 05 制作完成后，单击“设计操作区”下方的预览按钮，弹出“封面预览”

对话框，对封面图进行预览，看标题是否会遮挡住封面图的信息，如图 9-30 所示。确认无误后，单击页面左上方的“文件”|“保存”命令，即可将文件保存到“设计管理”页面中，方便以后再次调用，如图 9-31 所示。

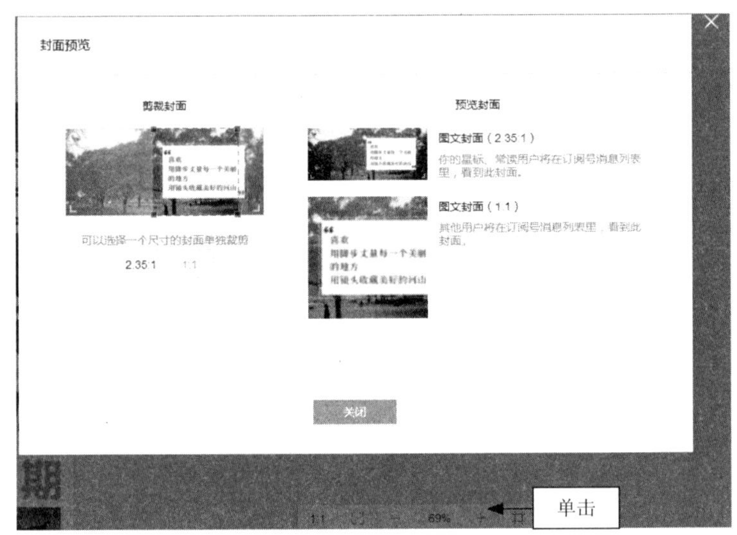

◆ 图 9-30　预览封面图

◆ 图 9-31　保存文件

专家提醒

需要注意的是，只有在编辑微信封面图时才能预览。另外，广告设计者还可以单击“设计操作区”右上方的“保存至公众号”“分享预览”和“下载”按钮完成相应操作。

114 信息长图，可以容纳下更多的信息

信息图原本是新闻编辑用来对一个新闻事件的过程进行解读的图片，但是现在移动用户的增加，使得一张图片已经容纳不下所有的信息，信息长图由此而生，如图 9-32 所示。

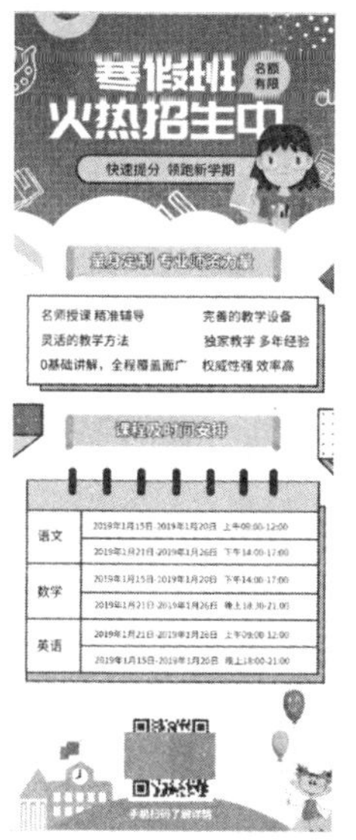

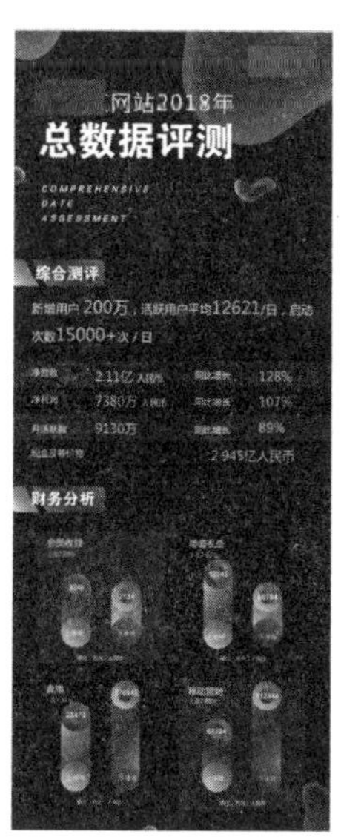

◆ 图 9-32　信息长图

长图可以直接用软件设计，也可以设计多张小图后拼接起来，变成一张长图。下面以创客贴为例，介绍制作信息长图的方法。

1．直接用模板制作

进入创客贴首页，在“社交媒体”区域单击“营销长图”按钮，弹出“社交媒体 / 营销长图”对话框，在其中选择一个模板，即可进入设计页面，如图 9-33 所示。然后即可按照上一节中的文字与图片的编辑方法对信息长图进行修改。

但是在设计内容时，要注意不要有大片的文字数据，大片的文字会给人一种疲倦的心理，让人没看完就已经想离开页面。所以在设计时，如果有大片的文字数据，可尝试用图表来表达，形象化的图表不仅可以让画面更美观，还可引起观看者的兴趣。

◆ 图 9-33　信息长图设计页面

专家提醒

然而，创客贴对图表的可编辑空间不大，所以图表将使用“百度图说”（http://tushuo.baidu.com）工具来制作，然后通过下载图标并上传至“创客贴”平台上，即可将图表添加至信息长图页面中。

进入“百度图说”首页，单击“开始制作图表”按钮，按提示登录，再单击“创建图表”按钮，将会弹出相应对话框，在对话框中根据不同性质的数据选择合适的图表样式，在此选择“标准折线图”图表样式，如图 9-34 所示。

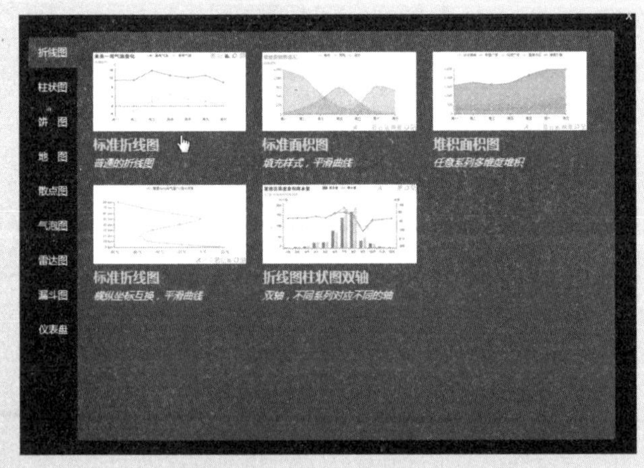

◆ 图 9-34　选择图表样式

进入图表编辑页面，如图 9-35 所示，然后按照该平台提供的菜单和功能进行修改和编辑，即可制作出自己想要的图表。

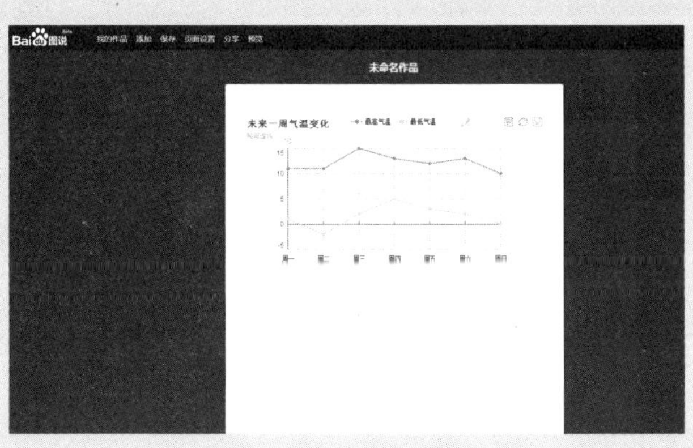

◆ 图 9-35　修改和编辑图

2. 单张小图再拼接

在创客贴平台上，利用单张的小图拼接长图，首先应该设计单张小图——其方法与设计封面图的方法类似，然后进行拼接即可，具体方法如下。

具体设计小图的步骤可以参考设计封面图的方法，第一张小图设计完成后，❶ 单击右侧“页面管理区”的“新增页面”按钮，新建并设计多张图片，如图 9-36 所示。设计完成并保存文件后，❷ 单击“下载”按钮，在弹出的“下载作品”对话框中，❸ 选中“无缝”单选按钮，❹ 单击“确认下载”按钮，如图 9-37 所示，即可获得拼接后的长图。

◆ 图 9-36　新建多张图片

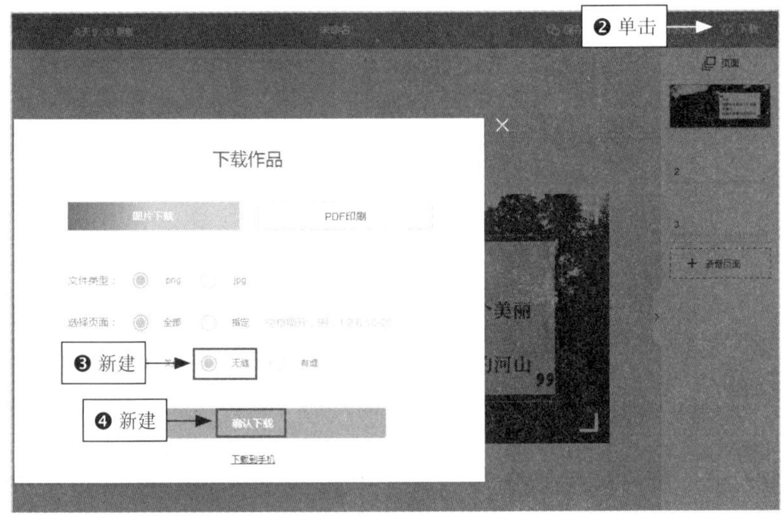

◆ 图 9-37　下载并拼接长图

115 海报图片，简拼 APP 快速编辑成功

简拼是由广州美人信息技术有限公司于 2014 年 9 月推出的一款记录美好、抒写情怀的拼图 APP，其模板偏简约文艺风，并且包含简约、便签、封面、拼接、名片和明信片等多种类型的模板。同时，简拼还拥有强大的文字编辑功能，让用户可以最大限度的编辑文字。下面笔者将详细介绍使用简拼 APP 设计海报名片的方法。

步骤 01 进入简拼 APP，❶ 点击页面下方的按钮，如图 9-38 所示。进入模板挑选页面，在页面下方向左滑动各菜单，跳转至“名片”模板页面；❷ 选择合适的模板并点击，如图 9-39 所示。

步骤 02 进入照片选择页面，❶ 选择相应图片，❷ 点击“下一步”按钮，如图 9-40 所示。进入模板编辑页面，用户可以根据需要替换相应图片，❸ 点击二维码图片，如图 9-41 所示。

◆ 图 9-38　点击相应按钮

◆ 图 9-39　选择合适模板

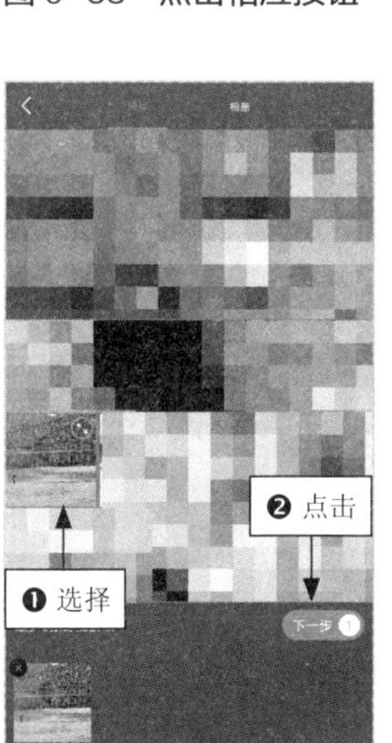

◆ 图 9-40　点击“下一步”按钮

◆ 图 9-41　点击二维码图片

专家提醒

在照片选择页面选择照片时，建议不要一次性选择多张图片，若是一次性选择了多张图片，再点击“下一步”按钮，如图 9-42 所示。在模板编辑页面则会出现三张图片堆叠在一起的情况，如图 9-43 所示。

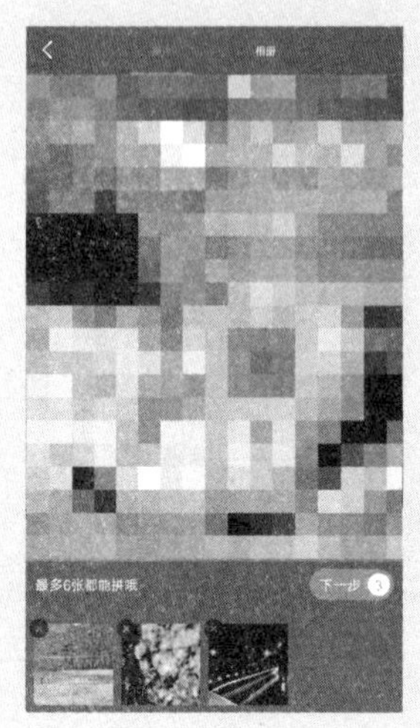

◆ 图 9-42　同时选择多张图片

◆ 图 9-43　图片堆叠在一起

步骤 03　进入相应页面，提示用户需要先保存二维码图片，并且有相应的图片教程，保存二维码后，返回简拼 APP 页面；❶ 点击页面底部的＋按钮，如图 9-44 所示。❷ 按提示选择并添加二维码图片，二维码中心位置会出现一个小方框，❸ 点击此方框，如图 9-45 所示。

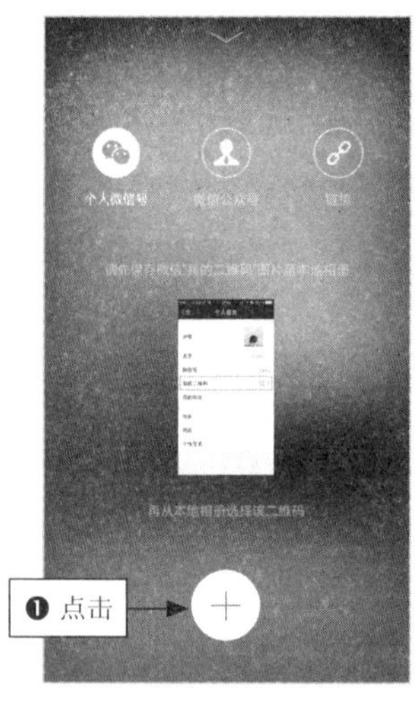

◆ 图 9-44　点击相应按钮

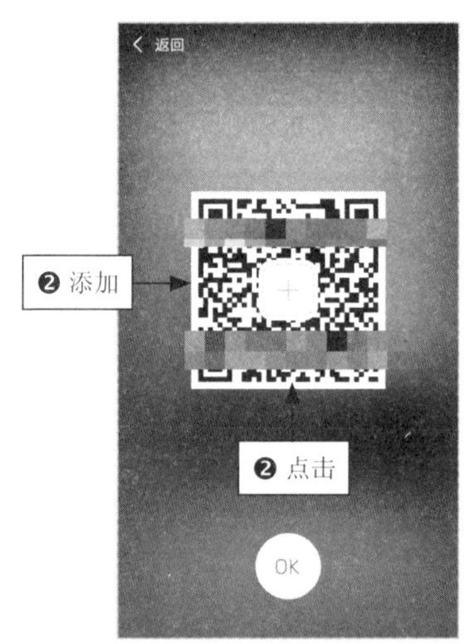

◆ 图 9-45　点击白色方框

步骤 04　将会进入图片选择页面，用户可以选择自己的头像图片作为二维码中心的图片，也可选择其他图片，❶ 按提示添加图片；❷ 点击页面底部的 OK 图

标，如图 9-46 所示。返回模板编辑页面，此时更换好的二维码出现在画面中。运用同样的方法，❸ 更换人物的头像，如图 9-47 所示。

◆ 图 9-46　点击相应图标

◆ 图 9-47　更换人物的头像

步骤 05　点击相应文字，弹出输入文本框，❶ 修改相应文本内容；修改完成后，❷ 点击按钮确认修改，如图 9-48 所示。运用同样的方法，修改其他文本内容，修改完成后，❸ 点击右上角的图标，如图 9-49 所示。

◆ 图 9-48　修改文本内容

◆ 图 9-49　点击相应图标

步骤 06 弹出三个按钮，点击“保存到本地”按钮，如图 9-50 所示。进入个人主页，系统提示海报名片制作完成，如图 9-51 所示。用户也可根据需要分享至各大新媒体平台。

◆ 图 9-50 点击“保存到本地”按钮 ◆ 图 9-51 分享至各大新媒体平台

116 LOGO 标志，更容易被识别和推广

LOGO，其全称为 LOGOtype，是徽标或者商标的外语缩写。它的存在，可以使拥有此商标的公司或企业能更好地被识别与推广，并且通过形象的商标，可以让用户和消费者记住公司主体和品牌文化。下面以“创客贴”为例，介绍制作 LOGO 标志的方法。

步骤 01 新建一个空白的 LOGO 模板图像，单击“素材分类区”的“形状”按钮，展开“图形”面板。在其中选择相应的图形，图形将显示在画笔中央，如图 9-52 所示。

步骤 02 ❶ 适当缩小并旋转图像，移至合适位置；❷ 单击“设计操作区”上方的“复制”按钮，复制图形，如图 9-53 所示。❸ 旋转图像，移至合适位置，如图 9-54 所示。

步骤 03 用与上相同的方法制作出其他图形，如图 9-55 所示。选择最上方的图形，单击“设计操作区”上方的颜色方块，在弹出的列表框中选择合适的

颜色，更改图形颜色，如图 9-56 所示。

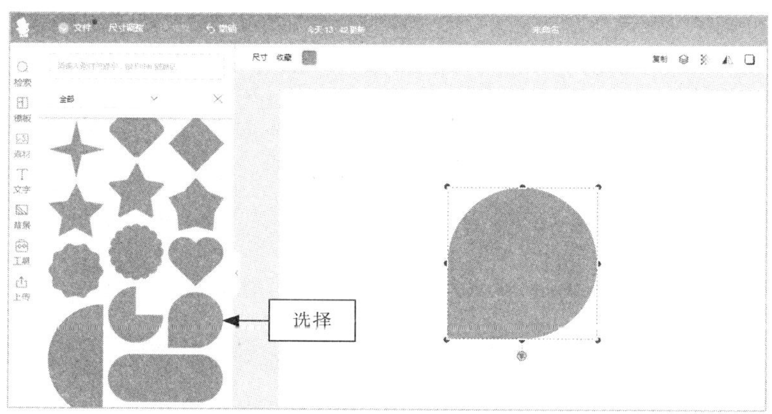

◆ 图 9-52　显示图形

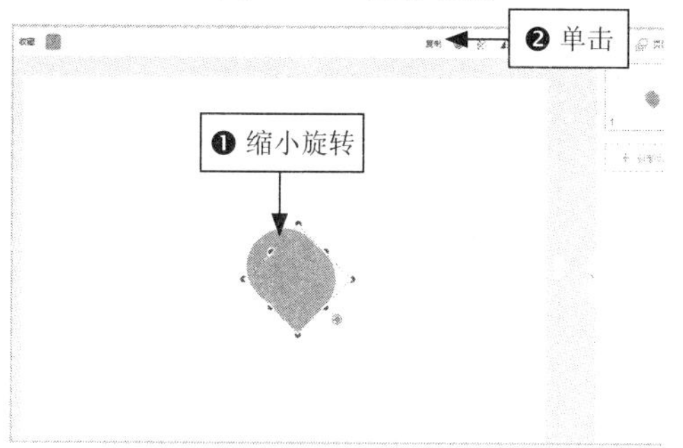

◆ 图 9-53　调整并复制图形

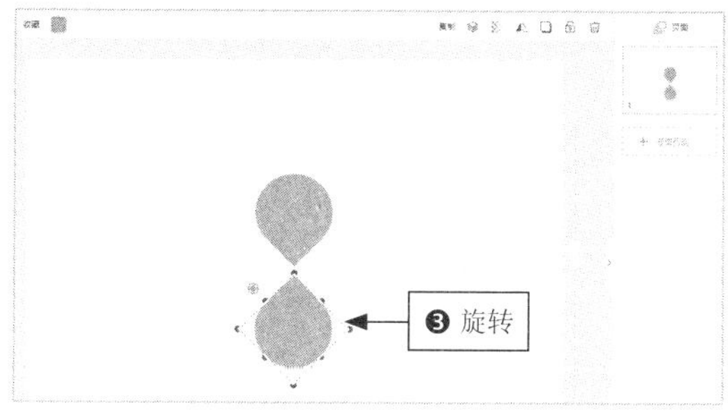

◆ 图 9-54　旋转并移动图形

步骤 04 ❶ 单击“文字”按钮，切换至相应选项区。❷ 单击左上方的“点击添加标题文字”按钮，“设计操作区”将出现一个文本框，如图 9-57 所示。❸ 修改相应文本，并为其设置不同的格式，如图 9-58 所示。即可完成 LOGO 设计。

◆ 图 9-55　制作出其他的图形

◆ 图 9-56　更改图形颜色

专家提醒

当有多个图像在画面中时，移动各个图像，画布中会出现一些虚线段，这些线段相当于 PS 中的辅助线，可以帮助用户快速找到合适的位置。

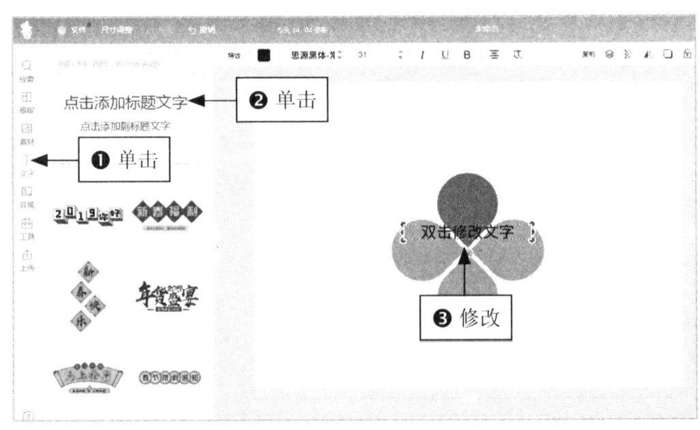

◆ 图 9-57　出现文本框

◆ 图 9-58　修改相应文本

117　表单，麦客 CRM 高效设计获取信息

表单在各大新媒体平台中主要负责数据采集功能，如调查问卷、投票等。它一般作为一个有目的的调研活动，所以表单质量尤为重要。设计表单主要应该考虑并明确两个问题，一是表单的主题，二是通过表单可以获得的信息。明确了这两个问题后，还需要尽量体现在表单的选项中，确保通过表单中所有选项得出来的结果，可以回答之前的两个问题，则这份表单就是合格的。

麦客 CRM 是一款免费用来对用户信息进行收集管理以及拓展新用户的轻态表单工具，用户可以自己轻松设计表单，收集结构化数据，轻松进行数据管理。下面以麦客 CRM 为例，介绍制作表单的方法。

步骤 01 进入麦客 CRM 首页，按提示注册登录后，❶ 单击网站顶部的“表单”按钮，切换至相应页面；❷ 单击“创建表单”按钮，如图 9-59 所示。弹出相应对话框，用户可以选择“空白模板”选项，新建一个空白表单，完全由自己编辑。在此，❸ 笔者选择“更多模板”选项，如图 9-60 所示。

步骤 02 ❶ 在右侧的模板区中选取合适的模板，并单击预览。确认后，❷ 单击页面右下方的“使用此模板”按钮，如图 9-61 所示。

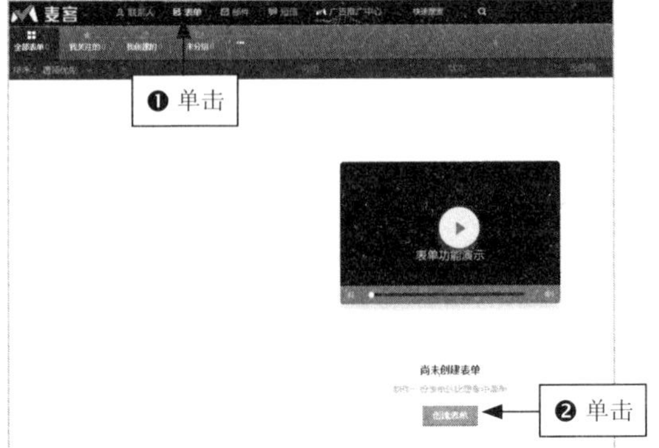

◆ 图 9-59　单击“创建表单”按钮

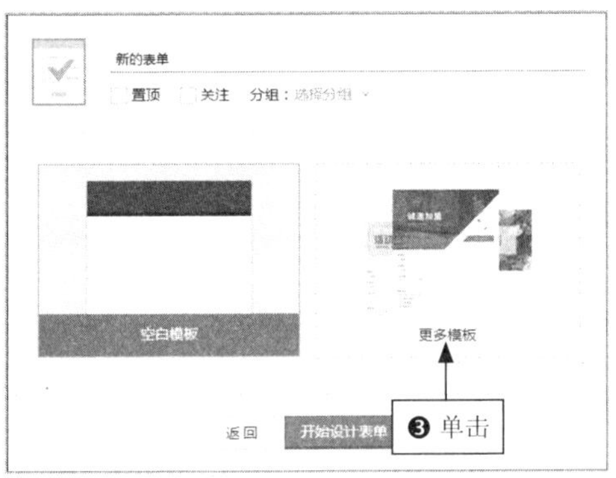

◆ 图 9-60　选择“更多模板”选项

◆ 图 9-61　选择合适的模板

步骤 03 执行操作后，即可应用此模板，进入表单编辑页面，如图 9-62 所示。页面左侧的“基础类组件”选项区中包含表单常用的各种组件，右侧的“设置 / 外观”选项区中则主要是对整个表单进行设置，包括外观与表单提交等，在下方的“主题”选项区中可以具体设置表单的外观。

步骤 04 ❶ 单击表头文字，右侧会出现“文本描述”对话框，在此对话框中，可以编辑表头的文本内容，如图 9-63 所示。❷ 单击问卷题目，右侧的对话框选中会显示问题与选项，在此可以编辑问题与选项内容，选项可以根据需要增加或减少；编辑完成后，❸ 单击右上角的“预览”按钮，如图 9-64 所示。

◆ 图 9-62　表单编辑页面

◆ 图 9-63　编辑表头的文本内容

◆ 图 9-64　编辑问卷题目

专家提醒

在编辑选项时，如果此问题很重要，可以勾选“这个是必填项”复选框，这样可以让此问题不填写就无法提交，并且问题后面会出现 * 符号，如图 9-65 所示。

◆ 图 9-65　勾选“这个是必填项”复选框

步骤 05 预览编辑后的表单效果，检查是否还有需要改进的地方；确认无误后，单击右上角的“关闭预览”按钮。返回表单编辑页面，❶ 单击页面顶部的“发布”按钮，如图 9-66 所示。弹出相应页面，❷ 单击“发布表单”按钮，如图 9-67 所示。即可发布表单，并生成链接；用户可以将链接发布到各大新媒体平台。

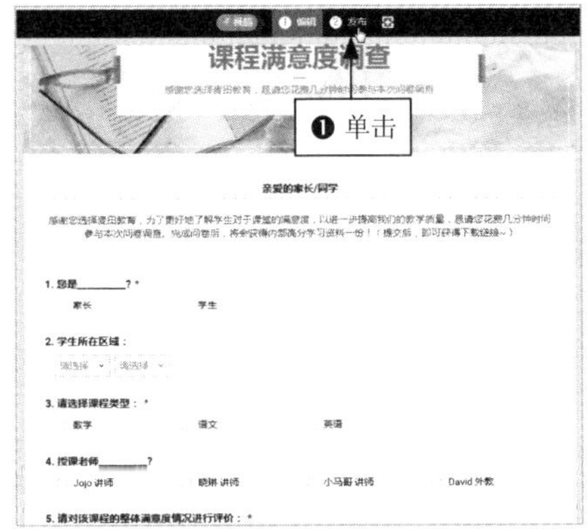

◆ 图 9-66　单击“发布”按钮

◆ 图 9-67　单击“发布表单”按钮

第10章 广告美工案例，教你设计吸睛的新媒体平台页面

学前提示

新媒体将成为新时代的主要传播方式，在这一发展形势下，美化新媒体界面的新媒体美工也必将成为热门职业。本章内容将从广告美工出发，以7个不同平台的新媒体广告设计为例，帮助企业和用户完成新媒体界面美化工作。

要点展示

- 公众号：横幅广告 Banner 设计传递信息
- 头条号：美观实用的头像设计吸引关注
- 朋友圈：独特个性的封面设计拉近距离
- 微课：突出主题的推广页设计实现营销
- 直播：主播招募海报设计让其更火热

118 公众号：横幅广告 Banner 设计传递信息

微信公众平台作为重要的新媒体平台，个人和企业、机构都可以借助其打造属于自己的微信公众号。本节以微信公众号横幅广告 Banner 设计为例介绍其制作方法。在设计时，主要采用蓝色带有华贵欧式花纹的背景，配上简洁明了的文字与图形，可以很好地将信息传递给读者。

步骤 01 单击“文件”|“新建”命令，弹出“新建文档”对话框；❶ 设置“名称”为“横幅广告 Banner 设计”、“宽度”为 1080 像素、“高度”为 202 像素、“分辨率”为 300 像素 / 英寸、“颜色模式”为“RGB 颜色”、“背景内容”为“白色”；❷ 单击“创建”按钮，如图 10-1 所示，新建一个空白图像；按【Ctrl + O】组合键，打开“底纹 .jpg”素材图像，如图 10-2 所示。

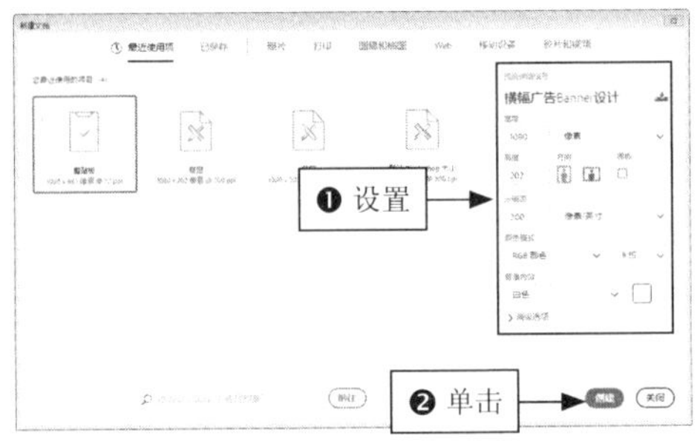

◆ 图 10-1 “新建文档”对话框

◆ 图 10-2 素材图像

步骤 02 单击“窗口”|“调整”命令，打开调整面板，❶ 单击“亮度 / 对比度”按钮；❷ 新建“亮度 / 对比度 1”调整图层，如图 10-3 所示。在弹出的“属性”面板中，❸ 设置“亮度”为 30，如图 10-4 所示。即可设置新建的调整图层亮度。

步骤 03 在“调整”面板中单击“自然饱和度”按钮，新建“自然饱和度 1”调整图层；在“属性”面板中设置“自然饱和度”为 90，效果如图 10-5 所示。按【Shift + Ctrl + Alt + E】组合键，盖印可见图层，得到“图层 1”图层，如图 10-6 所示。

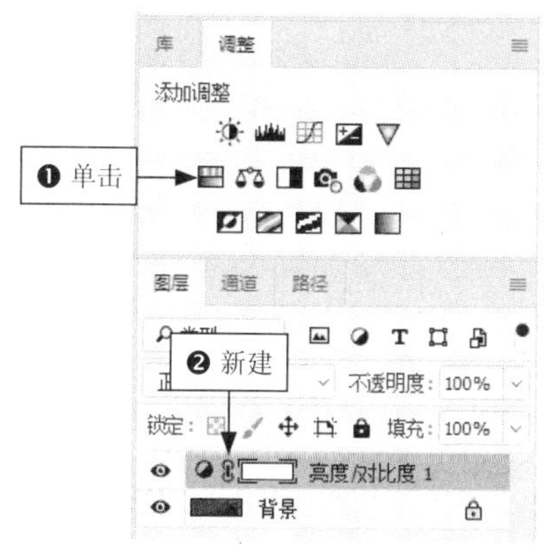

◆ 图 10-3　新建调整图层

◆ 图 10-4　设置调整图层亮度

◆ 图 10-5　设置自然饱和度的图像效果　　◆ 图 10-6　得到“图层 1”图层

步骤 04　运用移动工具将素材图像拖动至背景图像编辑窗口中，适当调整图像的位置；单击“编辑”|“变换”|“缩放”命令，调出变换控制框，如图 10-7 所示。拖动变换控制框的控制柄，调整图像的大小；在变换控制框中，双击，即可确认变换，效果如图 10-8 所示。

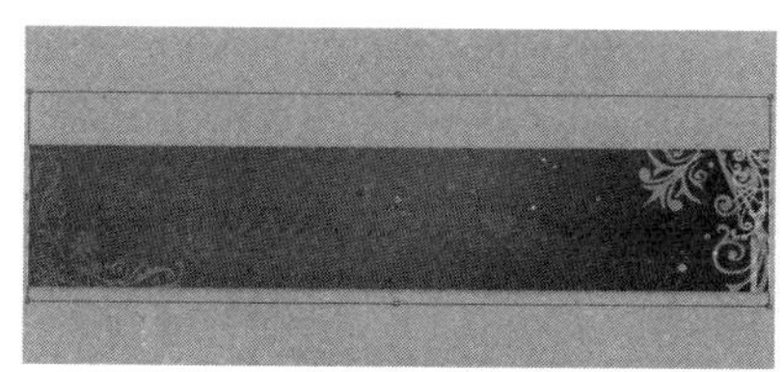

◆ 图 10-7　调出变换控制框

◆ 图 10-8　确认图像的缩放变换操作

步骤 05 选取工具箱中的横排文字工具，单击“窗口”|“字符”命令，弹出“字符”面板；❶ 设置“字体系列”为“方正细黑一简体”、“字体大小”为 17 点、“颜色”为白色（RGB 参数值均为 255）；❷ 单击仿粗体图标，如图 10-9 所示。在图像编辑窗口中，❸ 输入文字并移动至合适位置，效果如图 10-10 所示。

步骤 06 单击“图层”|“图层样式”|“投影”命令，弹出“图层样式”对话框；❶ 设置“角度”为 90°、“距离”为 5 像素、“扩展”为 10%、“大小”为 7 像素，如图 10-11 所示。❷ 单击“确定”按钮，即可为文字添加投影图层样式，效果如图 10-12 所示。

步骤 07 选取工具箱中的横排文字工具，在“字符”面板中，❶ 设置“字体系列”为“方正细黑一简体”、“字体大小”为 7 点、“设置所选字符的字距调整”为 -25、“颜色”为白色（RGB 参数值均为 255）；❷ 单击仿粗体图标，如图 10-13 所示。在图像编辑窗口中，❸ 输入文字并移动至合适位置，效果如图 10-14 所示。

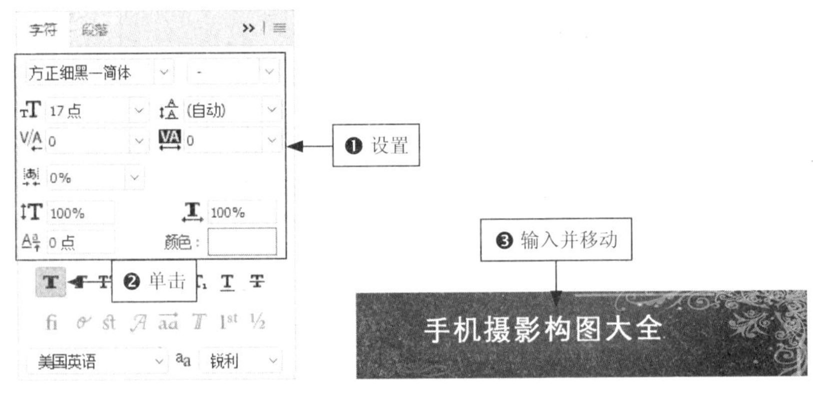

◆ 图 10-9　设置各选项

◆ 图 10-10　输入并移动文字

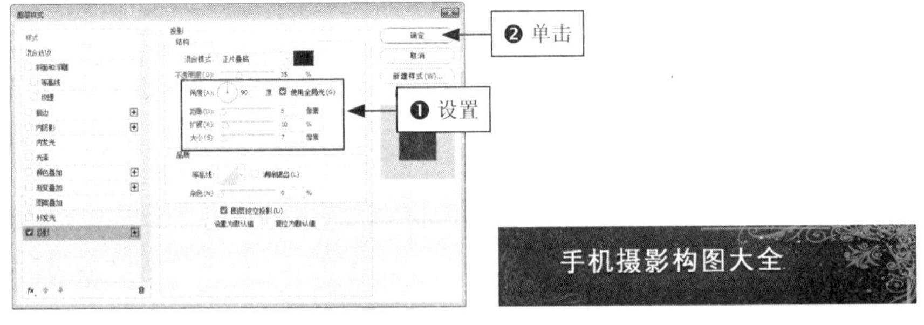

◆ 图 10-11　设置各参数

◆ 图 10-12　图像效果

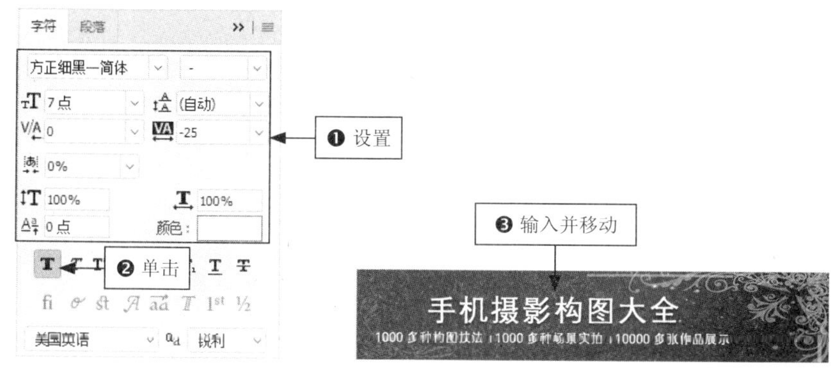

◆ 图 10-13　设置各选项

◆ 图 10-14　输入并移动文字

步骤 08 在“手机摄影构图大全”文字图层上右击，在弹出的快捷菜单中选择“拷贝图层样式”选项，并将其粘贴至另一文字图层上，如图 10-15 所示。此时图像编辑窗口中文字的效果随之改变，如图 10-16 所示。

◆ 图 10-15　粘贴图层样式

◆ 图 10-16　图像效果

步骤 09 单击“文件”|“打开”命令，打开“螺旋线.psd”素材图像，如图 10-17 所示。双击相应图层，弹出“图层样式”对话框；❶ 选中“描边”复选框；❷ 设置“大小”为 2 像素、“位置”为外部、“颜色”为白色（RGB 参数值均为 255），如图 10-18 所示。

步骤 10 选中“投影”复选框，设置“距离”为 7 像素、“扩展”为 29%、“大小”为 8 像素，单击“确定”按钮，即可为图层添加图层样式，效果如图 10-19 所示。运用移动工具将素材图像拖动至背景图像编辑窗口中，适当调整各图像的

位置，效果如图 10-20 所示。

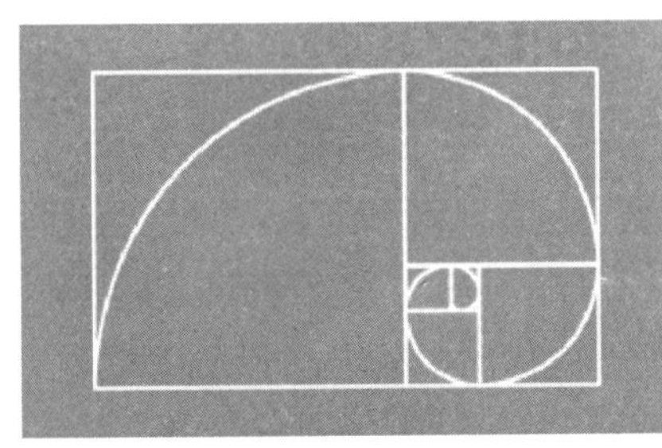

◆ 图 10-17　素材图像

◆ 图 10-18　设置各选项

◆ 图 10-19　添加图层样式

◆ 图 10-20　调整图像位置效果

步骤 11 按【Shift + Ctrl + Alt + E】组合键，盖印可见图层，得到“图层 2”图层，如图 10-21 所示。按【Ctrl + O】组合键，打开“手机界面 .jpg”素材图像，运用移动工具将盖印的图像拖动至刚打开的图像编辑窗口中，适当调整图像的大小和位置，效果如图 10-22 所示。

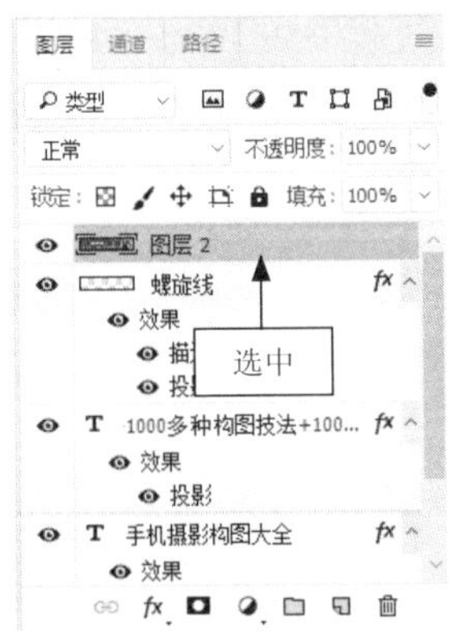

◆ 图 10-21　得到“图层 2”图层

◆ 图 10-22　最终图像效果

119 头条号：美观实用的头像设计吸引关注

今日头条是一款基于数据挖掘的推荐引擎产品，它将人与信息直接连接起来，成长速度令人为之叹服，所以设计出一个美观实用的头条号界面是很重要的。本节以今日头条头像为例，介绍具体的设计方法。

步骤 01 按【Ctrl + N】组合键，弹出“新建文档”对话框；❶ 设置“名称”为“今日头条头像设计”、“宽度”和“高度”为 1400 像素、“分辨率”为 300 像素 / 英寸、“颜色模式”为“RGB 颜色”、“背景内容”为“白色”；❷ 单击“创建”按钮，如图 10-23 所示。即可新建一个空白图像；设置前景色为深棕色（RGB 参数值分别为 106、57、6），❸ 新建一个图层并填充前景色，如图 10-24 所示。

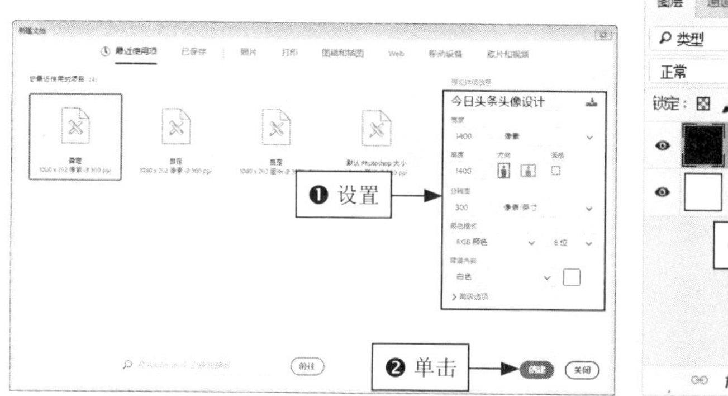

◆ 图 10-23 “新建文档”对话框

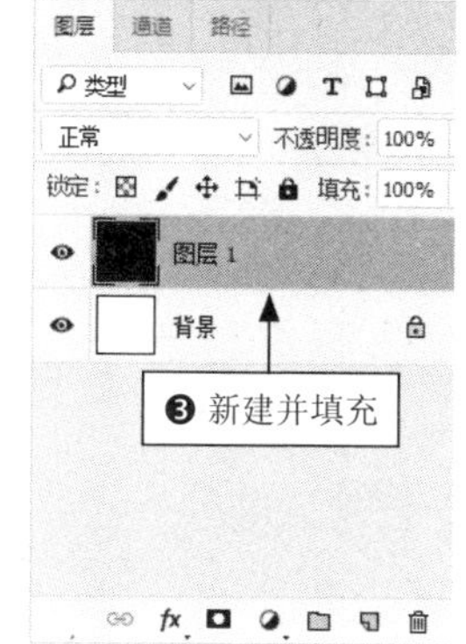

◆ 图 10-24 新建图层并填充前景色

步骤 02 选取工具箱中的多边形工具，在上方的工具属性栏中设置“选择工具模式”为“形状”、“填充”为黄色（RGB 参数值分别为 255、224、129）、“边”为 3，❶ 绘制一个三角形形状，效果如图 10-25 所示。在“图层”面板中选择“多边形 1”形状图层，右击。❷ 在弹出的快捷菜单中选择“栅格化图层”选项，如图 10-26 所示。即可将图层栅格化。

步骤 03 选取工具箱中的多边形套索工具，在三角形内部绘制出一个三角形选区，如图 10-27 所示。选取工具箱中的加深工具，在工具属性栏中设置“大小”为 150 像素、“硬度”为 0%、“范围”为“中间调”、“曝光度”为 50%，在选区内适当位置涂抹，加深部分图像的颜色并取消选区，效果如图 10-28 所示。

◆ 图 10-25　绘制三角形

◆ 图 10-26　选择“栅格化图层”选项

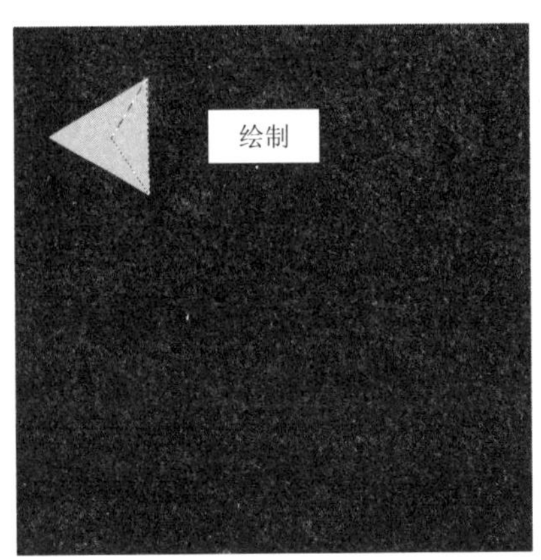

◆ 图 10-27　绘制三角形选区

◆ 图 10-28　加深颜色并取消选区

步骤 04　用与上相同的方法，绘制出另外两个三角形，并适当加深部分图像颜色，使三角形变得立体，效果如图 10-29 所示。按【Ctrl + T】组合键，调出变换控制框，适当缩小图像，按【Enter】键确认变换，并移至合适位置，效果如图 10-30 所示。

步骤 05　复制“多边形 1”形状图层，得到“多边形 1 拷贝”形状图层，如图 10-31 所示。按【Ctrl + T】组合键，调出变换控制框，在工具属性栏中设置“旋转”为 60°，此时图像编辑窗口中的图像也会随之旋转，如图 10-32 所示。

◆ 图 10-29　加深其他部分图像效果

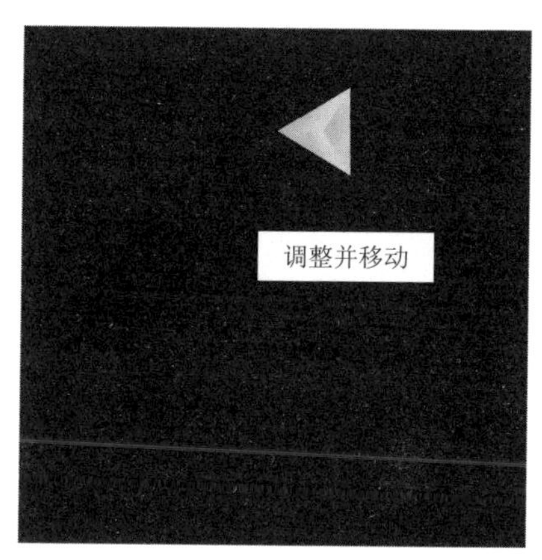

◆ 图 10-30　变换并移动图像

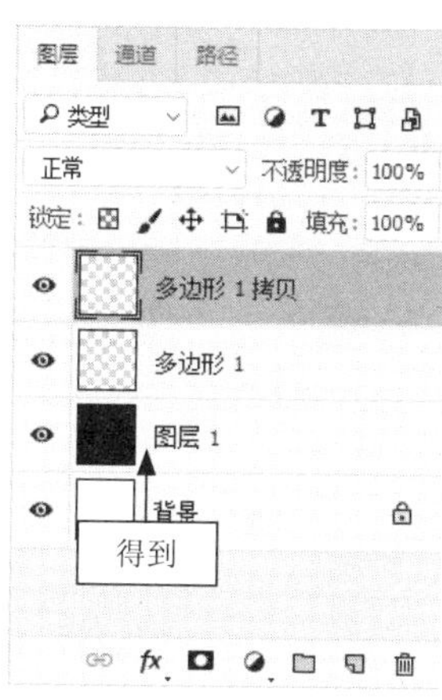

◆ 图 10-31　复制图层

◆ 图 10-32　旋转图像

步骤 06　将图像移至合适位置后，按【Enter】键确认变换，如图 10-33 所示。按【Ctrl + Shift + Alt + T】组合键 4 次，即可复制并旋转图像 4 次，制作出一个环形的图案，效果如图 10-34 所示。

步骤 07　按【Ctrl + O】组合键，打开"标志 .psd"素材图像，❶ 运用移动工具将素材图像拖动至背景图像编辑窗口中，适当调整图像的位置，效果如图 10-35 所示。选取工具箱中的横排文字工具，单击"窗口" | "字符"命令，在弹出的"字符"面板中，❷ 设置"字体系列"为"黑体"、"字体大小"为 30 点、"颜色"为白色（RGB 参数值均为 255），效果如图 10-36 所示。

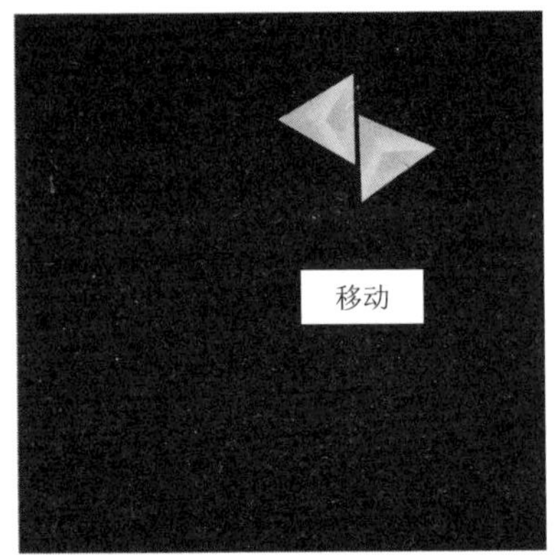

◆ 图 10-33　确认变换

◆ 图 10-34　环形图像效果

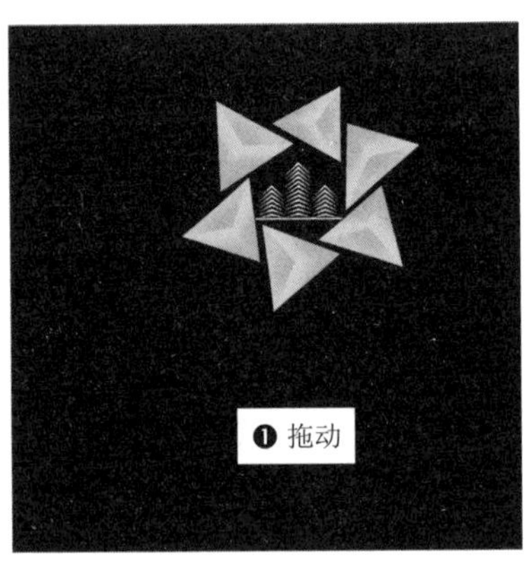

◆ 图 10-35　拖动图像

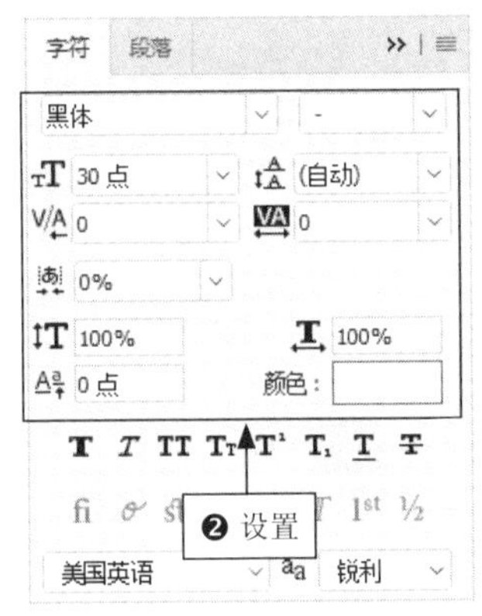

◆ 图 10-36　设置“字符”参数

步骤 07 ❶ 在图像编辑窗口中输入相应文本，如图 10-37 所示。选中“天墅”，❷ 在字符面板中设置“字体系列”为“段宁毛笔行书”，并适当调整位置，效果如图 10-38 所示。

步骤 08 按【Shift + Ctrl + Alt + E】组合键，盖印可见图层，❶ 得到“图层 3”图层，如图 10-39 所示。选取工具箱中的椭圆选框工具，❷ 在图像编辑窗口中绘制一个正圆选区，如图 10-40 所示。

步骤 09 按【Ctrl + O】组合键，打开“今日头条界面 .jpg”素材图像，如图 10-41 所示。切换至“今日头条头像设计”图像编辑窗口，选取工具箱中的移动工具，将选区内的图像拖动至“今日头条界面 1”图像编辑窗口中，适当调整图像的大小和位置，如图 10-42 所示。

◆ 图 10-37　输入文本

◆ 图 10-38　设置字体并调整位置

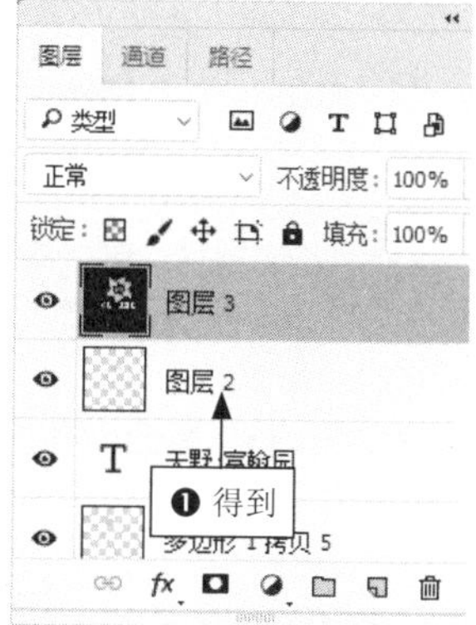

◆ 图 10-39　得到“图层 3”图层

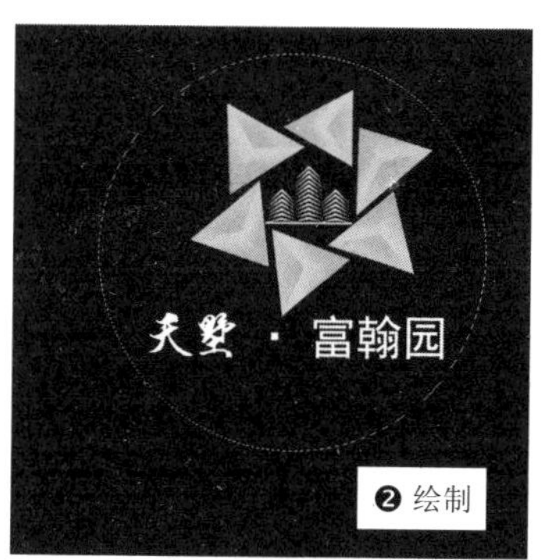

◆ 图 10-40　绘制一个椭圆选区

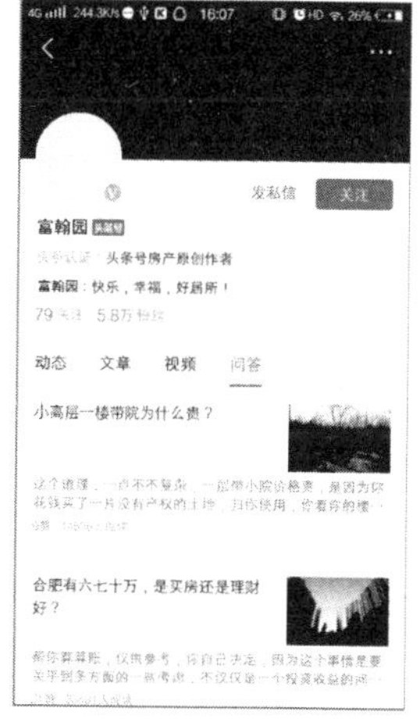

◆ 图 10-41　素材图像

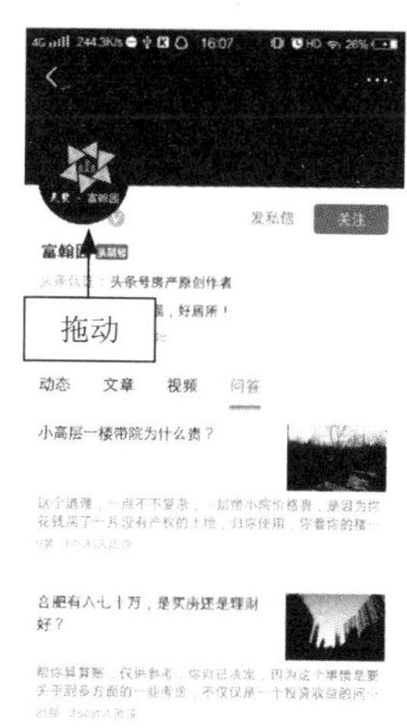

◆ 图 10-42　拖动图像

步骤 10 在“图层”面板中选择“图层 1”图层，❶ 单击面板底部的“添加图层蒙版”按钮，为“图层 1”图层添加图层蒙版，如图 10-43 所示。设置前景色为黑色；选取工具箱中的画笔工具，在工具属性栏中设置“大小”为 50、“硬度”为 100%；在图像编辑窗口中适当涂抹，❷ 隐藏部分图像，效果如图 10-44 所示。

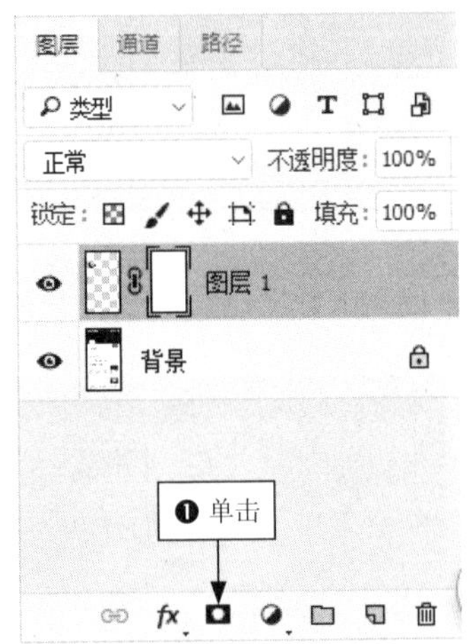

◆ 图 10-43 添加图层蒙版

◆ 图 10-44 隐藏部分图像

120 朋友圈：独特个性的封面设计拉近距离

现在微信朋友圈的主要消费者是年轻人，大多数年轻人将个性放在首位，讲究潮流和时尚，因此在朋友圈内首先就是要做好个性设计，满足他们“要不我第一，要不我唯一”的独特个性，实现与他们思维的同频，达到共鸣和共振，才能更好地拉近与他们的距离，实现营销。

本节以朋友圈封面为例，介绍其广告设计方法。在设计时，笔者主要采用白色的背景，并添加华丽的装饰素材，文字对称分布，对比非常清晰，可以很好地突出其中要表达的信息。

步骤 01 单击“文件”|“新建”命令，弹出“新建文档”对话框；❶ 设置“名称”为“名人版朋友圈设计”、“宽度”为 1080 像素、“高度”为 810 像素、“分辨率”为 300 像素 / 英寸、“颜色模式”为“RGB 颜色”、“背景内容”为“白色”；❷ 单击“创建”按钮，如图 10-45 所示。新建一个空白图像；打开“头

像 .jpg”素材，❸ 将其拖动至“名人版朋友圈设计”图像编辑窗口中的合适位置，效果如图 10-46 所示。

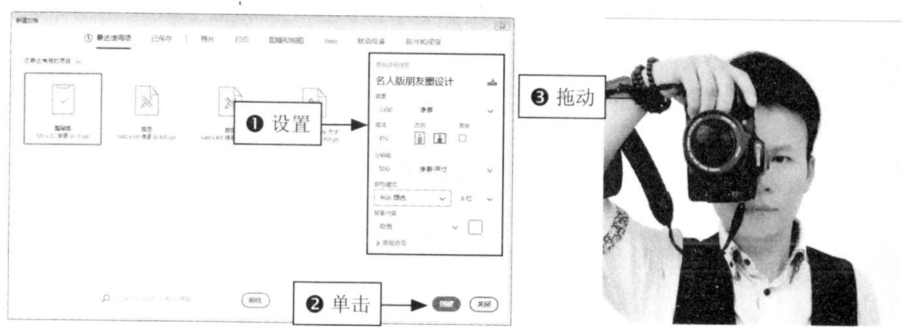

◆ 图 10-45　设置各选项　　◆ 图 10-46　拖动图像

步骤 02　❶ 选取工具箱中的椭圆选框工具，在图像编辑窗口中创建一个正圆选区，如图 10-47 所示。单击“选择”|“反选”命令，❷ 反选选区，如图 10-48 所示。

◆ 图 10-47　创建正圆选区　　◆ 图 10-48　反选选区

步骤 03　按【Delete】键，删除选区内的图像，如图 10-49 所示。按【Ctrl + D】组合键，取消选区；按【Ctrl + T】组合键，调出变换控制框，适当调整图像的大小和位置，并按【Enter】键确认，如图 10-50 所示。

步骤 04　双击“图层 1”图层，弹出“图层样式”对话框，如图 10-51 所示。❶ 选中“描边”复选框；❷ 设置“大小”为 6、“位置”为外部、“颜色”为黑色（RGB 参数值均为 0）；❸ 单击“确定”按钮，即可应用“描边”图层样式，效果如图 10-52 所示。

◆ 图 10–49　删除选区内的图像　　◆ 图 10–50　调整图像的大小和位置

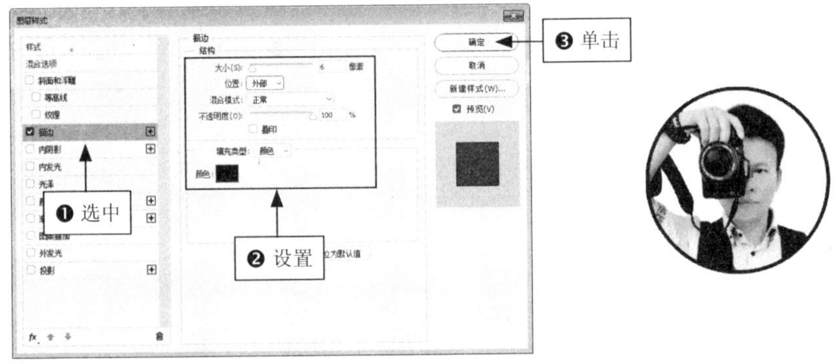

◆ 图 10–51　“图层样式”参数设置　◆ 图 10–52　应用“描边”图层样式效果

步骤 05 按【Ctrl + O】组合键打开“花纹 1.jpg”素材；❶ 将其拖动至背景图像编辑窗口中的合适位置处，效果如图 10–53 所示。选择“图层 2”图层，选取工具箱中的魔棒工具，在工具属性栏中设置“容差”为 20；在花纹素材的灰色区域上单击，❷ 创建选区，如图 10–54 所示。

◆ 图 10–53　拖动图像　　◆ 图 10–54　创建选区

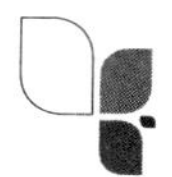

步骤 06 单击“选择”|“选取相似”命令，增加选区范围；按【Delete】键删除选区内的图像；按【Ctrl + D】组合键取消选区，效果如图 10-55 所示。按住【Ctrl】键的同时单击“图层 2”图层的图层缩览图，将其载入选区，如图 10-56 所示。

◆ 图 10-55　图像效果　　◆ 图 10-56　载入选区

步骤 07 设置前景色为黑色（RGB 参数值均为 0），为选区填充黑色；按【Ctrl + D】组合键取消选区；并适当调整花纹图像的位置，如图 10-57 所示。按【Ctrl + O】组合键打开“花纹 2.psd”素材图像；按住【Ctrl】键的同时单击“图层 0”图层的图层缩览图，将其载入选区；为选区填充黑色，并取消选区，如图 10-58 所示。

◆ 图 10-57　为选取填充前景色并调整图像　　◆ 图 10-58　载入选区并填充

步骤 08 将其拖动至“名人版朋友圈设计”图像编辑窗口中的合适位置，效果如图 10-59 所示。选取工具箱中的横排文字工具，单击“窗口”|“字符”命令，

在弹出的“字符”面板中，❶ 设置“字体系列”为“微软雅黑”、“字体大小”为 10 点、“设置所选字符的字距调整”为 7、“颜色”为黑色（RGB 参数值均为 0）；❷ 单击仿粗体图标，如图 10-60 所示。

◆ 图 10-59　拖动图像

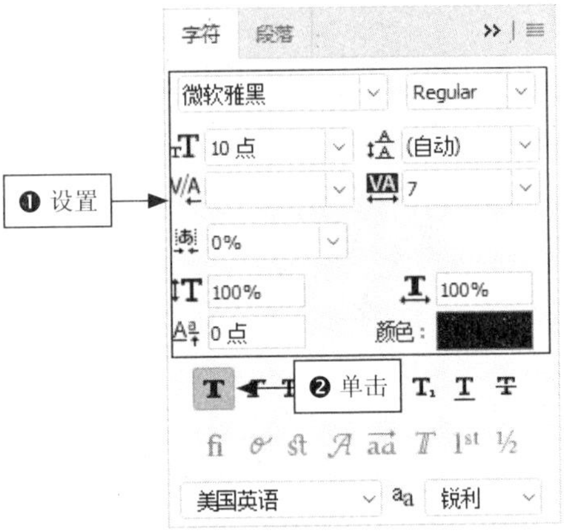

◆ 图 10-60　设置各选项

步骤 09 ❶ 输入相应文本，并调整至合适位置，效果如图 10-61 所示。选取工具箱中的直线工具，在工具属性栏中，设置“选择工具模式”为“形状”、“粗细”为 3 像素、“填充”为黑色（RGB 参数值均为 0）；❷ 绘制一个直线形状，如图 10-62 所示。

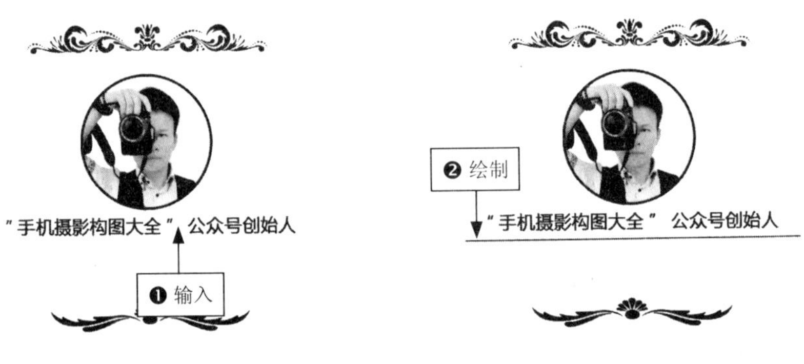

◆ 图 10-61　输入相应文本

◆ 图 10-62　绘制直线

步骤 10 选取工具箱中的横排文字工具，在“字符”面板中设置“字体系列”为“华康海报体”、“字体大小”为 7 点、“设置所选字符的字距调整”为 7、“颜色”为黑色（RGB 参数值均为 0），并单击仿粗体图标，❶ 在适当位置

输入相应文本，效果如图 10-63 所示。选取工具箱中的横排文字工具，在图像上创建一个文本框，❷ 设置“字体系列”为“微软雅黑”、“字体大小”为 6.5 点、“设置行距”为 11 点、“设置所选字符的字距调整”为 7、“颜色”为黑色（RGB 参数值均为 0），如图 10-64 所示。

◆ 图 10-63　输入相应文本

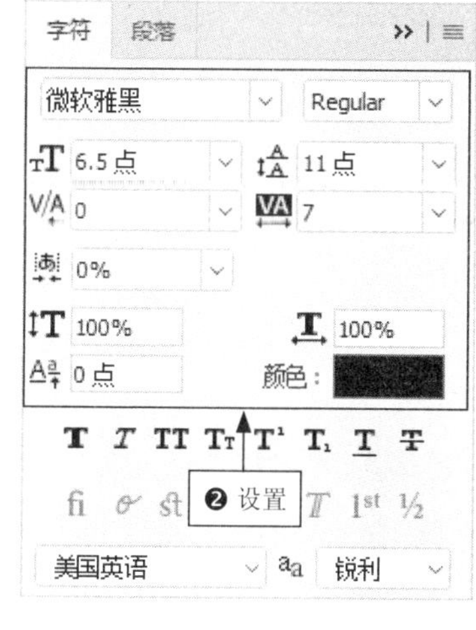

◆ 图 10-64　设置各选项

步骤 11 ❶ 在图像编辑窗口中的适当位置输入相应文本，如图 10-65 所示。复制刚刚输入的文字，并将其移至头像的右侧；❷ 运用横排文字工具修改文本内容，效果如图 10-66 所示。

◆ 图 10-65　输入相应文本　　◆ 图 10-66　复制并修改文本内容

步骤 12 单击“背景”图层右侧的锁图标，并选中所有图层，按【Ctrl + G】

组合键为图层编组，得到“组 1”图层组，如图 10-67 所示。按【Ctrl + O】组合键，打开“朋友圈界面.psd”素材图像，如图 10-68 所示。

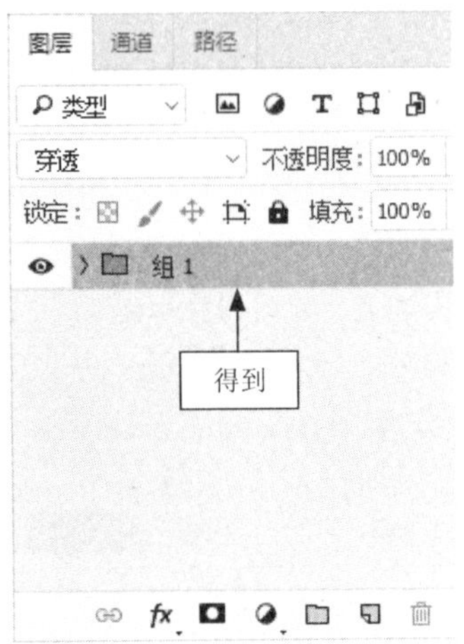

◆ 图 10-67 得到“组 1”图层组

◆ 图 10-68 素材图像

步骤 13 切换至背景图像编辑窗口，❶ 运用移动工具将图层组的图像拖动至“朋友圈界面 1”图像编辑窗口中，适当调整图像的位置，如图 10-69 所示。在“图层”面板中，将“组 1”图层组调整至“背景”图层上方，❷ 即可显示被隐藏的图像，效果如图 10-70 所示。

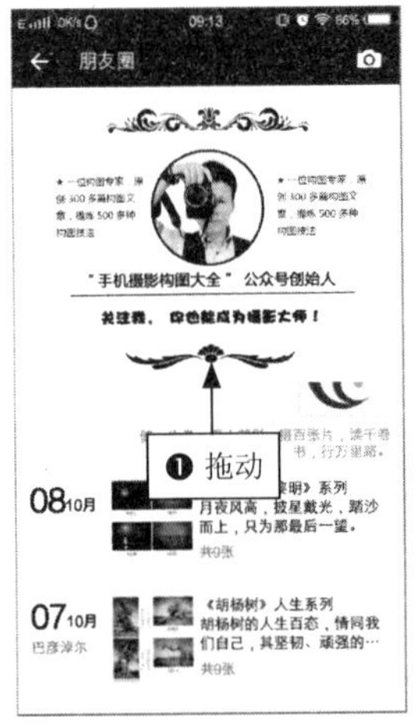

◆ 图 10-69 拖动并调整图像

◆ 图 10-70 调整图层顺序

121 微课：突出主题的推广页设计实现营销

微课的教学内容较少且短，一般只有 5~8 分钟，所以微课的主题更加突出与精简，微课已经成为一种热门的教学方式。本节就以微课的推广页为例，介绍其设计方法。在设计时，先运用滤镜制作出有光圈模糊效果的背景，最后加上适当的文字即可完成。

步骤 01 按【Ctrl + O】组合键，打开一幅素材图像，如图 10-71 所示。展开“图层”面板，按【Ctrl + J】组合键复制“背景”图层，得到“图层 1”图层；设置图层的混合模式为“叠加”，效果如图 10-72 所示。

◆ 图 10-71　打开素材图像

◆ 图 10-72　“叠加”混合模式图像效果

步骤 02 单击“窗口”|“调整”命令，展开“调整”面板，❶ 单击“色彩平衡”按钮；❷ 新建“色彩平衡 1”调整图层，如图 10-73 所示。在展开的“属性”面板中设置各参数值分别为 26、- 10、12，此时图像编辑窗口中的效果随之变化，如图 10-74 所示。

步骤 03 在“调整”面板中单击“自然饱和度”按钮，新建“自然饱和度 1”调整图层；在展开的“属性”面板中设置“自然饱和度”为 62，效果如图 10-75 所示。按【Shift + Ctrl + Alt + E】组合键，盖印可见图层，得到“图层 2”图层；单击“滤镜”|“模糊画廊”|“光圈模糊”命令，进入编辑界面，调整光圈的大小与位置，如图 10-76 所示。

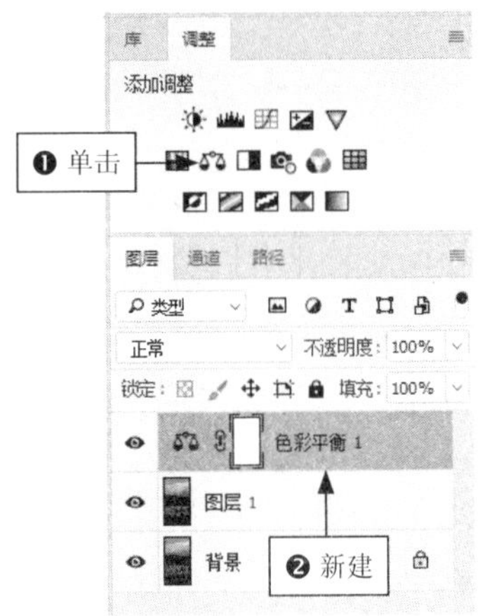

◆ 图 10-73　新建调整图层

◆ 图 10-74　调整“色彩平衡”效果

◆ 图 10-75　调整“自然饱和度”图像效果

◆ 图 10-76　调整光圈的大小与位置

步骤 04 单击“确定”按钮，应用“光圈模糊”滤镜，效果如图 10-77 所示。选取工具箱中的横排文字工具，在“字符”面板中，❶设置“字体系列”为“方正大黑简体”、“字体大小”为 18 点、“设置所选字符的字距调整”为- 75、“颜色”为黑色（RGB 参数值均为 0）；❷单击仿粗体图标，如图 10-78 所示。

步骤 05 在图像编辑窗口中输入文字，并移至合适位置，效果如图 10-79 所示。复制刚刚输入的文字，并将其移动至合适位置，在“字符”面板中，设置“字体系列”为“Adobe 黑体 Std”、“设置所选字符的字距调整”为 -50，颜色为黑色，运用横排文字工具修改文本内容，效果如图 10-80 所示。

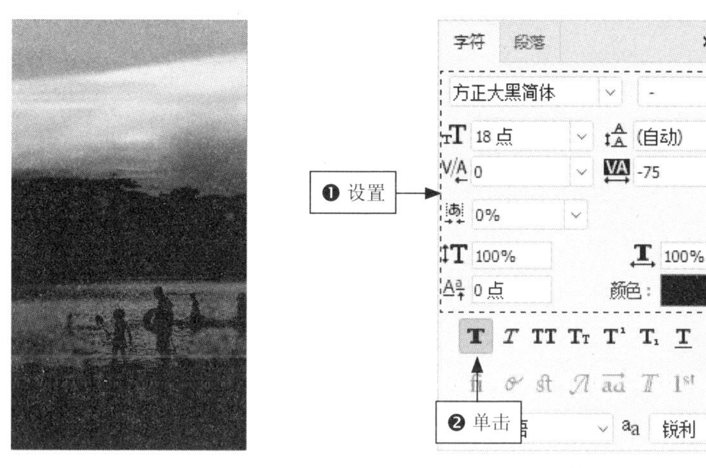

◆ 图 10-77　应用“光圈模糊”效果

◆ 图 10-78　设置各选项

◆ 图 10-79　输入文字

◆ 图 10-80　复制并修改文字

步骤 06 选取工具箱中的横排文字工具，在“字符”面板中设置“字体系列”为“方正粗倩简体”、“字体大小”为 13 点、“颜色”为白色（RGB 参数值均为 255），在图像编辑窗口中输入文字，效果如图 10-81 所示。选择相应文字图层，在缩览图中右击，在弹出的快捷菜单中选择“混合选项”选项；打开“图层样式”对话框，❶ 选中“描边”复选框；❷ 设置“大小”为 5 像素、“颜色”为黄色（RGB 参数值分别为 241、226、47），如图 10-82 所示。

步骤 07 单击“确定”按钮，❶ 即可为文字添加“描边”图层样式，效果如图 10-83 所示。在“字符”面板中设置“字体系列”为“方正粗倩简体”、“字体大小”为 15 点、“颜色”为白色（RGB 参数值均为 255），并单击仿粗体图标；❷ 在图像编辑窗口中输入相应字符，效果如图 10-84 所示。

◆ 图 10-81　输入文字

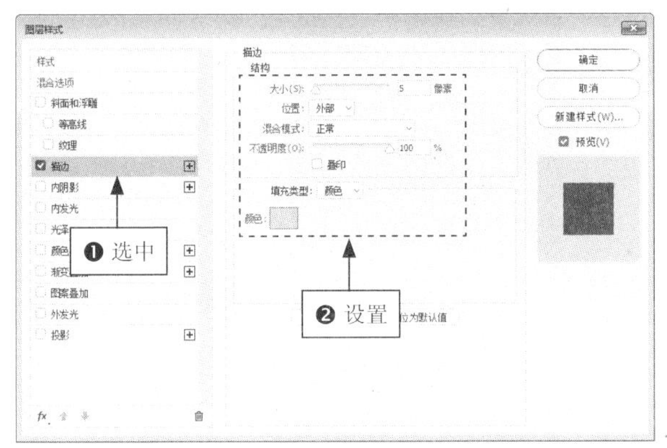

◆ 图 10-82　“图层样式”对话框

◆ 图 10-83　添加图层样式

◆ 图 10-84　输入字符

步骤 08 打开“文字 .psd”素材图像，❶ 运用移动工具将素材图像拖动至背景图像编辑窗口中，适当调整图像的位置，效果如图 10-85 所示。打开“标志 .psd”素材图像，❷ 运用移动工具将素材图像拖动至背景图像编辑窗口中，适当调整图像的位置，效果如图 10-86 所示。

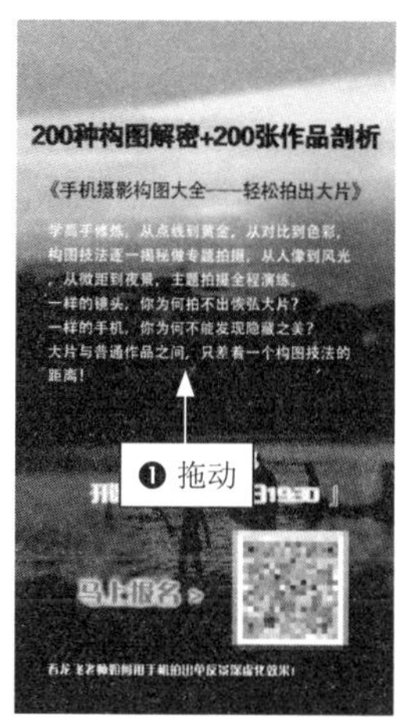

◆ 图 10-85　添加文字素材

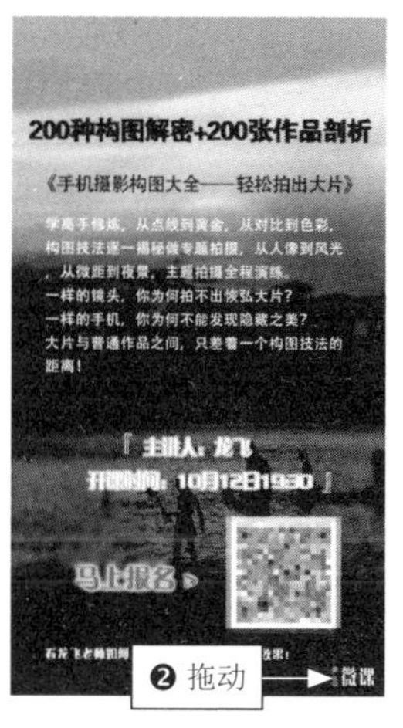

◆ 图 10-86　添加标志素材

122　微店：简洁清爽的店招设计脱颖而出

微商店铺的应用领域在逐步扩张，应用形式也越来越广泛，并深入到生活中的各个细节中。因此，做好微店设计，让自己的店铺在众多的微商店铺中表现出自己独有的特色很重要。本节就以微店店招为例，介绍其设计方法。在设计时，可以运用滤镜制作的背景图像，加上适当的文字，使整个画面显得简洁清爽。

步骤 01 按【Ctrl + N】组合键，弹出“新建文档”对话框；❶ 设置“名称”为“微店店招设计”、“宽度”为 1080 像素、“高度”为 1400 像素、“分辨率”为 300 像素 / 英寸、“颜色模式”为“RGB 颜色”、“背景内容”为“白色”；❷ 单击“创建”按钮，如图 10-87 所示。即可新建一个空白图像。按【Ctrl + O】组合键，打开“店招背景 .jpg”素材图像，如图 10-88 所示。

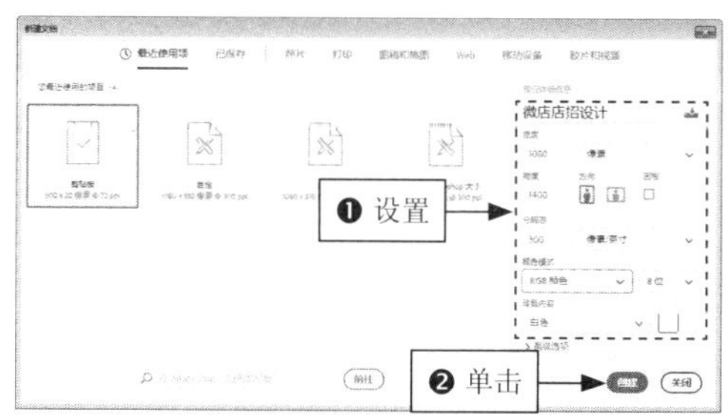

◆ 图 10-87　设置各选项

◆ 图 10-88　打开素材图像

步骤 02 单击“窗口”|“调整”命令，打开“调整”面板，❶ 单击“亮度 / 对比度”按钮；❷ 新建“亮度 / 对比度 1”调整图层，如图 10-89 所示。在展开的“属性”面板中，❸ 设置“亮度”为 35、“对比度”为 21，如图 10-90 所示。

◆ 图 10-89 单击“亮度 / 对比度”按钮

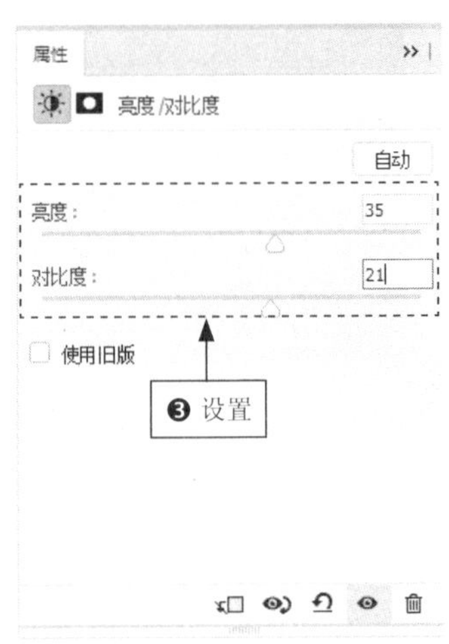

◆ 图 10-90 设置各参数

步骤 03 在“调整”面板中单击“自然饱和度”按钮，新建“自然饱和度 1”调整图层；在“属性”面板中设置“自然饱和度”为 50，效果如图 10-91 所示。按【Shift ＋ Ctrl ＋ Alt ＋ E】组合键盖印可见图层，得到“图层 1”图层，如图 10-92 所示。

◆ 图 10-91 图像效果

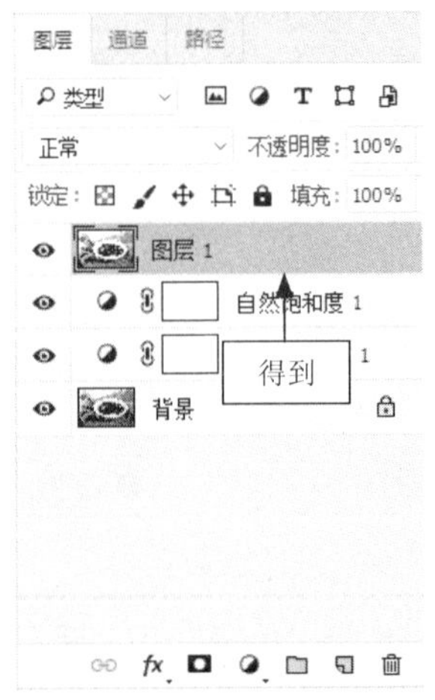

◆ 图 10-92 得到“图层 1”图层

步骤 04　执行“滤镜”|“像素化”|“彩块化”命令，将图像转化为小的彩块；单击“滤镜”|“模糊”|“高斯模糊”命令；在弹出的“高斯模糊”对话框中，❶设置“半径”设置为 5 像素，如图 10-93 所示。❷单击“确定”按钮，即可应用“模糊”滤镜，制作出模糊的背景，效果如图 10-94 所示。

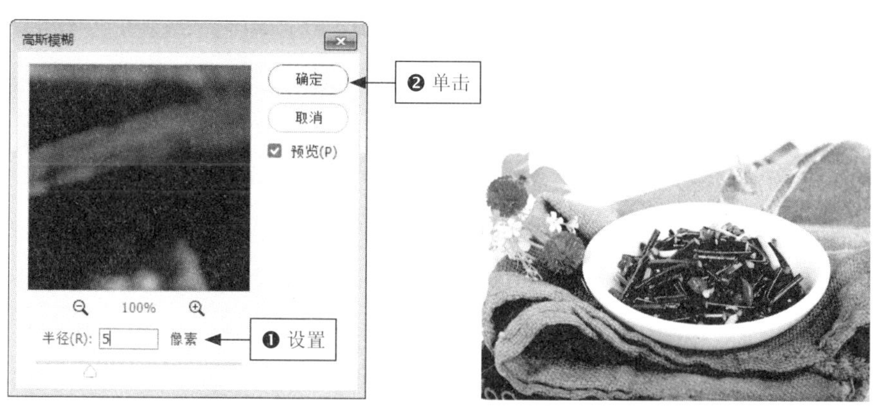

◆ 图 10-93　“高斯模糊”对话框　　◆ 图 10-94　应用“模糊”滤镜

步骤 05　❶运用移动工具将素材图像拖动至背景图像编辑窗口中，适当调整图像的大小和位置，如图 10-95 所示。选取工具箱中的矩形选框工具，❷在图像编辑窗口中的适当位置绘制一个矩形选框，如图 10-96 所示。

◆ 图 10-95　拖动并调整图像　　◆ 图 10-96　绘制矩形选框

步骤 06　设置前景色为白色（RGB 参数值均为 255）；新建一个图层，为选区填充白色并取消选区，设置图层的“不透明度”为 76%，效果如图 10-97 所示。

选取工具箱中的矩形工具，在工具属性栏中设置“填充”为无、“描边”为白色（RGB 参数值均为 255）、“描边宽度”为 15 像素，在图像编辑窗口中的适当位置绘制一个矩形形状，并设置“不透明度”为 80%，效果如图 10-98 所示。

◆ 图 10-97　应用“不透明度”效果

◆ 图 10-98　绘制矩形形状

步骤 07　选取工具箱中的横排文字工具，在“字符”面板中设置“字体系列”为“Adobe 黑体 Std”、“字体大小”为 18 点、“设置所选字符的字距调整”为 75、“颜色”为棕色（RGB 参数值分别为 160、117、41），并单击仿粗体图标；❶ 在图像编辑窗口中输入文字，如图 10-99 所示。复制刚刚输入的文字，移至合适位置，在“字符”面板中设置“大小”为 11 点、“设置所选字符的字距调整”为 25、“颜色”为咖啡色（RGB 参数值分别为 155、85、24）；❷ 修改文字内容，如图 10-100 所示。

◆ 图 10-99　输入文字

◆ 图 10-100　修改文字内容

步骤 08　选取工具箱中的矩形工具，在工具属性栏中设置“选择工具模式”为“形状”、“填充”为白色（RGB 参数值均为 255）、“描边”为灰色（RGB 参数值均为 83）、“描边宽度”为 1 像素；❶ 在图像编辑窗口中的适当位置绘制一个矩形形状，如图 10-101 所示。按【Ctrl + O】组合键，打开“标志按钮素材.psd”素材图像；❷ 运用移动工具将素材图像拖动至背景图像编辑窗口中，适当调整图像的位置，效果如图 10-102 所示。

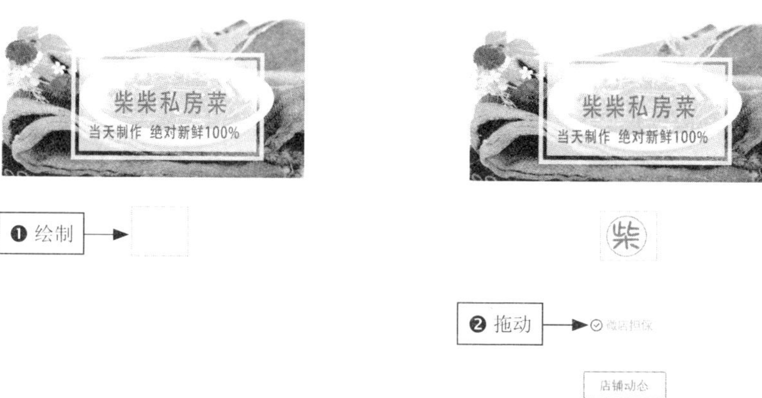

◆ 图 10-101　绘制矩形　　◆ 图 10-102　拖动图像

步骤 09 选取横排文字工具，在“字符”面板中设置“字体系列”为“方正细黑一简体”、“字体大小”为 15 点、“设置所选字符的字距调整”为 – 50、“颜色”为深灰色（RGB 参数值均为 30）；单击仿粗体图标；❶ 在图像编辑窗口中输入文字，如图 10-103 所示。复制刚输入的文字，并移动至合适位置；在“字符”面板中设置“字体大小”为 11 点、“设置所选字符的字距调整”为 – 100、“颜色”为灰色（RGB 参数值均为 153）；❷ 运用横排文字工具修改文本内容，如图 10-104 所示。

◆ 图 10-103　输入文字　　◆ 图 10-104　修改文本内容

步骤 10 选取工具箱中的横排文字工具，在“字符”面板中设置“字体系列”为“方正细黑一简体”、“字体大小”为 10 点、“行距”为 11 点、“设置所选字符的字距调整”为－100、“颜色”为灰色（RGB 参数值均为 100）；❶ 在图像编辑窗口中输入文字，如图 10-105 所示。选中除“背景”图层外的所有图层，按【Ctrl ＋ G】组合键为图层编组，得到“组 1”图层组；按【Ctrl ＋ O】组合键，打开“微店界面 1.jpg”素材图像；切换至背景图像编辑窗口，❷ 运用移动工具将图层组的图像拖动至刚打开的图像编辑窗口中，适当调整图像的位置，效果如图 10-106 所示。

◆ 图 10-105　输入文字　　◆ 图 10-106　最终图像效果

123 微博：产品广告设计推广自己的精彩

新浪微博是由新浪网推出的社交服务平台，它也是新媒体人的大舞台——在这上面发布着自己的精彩。本节就以微博广告为例，介绍其设计方法。在设计时，先打开并拖动素材图像，调整图像的亮度，输入相应的商品信息，最后再将图像拖动至微博界面中，即可完成设计。

步骤 01 按【Ctrl ＋ N】组合键，弹出“新建文档”对话框；❶ 设置“名称”为“微博广告设计”、“宽度”为 1028 像素、“高度”为 451 像素、“分辨率”为 72 像素 / 英寸、“颜色模式”为“RGB 颜色”、“背景内容”为“白色”；❷ 单击“创建”按钮，如图 10-107 所示。即可新建一个空白图像。按【Ctrl ＋ O】组合键，打开“美食背景 .jpg”素材图像，❸ 运用移动工具将素材图像拖动至背

景图像编辑窗口中，适当调整图像的位置，效果如图 10−108 所示。

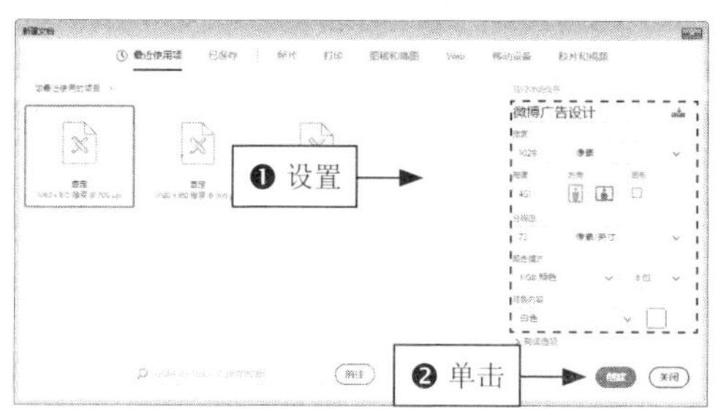

◆ 图 10−107　设置各选项

◆ 图 10−108　拖动图像

步骤 02 单击“图像”|“调整”|“曲线”命令，弹出“曲线”对话框；在曲线上单击新建一个控制点，❶ 设置“输入”为 40、“输出”为 45，如图 10−109 所示。❷ 单击“确定”按钮，调整图像的亮度，效果如图 10−110 所示。

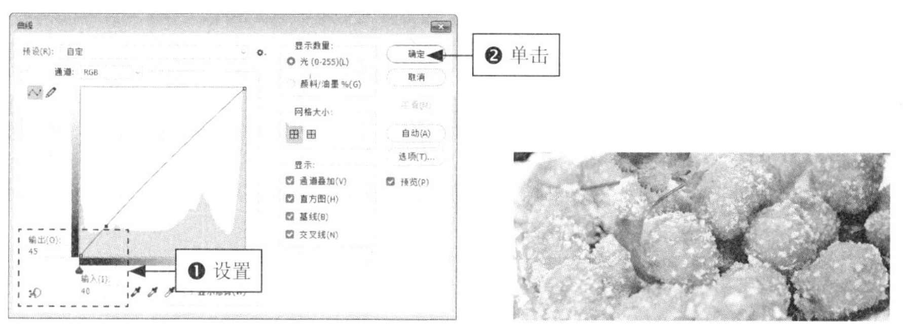

◆ 图 10−109　图像效果

◆ 图 10−110　调整亮度

步骤 03 选取工具箱中的横排文字工具，在“字符”面板中，❶ 设置“字体系列”为“方正粗倩简体”、“字体大小”为 91.5 点、“设置所选字符的字距调整”为 100、“颜色”为黑色；❷ 单击仿粗体图标，如图 10−111 所示。❸ 在图像编辑窗口中输入文字，如图 10−112 所示。

步骤 04 选取工具箱中的矩形选框工具，❶ 在图像编辑窗口中的适当位置绘制一个矩形选框，如图 10−113 所示。单击工具箱底部的前景色色块，弹出“拾色器（前景色）”对话框，设置前景色为红色（RGB 参数值分别为 242、97、68）；新建图层，❷ 为选区填充前景色并取消选区，如图 10−114 所示。

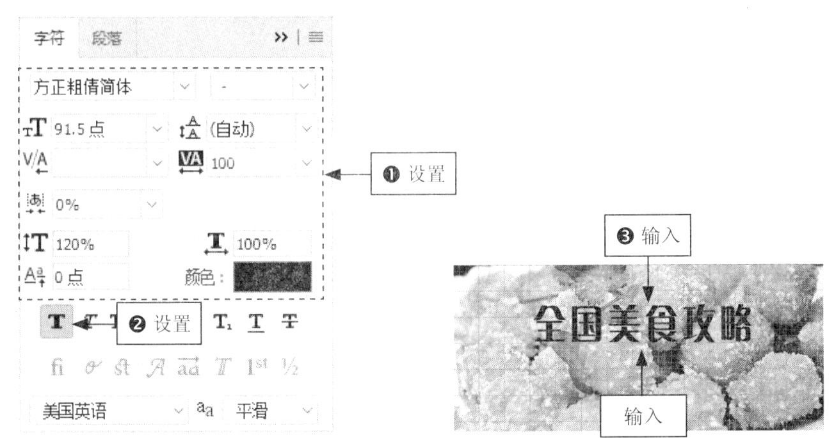

◆ 图 10-111 “字符”面板参数设置　　◆ 图 10-112 输入文字

◆ 图 10-113 绘制矩形选框　　◆ 图 10-114 填充前景色

步骤 06 选取工具箱中的横排文字工具，在“字符”面板中设置“字体系列”为“方正小标宋简体”、“字体大小”为 38 点、“设置所选字符的字距调整”为 100、“颜色”为白色（RGB 参数值均为 255），并单击仿粗体图标；❶ 在图像编辑窗口中输入文字，如图 10-115 所示。在“字符”面板中，❷ 设置“字体系列”为“Adobe 黑体 Std”、“字体大小”为 25 点、“设置所选字符的字距调整”为 -25、“颜色”为红色（RGB 参数值分别为 124、25、25）；❸ 单击仿粗体与下画线图标，如图 10-116 所示。

步骤 07 ❶ 在图像编辑窗口中输入文字，并适当调整其位置，如图 10-117 所示。在“字符”面板中设置“字体系列”为“Adobe 黑体 Std”、“字体大小”为 41 点、“颜色”为白色（RGB 参数值均为 255）；❷ 在图像编辑窗口中输入文字，并适当调整其位置，效果如图 10-118 所示。

步骤 08 选中除“背景”图层外的所有图层，按【Ctrl + G】组合键为图层编组，❶ 得到“组 1”图层组，如图 10-119 所示。按【Ctrl + O】组合键，打开“微博背景.jpg”素材图像；切换至背景图像编辑窗口，❷ 运用移动工具将

图层组的图像拖动至“微博背景”图像编辑窗口中，适当调整图像的位置，效果如图 10-120 所示。

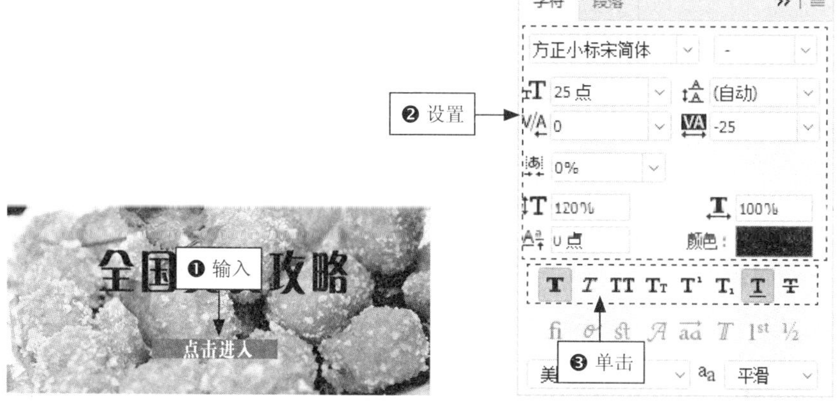

◆ 图 10-115　输入文字　　◆ 图 10-116　“字符”面板参数设置

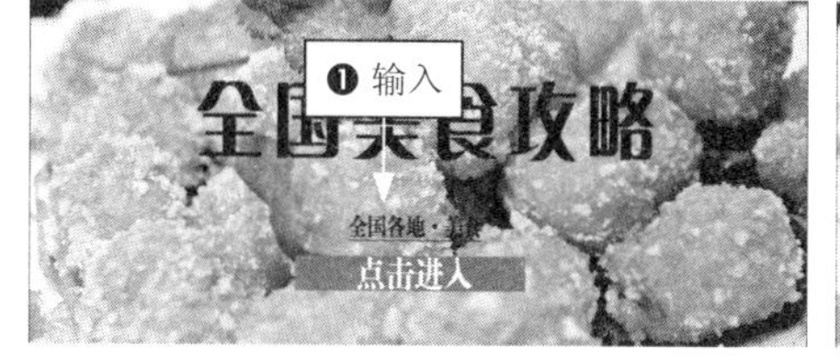

◆ 图 10-117　输入文字

◆ 图 10-118　输入文字

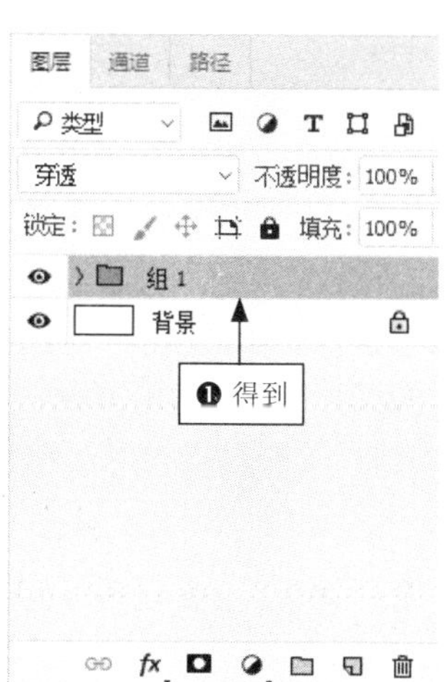

◆ 图 10-119　得到“组 1”图层组

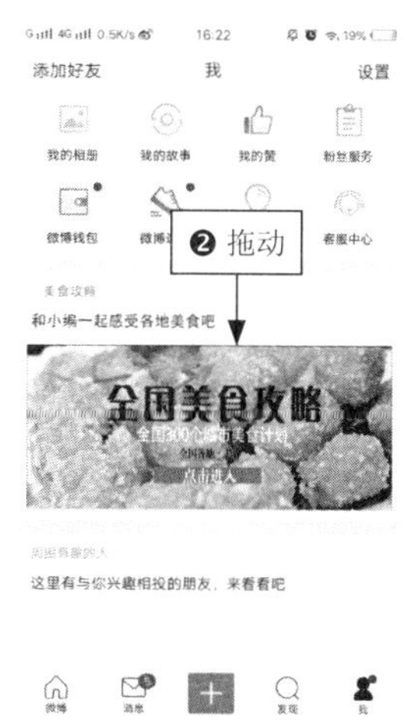

◆ 图 10-120　拖动图像

124 直播：主播招募海报设计让其更火热

随着手机、平板等移动智能终端的普及，主要依托于移动终端的直播开始进入人们的视野。凭借着庞大的用户基数，直播势必会变得更加火热。本节以主播招募海报为例，介绍其设计方法。在设计时，采用黑白装饰与明亮的橙色矩形形成鲜明对比，让观看者更好地注意到画面中央的人物，再添加适当的招募信息，即可完成设计。

步骤 01 单击“文件”|“打开”命令，打开“招募令背景.jpg”素材图像，如图 10-121 所示。选取工具箱中的矩形工具，在工具属性栏中设置“选择工具模式”为“形状”、“填充”为橙色（RGB 参数值分别为 242、154、118）、“描边”为无，在图像编辑窗口中的适当位置绘制一个矩形形状，如图 10-122 所示。

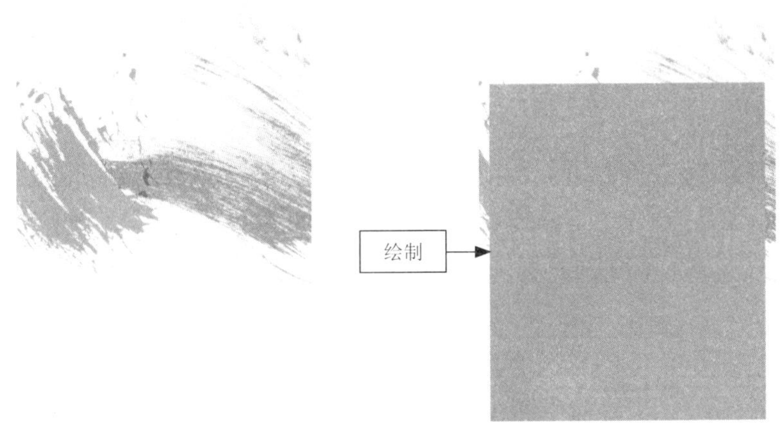

◆ 图 10-121　素材图像　　◆ 图 10-122　绘制矩形

步骤 02 打开“树叶 1.png”素材，将其拖动至背景图像编辑窗口中的合适位置处，如图 10-123 所示。单击“图像”|“调整”|“黑白”命令，弹出“黑白”对话框，保持默认设置，单击“确定”按钮，效果如图 10-124 所示。

步骤 03 按【Ctrl + O】组合键，打开“树叶 2.png”素材图像，❶ 运用移动工具将素材图像拖动至背景图像编辑窗口中，适当调整图像的位置，效果如图 10-125 所示。按【Ctrl + O】组合键，打开“发光圆点.psd”素材图像，

❷ 运用移动工具将素材图像拖动至背景图像编辑窗口中，适当调整图像的位置，效果如图 10-126 所示。

◆ 图 10-123　拖动图像

◆ 图 10-124　图像效果

◆ 图 10-125　拖动图像

◆ 图 10-126　拖动图像

步骤 04　按【Ctrl + O】组合键，打开“人物.psd”素材图像，❶ 运用移动工具将素材图像拖动至背景图像编辑窗口中，适当调整其位置，效果如图 10-127 所示。选取工具箱中的直线工具，在工具属性栏中设置“填充”为蓝色（RGB 参数值分别为 14、49、155）、“粗细”为 4 像素，❷ 绘制一个直线形状，如图 10-128 所示。

◆ 图 10-127　拖动图像

◆ 图 10-128　绘制直线

步骤 05 选取工具箱中的直排文字工具，在"字符"面板中设置"字体系列"为"黑体"、"字体大小"为 14 点、"设置所选字符的字距调整"为－100、"颜色"为蓝色（RGB 参数值分别为 14、49、155）；❶ 在图像编辑窗口中输入文字，效果如图 10-129 所示。选取工具箱中的矩形工具，在工具属性栏中设置"填充"为蓝色（RGB 参数值分别为 14、49、155）、"描边"为无；❷ 在图像编辑窗口中的适当位置绘制一个矩形形状，效果如图 10-130 所示。

◆ 图 10-129　输入文字

◆ 图 10-130　绘制矩形

步骤 06 选取工具箱中的横排文字工具，在"字符"面板中设置"字体系

列”为“Arial”、“字体大小”为 6 点、“设置所选字符的字距调整”为 900、“颜色”为白色（RGB 参数值均为 255），并单击仿粗体图标；❶ 在图像编辑窗口中输入文字，如图 10-131 所示。按【Ctrl + T】组合键，调出变换控制框，❷ 适当旋转文字，并调整位置，按【Enter】键确认变换，效果如图 10-132 所示。

◆ 图 10-131　输入文字

◆ 图 10-132　变换图像

步骤 07 选取工具箱中的横排文字工具，在“字符”面板中设置“字体系列”为“Curlz MT”、“字体大小”为 30 点、“颜色”为红色（RGB 参数值分别为 255、36、37），并单击仿粗体图标；❶ 在图像编辑窗口中的另一位置输入文字，如图 10-133 所示。单击“编辑”|“变换”|“斜切”命令，调出变换控制框；将光标移至变换控制框边缘，当光标呈形状时，❷ 向上拖动调整文字形状，如图 10-134 所示。按【Enter】键确认变换，并适当调整文字位置。

步骤 08 选取工具箱中的横排文字工具，在“字符”面板中设置“字体系列”为“方正细珊瑚简体”、“字体大小”为 68 点、“颜色”为蓝色（RGB 参数值分别为 0、104、183）；❶ 在图像编辑窗口中输入文字，运用移动工具将其移至合适位置处，效果如图 10-135 所示。单击“图层”|“图层样式”|“描边”命令，弹出“图层样式”对话框；设置“大小”为 3、“颜色”为深蓝色（RGB 参数值分别为 6、28、85）；单击“确定”按钮，❷ 应用图层样式，效果如图 10-136 所示。

◆ 图 10-133　输入文字

◆ 图 10-134　调整文字形状

◆ 图 10-135　输入文字

◆ 图 10-136　应用图层样式

步骤 09 按【Ctrl + O】组合键，打开“文字 1.psd”素材图像，❶ 运用移动工具将素材图像拖动至背景图像编辑窗口中，适当调整图像的位置，效果如图 10-137 所示。切换至“路径”面板，选中“路径 1”路径，按【Ctrl + Enter】组合键将路径转换为选区；切换至“图层”面板，新建一个图层；设置前景色为蓝色（RGB 参数值分别为 85、111、181），❷ 为选区填充前景色，并取消选区，如图 10-138 所示。

◆ 图 10-137　**拖动图像**

◆ 图 10-138　**填充前景色**

步骤 10　选取工具箱中的矩形工具，在工具属性栏中设置“填充”为无、“描边”为黄色（RGB 参数值分别为 255、255、16）、“描边宽度”为 8 像素；❶ 在图像编辑窗口中的适当位置绘制一个矩形形状，如图 10-139 所示。在“图层”面板中，将“矩形 3”形状图层栅格化；❷ 运用矩形选框工具在图像中绘制一个矩形选框，如图 10-140 所示。

◆ 图 10-139　**绘制矩形**

◆ 图 10-140　**绘制矩形选框**

步骤 11　按【Delete】键，❶ 删除选区内的图像；按【Ctrl + D】组合键，取消选区，效果如图 10-141 所示。选取工具箱中的横排文字工具，在“字符”面板中设置“字体系列”为“方正细黑一简体”、“字体大小”为 16 点、“设置所选字符的字距调整”为－50、“颜色”为白色（RGB 参数值均为 255），单击仿粗体图标；❷ 在图像编辑窗口中输入文字，如图 10-142 所示。

◆ 图 10-141　删除选区内的图像

◆ 图 10-142　输入文字

步骤 12 选取工具箱中的矩形工具，在工具属性栏中设置“填充”为白色、“描边”为无，❶ 在图像编辑窗口中适当位置绘制一个矩形形状，如图 10-143 所示。选取工具箱中的横排文字工具，在“字符”面板中，❷ 设置“字体系列”为“方正细黑一简体”、“字体大小”为 6 点、“设置所选字符的字距调整”为 1000、“颜色”为暗蓝色（RGB 参数值分别为 32、33、64）；❸ 单击仿粗体图标，如图 10-144 所示。

◆ 图 10-143　绘制矩形

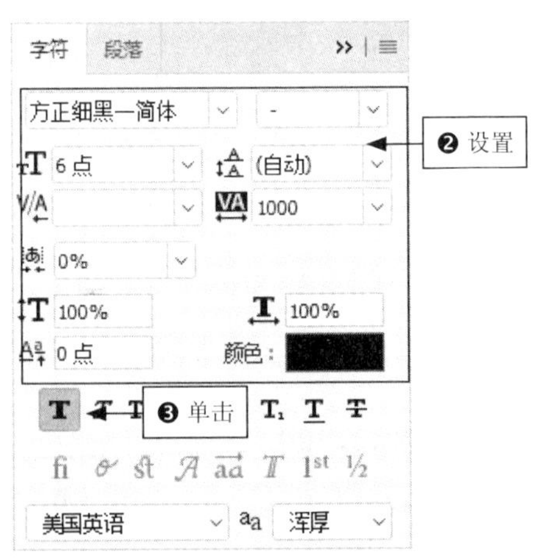

◆ 图 10-144　设置各选项

步骤 13　切换至“段落”面板，单击“居中对齐文本”按钮，❶ 在图像编辑窗口中输入文字，运用移动工具将其移至合适位置处，效果如图 10-145 所示。按【Ctrl + O】组合键，打开“文字 2.psd”素材图像；❷ 运用移动工具将素材图像拖动至背景图像编辑窗口中，适当调整图像的位置，效果如图 10-146 所示。

◆ 图 10-145　输入文字

◆ 图 10-146　拖动图像